제로 트러스트 네트워크

제로 트러스트 네트워크

안전한 네트워크를 만드는 보안 모델

에반 길먼 · 더그 바르트 지음   evilqcom 옮김

i!i
에이콘

 에이콘출판의 기틀을 마련하신 故 정완재 선생님 (1935-2004)

지은이 소개

에반 길먼^{Evan Gilman}

컴퓨터 네트워크를 전공한 엔지니어다. 오랫동안 학계에 있었으며, 현재는 인터넷 보안과 관련된 일을 하고 있다. 안전하지 못한 환경에서 동작할 수 있는 시스템을 만들고 운영하는 일을 하고 있다. 오픈 소스 프로젝트 참여, 콘퍼런스 연설, 저술 등 다양한 방법으로 네트워크 시스템을 디자인하는 데 참여하고 있다.

더그 바르트^{Doug Barth}

지식을 공유하는 것을 좋아하는 소프트웨어 엔지니어다. 오비츠^{Orbitz}, 페이저듀티^{PagerDuty} 같은 다양한 규모의 시스템에서 일한 경험이 있다. 모니터링 시스템, 메시 네트워크, 오류 테스트 등의 전문가다.

벳시 베이어^{Betsy Beyer}

이 책의 구글 BeyondCorp 케이스 스터디를 담당했다. 구글 뉴욕지사에서 사이트 신뢰성 엔지니어링 분야의 기술 문서를 담당하고 있다. 『사이트 신뢰성 엔지니어링』(제이펍, 2018)의 공저자이다. 이전에는 구글 데이터 센터와 하드웨어 운영 팀에서 기술 문서를 담당했다. 뉴욕으로 옮기기 전에는 스탠퍼드대학교에서 기술 문서 저작과 관련된 강의를 했다. 스탠포드와 툴레인에서 학위를 받았다.

감사의 글

집필 과정 동안 많은 도움을 준 편집자 코트니 앨런[Courtney Allen]에게 감사를 표한다. 리뷰를 도와준 버지니아 윌슨[Virginia Wilson], 난 바버[Nan Barber], 마우린 스펜서[Maureen Spencer]에게도 감사의 말을 전한다.

이 책을 집필하는 과정에서 많은 사람을 인터뷰했다. 기꺼이 인터뷰에 응해준 많은 분들께 감사를 전한다. 로리 워드[Rory Ward], 주나이드 이슬람[Junaid Islam], 스테판 우드로[Stephen Woodrow], 존 컨더박[John Kindervag], 아럽 차크라바티[Arup Chakrabarti], 줄리아 에반스[Julia Evans], 에드 벨리스[Ed Bellis], 앤드류 던햄[Andrew Dunham], 브라이언 버그[Bryan Berg], 리코 헤일리[Richo Healey], 세드릭 스텁[Cedric Staub], 제시 엔달[Jesse Endahl], 앤드류 미클라스[Andrew Miklas], 피터 스미스[Peter Smith], 디미트리 스틸리아디스[Dimitri Stiliadis], 제이슨 챈[Jason Chan], 데이비드 첸니[David Cheney] 모두 감사를 표한다.

이 책의 구글 BeyondCorp 케이스 스터디 부분을 담당해준 벳시 베이어[Betsy Beyer]에게 특별한 감사의 말을 전한다. 이 케이스 스터디를 포함할 수 있도록 도움을 아끼지 않았다.

귀중한 시간을 할애해 책의 초안과 기술적 부분을 검토해준 라이언 허버[Ryan Huber], 케빈 밥콕[Kevin Babcock], 팻 케이블[Pat Cable]에게도 감사를 전한다.

책을 집필하는 시간 동안 인내해준 아내 에린과 딸 페르세포네와 다프네에게 감사를 표한다. 책을 집필하는 시간 동안 보여준 가족의 인내에 감사를 전한다.

에반의 반려자 크리스틴과 카림 알리, 켄릭 토마스에게도 감사를 전한다. 이들이 없었다면 이 책은 나올 수 없었다.

옮긴이 소개

evilqcom (evilqcom@gmail.com)

한국에서 CS 학사 및 석사 과정을 마치고 미국에서 CS 박사 학위를 받았다. 지금은 구글에서 시큐리티 엔지니어로 일하고 있다. 다양한 시스템을 접하고 싶어 소프트웨어 엔지니어가 아닌 시큐리티 엔지니어로서의 길을 선택했으며, 매일 마주하는 도전과 배움 속에서 바쁘게 살고 있다.

옮긴이의 말

네트워크 보안은 힘든 분야다. 네트워크와 보안에 대한 이론과 현실적으로 사용 가능한 도구를 알아야 하며 사용하는 도구의 한계는 물론 이상과 현실의 차이도 명확히 알아야 한다. 그렇지 않으면 네트워크를 잘 보호하고 있다는 착각에 빠지기 쉽다. 네트워크는 다양한 운영 체제와 다양한 접근 경로, 다양한 서비스가 공존하기 때문에 어느 한 곳에 문제가 발생했을 때 문제를 찾아내는 것이 힘들다. 또한 다른 서비스에 미치는 영향을 최소화하면서 수정하는 것 또한 어렵다. 이런 복잡도 때문에 네트워크의 경계만 집중적으로 보호하는 경계형 보안 모델이 많이 사용되는지도 모르겠다.

시스템의 복잡도가 늘고 해킹 기술이 많이 발달했지만 네트워크 보안을 포기할 수는 없다. 다행히 그 동안의 자동화 기술에 많은 발전을 통해 많은 교훈을 얻었다. 완전한 시스템 보안은 불가능하다. 각종 보안 장치를 적용해 안전하다고 믿는 호스트도 이미 해커의 손에 넘어가 있을 수도 있다. 이 책은 이런 현실을 받아들이고 불안전한 네트워크 환경에서 시스템을 어떻게 보호할 것인지를 다루는 책이다.

이 책은 하드웨어부터 애플리케이션까지 네트워크와 관련된 모든 계층을 다룬다. 네트워크에 접속하는 모든 개체를 다루고 각 개체가 만들어내는 네트워크 트래픽을 파헤친다. 네트워크에 접속하는 보이지 않는 디바이스를 어떻게 원격으로 인증할 수 있을까? 인증을 마친 디바이스에서 동작하는 애플리케이션이 적법한 빌드 시스템을 통해 안전하게 빌드 됐는지 어떻게 확인할 수 있을까?

2020년을 전후로 기업의 네트워크 환경이 많이 변했다. 코로나 바이러스가 유행하면서 많은 사람들이 재택근무를 시작했고 이를 당연하게 받아들이기 시작했다. 사내 네트워크에 접속할 때 사무실과 집, 커피숍 모두 동일한 보안 수준을 제공하겠다는 것은 대단한 목표다. 내부 네트워크는 신뢰한다는 가정에서 내부 네트워크도 외부 네트워크와 동일하게 취급하겠다는 위험 모델의 변화는 네트워크 엔지니어링의 기반을 흔들었다. 그리고 이 변화를 가능하게 한 네트워크 모델이 바로 제로 트러스트 네트워크다.

이 책은 특정 도구를 소개하거나 특정 기술을 소개하지 않는다. 공격자가 이미 네트워크에 침입했을 수 있다는 가정에서 네트워크 시스템을 어떻게 보호할 것인지에 대한 네트워크 보안의 원칙 또는 철학을 다룬다. 이 때문에 네트워크 실무 경험이 풍부하지 않은 상황에서 이 책을 접하면 당연한 소리를 하고 있다고 생각할 수도 있다. 하지만 시간이 지나 경험을 쌓은 후 다시 읽는다면 한 줄 한 줄을 의미를 음미할 수 있을 것이다. 역자는 운이 좋게 세계 최고의 네트워크 시스템을 가까이에서 지켜보는 기회를 갖게 됐다. 이 네트워크를 접한 전과 후, 이 책에서 얻는 바가 크게 달라졌다. 독자 여러분도 이책을 곁에 두고 여러 번 읽으면서 변화를 느끼기 바란다.

차례

9장   제로 트러스트 네트워크 구축   241

들어가며

네트워크를 신뢰하지 않는 상황에서 신뢰도가 높은 시스템을 구축하는 것은 오랜 염원이었다. 하지만 이런 시스템을 디자인하고 구현하기란 쉽지 않은 일이다. 문제 하나를 해결하면 다른 문제가 등장해 우리를 괴롭히는 일이 비일비재 하지만 여러 분야의 전문가들이 힘을 합쳐 문제들을 적극적으로 풀어나가길 바란다.

신뢰도가 높은 네트워크를 구축하려면 새로운 각도로 문제에 접근해야 한다. 시스템의 기능을 구현한 다음에 보안을 추가한다는 생각은 버려야 한다. 디자인 단계에서부터 보안이 녹아들어간 시스템을 생각해야 한다. 보안은 시스템의 동작을 제한해서는 안 된다. 처음 동작하는 순간부터 보안과 시스템은 공존해야 한다. 즉 보안은 시스템의 동작으르 가능하게 하는 도구가 돼야 한다는 것이다. 이 책은 시스템 설계자가 따라야할 디자인 패턴과 주의사항을 많이 담고 있다. 여기에 있는 가이드라인을 잘 따른다면, 최신 공격 대부분을 방어할 수 있는 신뢰도 높은 시스템을 구현할 수 있을 것이다.

이 책에서 소개하는 내용을 적용해 시스템을 구현하면, 제로 트러스트 모델을 따르는 시스템을 구축할 수 있다. 제로 트러스트 모델에서는 사전에 승인된 권한이 전혀 없다. 카페에서 접속하든 데이터 센터에 있는 서버에서 접속하든, 모든 접근 요청은 접근의 적법성 검사를 받는다. 이 모델을 적용한 시스템에선 공격의 수평적 이동, VPN 이슈, 중앙집중식 방화벽 관리에 따른 오버헤드는 더 이상 문제가 되지 않는다. 이전과는 전혀 다른, 미래의 네트워크 보안이 따라야 할 모델이라 할 수 있다.

보안은 끊임없는 변화가 일어나는 복잡한 영역이다. 시스템의 보안을 확보하려면 시스템의 여러 계층에 걸친 깊은 이해가 필요하며, 해커들이 어떻게 각 계층의 버그나 약점을 악용할 수 있을지 잘 이해해야 한다. 제로 트러스트 모델을 적용해 시스템의 보안 수준을 높이는 작업이 이해하고 있어야 한다. 하지만 이 과정을 통해 많은 것을 배우는 즐

거움을 얻을 수 있을 것이다. 우리가 제로 트러스트 네트워크를 구현하면서 즐거워했던 것만큼, 독자 여러분도 즐겁게 네트워크를 구축하길 바란다.

이 책의 대상 독자

중앙집중식 방화벽 구축에 어려움을 겪었던 사람부터 방화벽이 제대로 동작하지 않아 애먹은 적이 있는 엔지니어, 다양한 애플리케이션과 언어 때문에 VPN 구축과 TLS 설정에 골치가 아팠던 엔지니어, 보안 감사나 보안사항 준수에 어려움을 느꼈던 보안 엔지니어까지 이 책을 읽는 모두가 도움을 받을 수 있을 것이다. 사실 방금 나열한 목록은 제로 트러스트 모델이 해결할 수 있는 많은 문제 중 일부분에 지나지 않는다. 더 나은 방법이 있지 않을까 한 번이라도 고민해 본 적이 있는 독자라면 이 책을 읽을 것을 권한다.

네트워크 엔지니어와 보안 엔지니어부터 CTO에 이르기까지 제로 트러스트 개념을 익히면 많은 도움이 될 것이다. 여기서 소개하는 다양한 원칙 이해하는 데에 특별한 기술을 필요로 하지 않기 때문에 모두 쉽게 이해할 수 있을 것이다. 이 책을 읽은 후에는 독자 스스로 시스템의 보안을 업그레이드하는 것은 물론이고, 다른 사람들에게 제로 트러스트 모델을 가르칠 수도 있을 것이라 생각한다.

형상 관리 시스템을 사용하는 독자라면 이 책이 소개하는 개념들을 이용해 현재 네트워크 시스템의 보안을 향상시키고 보안을 네트워크의 기본 기능으로 자리잡게 할 수 있을 것이다. 만약 형상 관리 시스템을 이용해 네트워크 설정을 자동으로 설정할 수 있는 상태라면, 관리 시스템에서 어떻게 네트워크 보안을 설정할 것인가하는 관점에서 책을 읽어도 좋다.

이미 제로 트러스트의 기본 개념을 알고 있는 독자에게는 보안 시스템을 향상시킬 수 있는 심화 학습의 기회를 제공할 것이다.

이 책을 쓴 이유

우리는 2014년부터 여러 콘퍼런스를 다니며 시스템과 네트워크 디자인에 대해 이야기했다. 당시 시스템이 유지해야 하는 상태를 형상 관리 시스템을 사용해 정의하고, 네트워크에 변화가 감지되면 프로그램을 사용해 자동으로 정의된 상태로 돌아가도록 했다. 시스템의 상태를 자동으로 설정하는 방법을 사용하다 보니, 자동으로 네트워크의 상태를 측정해 시스템 설정을 자동으로 관리하는 프로그램이 자연스레 발전하게 됐다. 시스템의 상태를 자동으로 측정할 수 있다는 말은 보안 설정을 자동으로 시스템에 적용할 수 있다는 말과 같다. 즉, 접근 제어나 암호화 같은 보안 설정을 더 쉽게 시스템에 적용할 수 있었다. 우리는 여기서 그치지 않고 시스템이 신뢰하는 대상을 극적으로 줄이는데 성공했다. 네트워크 시스템에서 신뢰 대상을 줄일 수 있다는 이야기는 매우 중요한 이야기다.

비슷한 시기에 구글이 BeyondCorp의 첫 논문을 발표했다. 구글이 어떻게 시스템과 네트워크 디자인을 변경했고, 이를 통해 네트워크에서 신뢰 대상을 제거할 수 있었는지를 설명한 논문이다. 구글이 발표한 논문과 우리가 콘퍼런스에서 이야기한 내용에는 많은 공통점이 있었고, 구글의 논문은 네트워크에서 신뢰 대상을 줄이는 방향이 옳다는 것이 산업 전반에서 일어나는 현상임을 확인하는 계기가 됐다. 구글의 BeyondCorp 논문과 우리의 접근 방식을 비교하는 것을 시작으로 더 많은 콘퍼런스에서 제로 트러스트의 구조와 개념을 발표하기 시작했다.

참가자들은 관심을 보였고, 우리가 하는 일에 대해 더 알고 싶어 했다. "우리 시스템에도 적용하고 싶은데, 어디서 더 많은 정보를 얻을 수 있을까요?"라는 질문을 많이 받았다. 하지만 안타깝게도 우리가 한 대답은 대부분 "글쎄요, 그렇게 정보가 풍부하지는 않아요...나중에 다시 찾아오세요"였다. 공개된 정보는 부족했고, 누군가는 해결해야 했다. 그리고 그 문제를 해결하기 위해 우리는 이 책을 집필했다.

책을 쓰면서 십여 개 업체의 담당자들과 이야기를 나눴고 그들이 가진 문제들을 이해하려 노력했다. 이들도 내부 네트워크에서 신뢰하는 대상을 줄이는 노력을 하고 있었다. 업체들은 약간씩 다른 방법으로 문제에 접근했다. 하지만 같은 문제를 해결하기 위한 노력이었고, 이 방법들 간에는 많은 부분이 동일했다.

보안 시스템을 구축하기 위한 한 두 가지 방법을 제시하려고 이 책을 쓴 것은 아니다. 신뢰 대상이 전혀 없는 네트워크 시스템의 모델을 소개하는 것이 이 책의 목적이다. 따라서 이 책은 특정 소프트웨어의 사용 방법을 다루지 않는다. 대신 제로 트러스트 네트워크를 구축하기 위한 개념과 원리를 다룬다. 독자들이 네트워크의 보안을 향상시키는데 이 책이 명확한 모델을 제시하길 바라며 집필했다. 독자들이 네트워크 시스템을 구현할 때, 여기에서 다룬 문제들을 해결할 방법을 재사용이 가능한 방법으로 구현할 수 있다면 이 책은 소명을 다했다고 생각한다.

현재의 제로 트러스트 네트워크

제로 트러스트 모델은 2010년 포레스터Forrester의 존 킨더백John Kindervag이 처음 제안했다. 존은 제로 트러스트 네트워크를 구축하려는 사람들에게 수년간 이 모델의 구조를 설명했고 조언을 했다. 많은 대기업을 대상으로 어떻게 네트워크상에서 신뢰 대상을 제거해 네트워크의 보안을 향상시킬 수 있을지 자문을 제공하기도 했다. 과거에도 지금도 존은 이 분야의 대가다. 그의 노력 덕분에 저자들도 제로 트러스트 네트워크에 대해 더 깊이 이해할 수 있었다. 그 동안 제로 트러스트 모델의 전파를 위해 존이 해온 노력에 감사를 표한다.

오늘날의 제로 트러스트 네트워크는 대부분 기존 소프트웨어 컴포넌트에 커스텀 소프트웨어를 덧붙이는 형식으로 구성돼 있다. 다시 말해 기존 소프트웨어로 제로 트러스트 네트워크를 구축하는 것이 하드웨어에 소프트웨어를 단순히 설치하는 것만큼 쉽지는 않다는 이야기다.

기존의 상업 소프트웨어만으로 시스템을 구축할 수 없다는 것은 되려 기회라고 말할 수 있겠다, 다양한 오픈소스 도구를 활용하면 제로 트러스트 네트워크를 구축하는 데 도움이 될 것이다.

이 책의 구성

이 책은 다음과 같이 구성됐다.

- 1장과 2장은 제로 트러스트 네트워크의 기본 개념을 다룬다.

- 3장과 4장은 잘 구현된 제로 트러스트 네트워크가 갖춘 네트워크 에이전트와 트러스트 엔진이라는 새로운 개념을 설명한다.

- 5장부터 8장까지는 네트워크 구성 요소가 서로를 어떻게 신뢰할 수 있는지를 다룬다. 여기서 다루는 내용은 대부분 기존 기술을 바탕으로 한다. 기존 네트워크에도 적용할 수 있는 내용들이다.

- 9장은 앞에서 다뤘던 내용을 바탕으로 어떻게 제로 트러스트 네트워크를 구축할 수 있는지 소개하는 장이다. 두 가지 실제 사례도 함께 소개한다.

- 10장에서는 공격자의 입장에서 제로 트러스트 모델을 분석한다. 잠재적 위험을 소개하고 어떻게 방어할 것인지도 함께 설명한다.

이 책에서 사용한 표기

이 책에서는 아래와 같은 표기 규칙을 사용한다.

프로그램 목록뿐만 아니라 프로그램 요소를 설명하는 문단에도 사용된다. 예를 들면 변수, 함수 이름, 데이터베이스, 데이터 유형, 환경 변수 등이 있다.

문자 그대로 입력해야 하는 명령어 등에 사용한다.

 일반적인 참고 사항을 의미한다.

 경고나 주의 사항을 나타낸다.

문의

이 책에 대한 의견이나 기술적인 질문이 있다면 bookquestions@oreilly.com으로 이메일을 보내주길 바란다. 원서의 오탈자는 도서정보 페이지 https://www.oreilly.com/library/view/zero-trust-networks/9781491962183/에서 찾아볼 수 있다.

한국어판의 정오표는 에이콘출판사의 도서정보 페이지 http://www.acornpub.co.kr/book/zero-trust-networks에서 찾아볼 수 있다. 한국어판에 관한 질문은 이 책의 옮긴이의 이메일이나 에이콘출판사 편집 팀(editor@acornpub.co.kr)으로 문의해주길 바란다.

표지 그림

이 책의 표지에 있는 동물은 스쿼트 바닷가재다. 새우붙이상과와 새우아재비상과에 속하는 갑각류의 일종으로 1,000개가 넘는 종이 존재하며 일생의 대부분을 바다 바닥에서 보낸다. 스쿼트 바닷가재라는 이름과는 다르게 바닷가재보다는 소라게에 가깝다.

스쿼트 바닷가재는 등에 딱딱한 껍질이 없다. 몸을 보호해야 할 때는 바위 틈이나 아래에 숨는다. 숨은 채로 집게발만 밖으로 꺼내 천적과 싸우거나 자신의 영역을 지킨다. 물속에 떠다니는 먹이를 잡거나 모래 속에 묻을 때에도 집게를 사용한다. 스쿼트 바닷가재의 다리는 몸 길이의 몇 배씩 자라기도 한다. 겉모습은 바닷가재와 유사하다. 가슴 부분은 구역이 나눠져 있으며, 큰 집게발을 가지고 있어 바닷가재와 유사하지만 더 납작하고 작다.

스쿼트 바닷가재 고기는 랑고스티노라고도 불린다. 바닷가재를 뜻하는 스페인어 랑고스타에서 유래됐다. 바닷가재에 비해 저렴해 대체 식품으로 사용되기도 한다.

오라일리 책 표지의 많은 동물이 멸종 위기에 처해 있다. 이 세상의 모든 동물이 중요하다는 것을 잊지 말자. 표지의 사진은 자연 도감 『Pictorial Museum of Animated Nature』(Palala Press, 2016)에서 가져왔다.

1장

제로 트러스트 기초

네트워크 감시 시스템이 유행하던 시절에는 아무도 믿을 수 없었다. 인터넷 통신을 누가 몰래 훔쳐보고 있는 것은 아닐까? 인터넷을 신뢰할 수 없다면 인터넷 서비스 업체는 믿을 수 있을까? 어제 데이터 센터에서 배선 작업을 하던 엔지니어는 믿을 수 있을까?

에드워드 스노든Edward Snowden이나 마크 클레인Mark Klein 같은 내부 고발자들이 계속 등장해 정부가 네트워크를 감시하고 있다고 폭로하고 있다. 큰 조직의 데이터 센터 내부에서 정부가 스파이 활동을 하고 있다는 사실이 밝혀졌을 때 사람들은 경악을 금치 못했다. 그런데 사람들은 왜 놀랐을까? 만약 독자가 정부의 입장이라면 똑같이 하지 않았을까? 특히, 암호화되지 않은 통신 내용이 어디에 있는지 안다면 말이다.

데이터 센터 내부에서 이뤄지는 통신이 안전하다는 가정은 틀렸다. 현대의 네트워크 사용 패턴을 분석해보면, 데이터 센터의 경계만 보호하는 보안 모델은 이미 수 년 전 그 수명을 다했다는 것을 알 수 있다. 보안 모델이 인프라의 경계를 보호해 내부의 데이터 이동을 보호한다는 뜻은 내부 호스트 단 한 개라도 해커의 손에 넘어가면 쉽게 깨지고 만다는 의미와 같다.

네트워크가 안전하다는 가정하에 디자인한 보안 모델에서 허점이 발견됐고, 이 문제를 해결하기 위해 제로 트러스트가 등장했다. 통신 계층의 물리적인 보안이 보장되지 않는 상태에서도 네트워크 통신의 보안을 유지할 수 있다는 점에 착안했다. 쉬워 보이지만 상당히 어려운 목표다. 하지만 희망적이게도 오늘날 우리가 사용하는 암호화 성능이 상당히 좋다. 자동화 시스템과 암호화를 잘 조합하면 실제로 달성 가능한 목표다.

제로 트러스트 네트워크란 무엇인가?

제로 트러스트 네트워크에는 5가지 중요한 원칙이 있다.

- 네트워크에 항상 해커가 존재한다고 가정한다.

- 내부 및 외부 위협이 항상 네트워크상에 존재한다.

- 네트워크의 물리적인 위치로는 네트워크의 신뢰성을 보장할 수 없다.

- 모든 디바이스, 사용자, 네트워크 연결은 항상 인증과 허가를 거쳐야 한다.

- 보안 정책은 유연해야 하며 가능한 한 많은 정보를 종합해 보안 정책을 결정해야 한다.

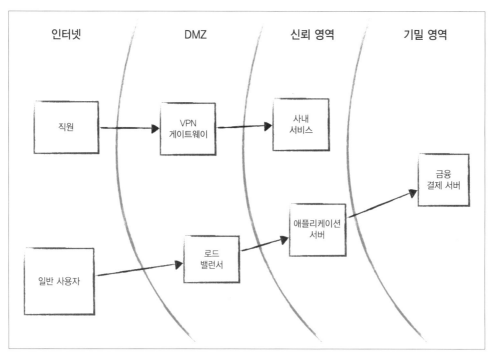

그림 1-1 기존 네트워크의 보안 구조

기존 네트워크의 보안 모델은 네트워크를 여러 영역으로 나눠 각 영역마다 방화벽을 설치하고 공격을 방어하는 방식이다. 각 네트워크 영역마다 승인된 권한이 있고, 이 권한에 따라 접근할 수 있는 자원의 수준이 정해진다. 중요한 자원을 네트워크 깊숙이 숨기는 방식으로 공격에 대비하는 것이다. 예를 들어, 웹서버와 같이 인터넷에 직접 연결해야 하는 시스템은 위험을 어느 정도 감수해야 한다. 따라서 웹서버는 별도의 독립된 영역인 DMZ에 설치한다. 네트워크 연결을 철저히 감시하고 제어하는 영역이다. 이런 모델은 그림 1-1에서 보는 바와 같이 지금껏 접한 네트워크와 크게 다를 바 없다.

제로 트러스트 모델은 위 구조를 뒤집는 모델이다. 과거의 디자인과 그림 1-1을 비교하면, 각 영역마다 방화벽을 설치해 계층적으로 네트워크의 보안을 향상시키는 좋은 보안 모델이다. 하지만 최근 사이버 공격의 양상을 고려하면 많은 부분에서 효과가 떨어진다.

- 네트워크 영역 내부의 통신 모니터 불가능

- 호스트 (물리적, 논리적) 설치의 제약

- 해커가 하나의 호스트에 침투하면 해당 영역의 보안 붕괴됨

한 가지 강조하고 싶은 점은, 호스트를 네트워크 어느 곳에나 설치할 수 있게 되면 VPN이 필요 없어진다는 점이다. VPN의 목적은 멀리 떨어진 사용자가 원격 네트워크상의 IP 주소를 사용할 수 있게 하는 데 있다. 원격 네트워크와 사용자 디바이스 사이에 설치된 터널을 통해 데이터가 오가면서 마치 사용자가 원격 네트워크상에 존재하는 것과 같은 착각을 만들어 낸다. 사실 보안 관점에서는 VPN과 백도어 간에는 큰 차이가 없다.

네트워크상의 호스트 위치가 보안에 영향을 미치지 않도록 네트워크를 디자인하면, VPN을 비롯한 몇 가지 네트워크 기술들은 불필요한 기술이 된다. 물론, 모든 호스트가 반드시 보안 기능을 탑재하고 있어야 한다는 가정이 존재한다. 하지만 이와 동시에 보안 기능을 네트워크 코어가 전담해야 한다는 부담을 줄일 수 있다. 현재 모든 주요 운영체제에는 스테이트풀stateful 방화벽이 기본으로 탑재돼 있다. 또한 네트워크 기술의 발달로 모든 호스트에서 스위칭과 라우팅이 가능해졌다. 이 모든 기술 발전은 네트워크 보안의 패러다임을 바꿀 때가 왔다는 하나의 결론으로 이어진다.

분산 보안 정책을 잘 활용하고 제로 트러스트 원칙을 지키면 그림 1-2와 같은 디자인을 만들 수 있다.

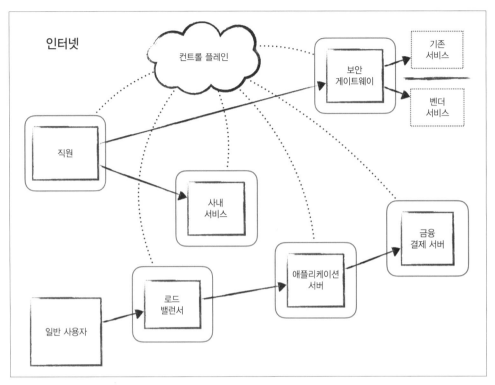

그림 1-2 제로 트러스트 구조

제로 트러스트 컨트롤 플레인

네트워크의 설정을 담당하는 시스템을 컨트롤 플레인이라 부르며, 컨트롤 플레인이 설정하고 관리하는 다른 모든 부분은 데이터 플레인이라고 한다. 제로 트러스트 네트워크 내에서 보호를 받는 자원에 대한 접근 요청은 모두 컨트롤 플레인을 거친다. 여기서 사용자와 디바이스에 대한 인증 및 허가가 이뤄진다. 이때 사용자의 조직내 직위, 접근 시각, 디바이스의 종류 등에 따라 세세한 보안 정책을 적용할 수 있으며, 더 높은 수준의 보안이 요구되는 자원에는 추가적으로 더 강력한 인증 절차를 요구할 수도 있다.

컨트롤 플레인이 접근을 허가하기로 결정하면, 컨트롤 플레인은 데이터 플레인의 설정을 동적으로 변경한다. 데이터 플레인이 해당 클라이언트로부터 데이터를 수신하도록 하기 위함이다. 이때 클라이언트와 네트워크 자원간 통신에 사용할 보안 터널에 대한 세부사항을 설정할 수도 있다. 일회용 ID, 암호화에 사용할 키, 임시 포트 번호 등의 세

28

부사항이 여기에 해당된다.

이 모델을 다소 변경할 수는 있겠지만, 핵심 아이디어는 권한을 위임받은 제3자가 다양한 데이터에 기반해 실시간으로 접근을 인증 및 허가하고 관리한다는 점이다.

네트워크 경계 보안 모델의 진화

기존의 보안 모델을 이 책에서는 경계 모델^{perimeter model}이라고 부른다. 현실에 존재하는 성벽 방어와 비슷한 의미다. 이 모델에서는 침입자가 중요한 자원에 접근하지 못하도록 방어선을 긋고 공격을 막는다. 하지만 실제와는 달리 컴퓨터 네트워크에서는 문제가 많은 방법이다. 이 모델의 문제점을 이해하기 위해선 우리가 어떻게 지금의 모델로 진화하게 됐는지를 알아야 한다.

전세계 IP 주소 관리

경계 모델은 IP 주소 할당에서부터 시작한다. 인터넷 초창기, 네트워크는 빠른 속도로 연결됐다. 인터넷에 연결되지 않은 네트워크는 다른 부서나 회사 아니면 연구용 네트워크에 연결됐다. 동일 네트워크 내에서는 중복된 IP 주소가 있어서는 안 된다. 따라서 만일 연결되는 네트워크에서 동일한 IP 주소가 발견되면 많은 노력을 들여 중복되는 주소를 모두 바꿔야 했다. 만약 연결하는 네트워크가 인터넷이라면 IP 주소는 전세계적으로 유일해야 한다. 즉 누군가가 IP 주소 할당을 중재해야 한다.

1998년 설립된 인터넷 할당 번호 관리기관^{IANA, Internet Assigned Numbers Authority}이 이 중재를 담당한다. 그 전에는 그림 1-3의 인터넷 지도를 완성한 존 포스텔^{Jon Postel}이 직접 IP 주소를 할당했다. 한 개인이 IP 주소 할당의 막중한 책임을 맡고 있었다. IP 주소가 전세계적으로 유일한지 확인하기 위해선 존에게 연락을 취해야 했다. 당시에는 네트워크의 인터넷 연결 여부와 상관없이 IP 주소 영역을 할당받는 것이 당연하게 여겨졌다. 당장 네트워크를 인터넷에 연결하지 않아도 언젠가는 다른 네트워크와 연결할 것이라 생각했기 때문이다.

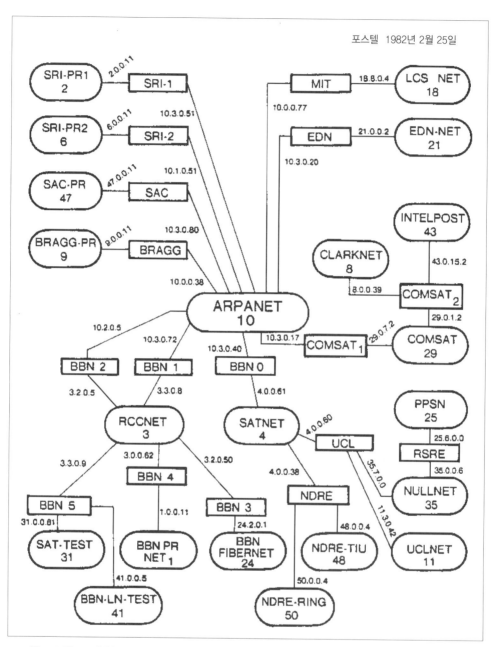

그림 1-3 존 포스텔이 완성한 초기 인터넷 지도(1982년 2월)

사설 IP 주소 영역의 탄생

1980년 후반부터 1990년대 초반까지 IP 채택이 늘어나면서 주소 영역이 낭비되고 있다는 것이 심각한 문제로 떠올랐다. 완전히 독립돼 있지만, 대규모 IP 주소 영역이 필요한 네트워크가 등장하기 시작했다. ATM 네트워크와 대형 공항의 출도착 현황판이 대표적인 예다. 이들은 다양한 이유로 인해 완전히 독립된 네트워크다. ATM 네트워크는 보안 및 사생활 보호를 위해 다른 네트워크와 독립돼 있다. 공항의 출도착 현황판은 기능이 단순해 외부 네트워크와의 연결이 전혀 불필요하기 때문에 다른 네트워크와 분리돼 있다. 이처럼 낭비되는 공인 주소 영역의 문제를 해결하기 위해 사설 네트워크용 주소 할당에 관한 문서 RFC 1597이 만들어졌다.

1994년 3월 RFC 1597이 발표된 후, IANA와의 협력으로 사설 네트워크용 IP 네트워크 주소 대역 3개가 할당됐다. 바로 10.0.0.0/8, 172.16.0.0/12, 192.168.0.0/16 대역이다. 대형 사설 네트워크에서 이 영역의 주소를 사용하면서 IP 주소 고갈 속도도 줄어들었다. 네트워크 관리자들은 가능한 경우 사설 네트워크 주소를 사용하는 방향으로 돌아섰다. 예상치 못한 효과도 있었다. 사설 IP 주소를 사용하는 네트워크의 보안이 강화됐다. 같은 IP 주소 영역을 사용하는 네트워크끼리 연결하는 것이 불가능해졌기 때문이다. 특히 인터넷과 분리할 수 있어서 네트워크의 보안이 강화되는 의도치 않은 이익을 얻을 수 있었다.

당시에는 지금에 비해 인터넷에 연결된 조직이 그리 많지 않았다. 내부 네트워크도 위 대역이면 충분했다. 네트워크가 외부와 단절돼 있거나 단일 조직의 경계를 벗어나지 않았기 때문에 네트워크 보안 검증은 거의 없는 것과 마찬가지였다.

사설 네트워크와 공용 네트워크의 연결

인터넷은 굉장히 빠르게 성장했으며 대부분의 조직들은 어떤 방식으로든 인터넷을 연결하고 싶었다. 당시에 이메일은 인터넷에 연결하는 대표적인 수단이었고, 사람들은 이메일을 주고받고 싶어 했다. 이를 위해서는 공용 네트워크에 연결된 메일 서버가 필요했는데, 이는 어떤 방식으로든 인터넷에 연결해야 가능한 일이었다.

당시에는 이메일 서버가 사설 네트워크에서 인터넷에 연결하는 유일한 서버가 되는 일이 흔했다. 이메일 서버에 네트워크 인터페이스를 두 개 설치해, 하나는 인터넷과 연결하고 다른 하나는 내부 네트워크에 연결했다. 덕분에 내부 사설 네트워크를 사용하는 사람들은 인터넷 이메일을 주고받을 수 있게 됐다.

지금까지는 안전하다고 여겨진 사설 네트워크에 인터넷 연결고리가 생겼다는 것을 깨닫는 데까지는 그리 오래 걸리지 않았다. 이메일 서버가 해킹당하는 날에는 해커가 이메일 서버와 연결된 내부 네트워크로 침입할 수도 있다. 이메일 서버의 보안과 서버와 연결된 네트워크에 대한 철저한 분석이 이뤄졌다. 네트워크 관리자는 이메일 서버 양쪽에 방화벽을 설치해 통신을 제한하고, 인터넷에서 이메일 서버를 타고 들어오는 공격을 막았다. 그림 1-4와 같은 모습이다. 이때 경계 모델이 탄생했다. 내부 네트워크는 "보안" 네트워크였고, 방화벽에 둘러싸여 외부와 연결된 영역은 DMZ, 비무장지대라 불렀다.

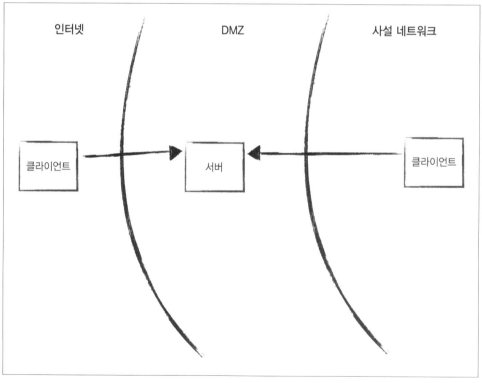

그림 1-4 인터넷과 사설 네트워크 양쪽에서 DMZ에 있는 자원에는 접근할 수 있다. 하지만 사설 네트워크에서 DMZ를 넘어 인터넷에 연결하는 것은 불가능하다.

NAT의 등장

인터넷 자원에 접근할 필요가 급증하면서 내부 네트워크에서 인터넷에 연결하는 것을 허용하는 방법도 쉬워졌다. NAT^{Network Address Translation} 덕분에 문제를 쉽게 해결할 수 있었다.

IP 네트워크 주소 변경에 관한 문서 RFC 1631이 네트워크 경계에서 IP 주소를 변경하는 네트워크 장치의 표준을 정했다. 공인 IP의 주소와 포트를 사설 IP의 주소와 포트에 매핑하는 테이블을 사용해 사설 네트워크상의 디바이스들이 임의의 인터넷 자원에 접근할 수 있도록 만들었다. 이 간단한 테이블을 유지하는 것은 애플리케이션 계층과는 무관하다. 따라서 네트워크 관리자들이 더 이상 특정 애플리케이션의 인터넷 연결을 위해 특별한 설정을 할 필요가 없어졌다. 즉, 인터넷 연결 전체를 허용할 수 있게 됐다.

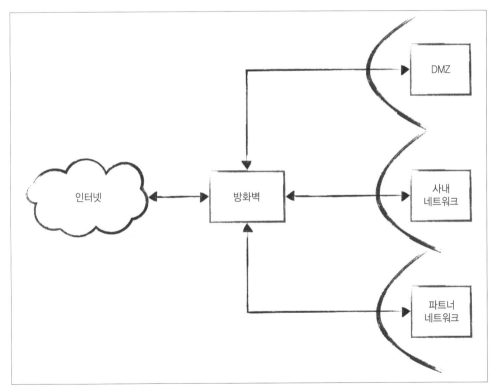

그림 1-5 일반적인 경계 방화벽의 약식 디자인

NAT 장치에는 재미있는 특징이 하나 있다. IP 주소 매핑이 N:1 관계이기 때문에 별도의 특별한 설정 없이는 인터넷에서 내부로 들어오는 연결이 불가능하다는 점이다. 다시 말해 NAT 장치가 스테이트풀 방화벽과 동일한 특성을 가진다. 방화벽들도 빠르게 NAT의 기능을 흡수했고, 이제는 두 기능이 하나로 융합돼 구별하기가 쉽지 않다. 네트워크 연결과 보안을 동시에 추구하다 보니 그림 1-5와 같은 동작을 하는 디바이스가 모든 조직의 경계에 등장했다.

현대의 경계 모델

방화벽/NAT 장비를 내부 네트워크 경계에 설치하면서, 네트워크를 보안 수준에 따라 뚜렷이 구별할 수 있게 됐다. 네트워크를 내부의 "보안" 영역, DMZ, 비신뢰 영역(인터넷)으로 구별한다. 다른 네트워크에 연결하는 과정도 단순해졌다. 새로 생긴 경계에 방화벽/NAT 장비를 설치하고, 새로 연결한 네트워크의 보안 수준에 따라 어떤 종류의 트래픽을 허용할 것인지만 정하면 된다. DMZ 설정과 크게 다를 바 없다.

초기 인터넷과 비교하면 분명히 발전했다. 인터넷에 한두 개의 호스트만 연결하고 나머지 호스트는 내부 네트워크에 갇혀 있던 시대에서 네트워크 경계에 보안 디바이스를 설치해 네트워크 간 연결을 허용하는 시대로 넘어왔다. 각종 비즈니스가 생기면서 오프라인 네트워크의 빗장을 열어 인터넷에 연결하도록 허용할 수밖에 없었다. 새롭게 오픈된 공간에는 보안 장치를 설정해 위험을 최소화했다.

공격의 진화

인터넷 시대 이전에도 멀리 떨어진 컴퓨터 시스템과 통신하는 것은 가능했다. 가장 흔한 방법은 전화선을 통해 통신하는 방법이었다. 사용자나 컴퓨터 시스템이 일반 전화선을 통해 전화를 걸고, 데이터를 오디오 신호로 변경해 원격 시스템에 접속했다. 당시에는 물리적으로 접근하기 훨씬 어려웠기 때문에 전화 연결을 공격하는 것이 가장 흔한 방법이었다.

호스트가 인터넷에 연결되면서, 공격에 있어서도 큰 변화가 있었다. 공격이 전화 네트워크에서 인터넷으로 옮겨간 것이다. 전화가 걸려왔다는 사실은 인터넷을 통해 TCP 연결이 들어오는 것보다 알아차리기 쉽다. 전화를 통한 공격보다 IP 네트워크를 위한 공격이 훨씬 숨기기 쉽기 때문에 다양한 공격이 발각되지 않고 오랫동안 지속될 수 있다. 덕분에 악성코드가 인터넷 트래픽을 받아들이는 새로운 공격 메커니즘이 생겨났다.

1990년 후반 인류 최초의 트로이 목마 바이러스가 탄생했다. 사용자를 속여 악성코드를 시스템에 설치하게 만들면, 이 악성코드가 네트워크 연결을 받아들이는 방식이 일반적이다. 해커는 이 악성코드에 접속해 타깃 머신을 원격으로 조정할 수 있다.

인터넷에 연결된 호스트를 보호해야 한다고 깨달은 직후의 일이다. 당시에는 하드웨어 방화벽이 최선의 선택이었다. 당시 대부분의 운영체제는 방화벽을 탑재하지 않았다. 하드웨어 방화벽에는 보안 정책 설정 기능이 있어서, 허용된 "안전한" 트래픽만 인터넷에서 내부 네트워크로 흘러들어 갈 수 있도록 설정할 수 있었다. 실수로라도 호스트에 트로이 목마처럼 포트를 여는 소프트웨어가 설치돼도, 이를 허용하는 설정이 있기 전까진 방화벽이 해당 포트에 연결되는 것을 차단한다. 비슷한 방식으로 인터넷에 연결된 서버가 내부 네트워크에 연결하는 것도 컨트롤할 수 있었다. 내부 네트워크 사용자가 만들어낸 트래픽만 허용하고, 서버가 내부 사용자에게 보내는 트래픽은 제한하는 방식을 사용했다. DMZ 호스트에 침입한 해커가 내부 네트워크까지 침투하는 것을 막는 데 도움이 됐다.

강력한 양방향 트래픽 통제 덕분에 DMZ로부터 내부 네트워크에 침입하는 것은 쉽지 않다. 하지만 인터넷에 연결된 DMZ 호스트는 여전히 해커들의 1차 공격 대상이다. DMZ 호스트에 침입한 해커는 방화벽 뒤에 가려진 서버를 먼저 공격한 다음 이 서버를 이용해 자신들의 통신을 숨긴다. 방화벽 뒤에 가려진 서버는 내부로의 접근이 제한되지만, 데이터를 밖으로 보내는 것은 비교적 자유롭기 때문에 해커가 데이터를 유출할 때 좋은 통로가 된다. 만약 내부 네트워크에 연결이 가능한 전화 회선이 있다면 아주 쉬운 타깃이 된다.

재미있는 부분이 바로 여기다. 내부 네트워크에 위치한 클라이언트의 인터넷 접근을 용이하게 하기 위해 NAT가 탄생했다. NAT의 동작 방식과 보안 이슈 때문에 NAT를 통해 내부 네트워크로 들어오는 트래픽은 제한적이다. 하지만 내부에서 외부로 나가는 트래픽은 비교적 자유롭다. 따라서 NAT을 통해 인터넷 접근을 허용하는 것과 NAT 없이 인터넷 접근을 허용하는 것에 중요한 차이가 발생했다. NAT을 통해 인터넷 접근을 허용하는 경우, 외부로 나가는 트래픽은 보안 정책에서 다루지 않거나 보안 정책이 제한하고 있더라도 완화된 모습이라는 점이다.

이 때문에 네트워크 보안 모델에 큰 변화가 있었다. "안전한" 내부 네트워크에 있는 호스트가 인터넷에 있는 임의의 호스트와 직접 통신할 수 있게 됐다. 다시 말해 인터넷상의 임의의 호스트가 접속을 시도하는 내부 클라이언트를 악용할 수 있게 된 것이다. 이로 인해 내부 네트워크에 심어진 악성코드가 인터넷 호스트에 메시지를 보내는 심각한 상황까지 발생할 수 있다.

내부에서 외부로 자유롭게 메시지를 보내는 상황은 매우 치명적이다. 보안 정책으로 보호되고 있는 네트워크에서 외부로 데이터를 유출하는 통로가 되기 때문이다. 하지만 TCP가 양방향 통신이라는 점도 간과해서는 안 된다. 즉, 데이터가 유출될 뿐만 아니라 심각한 악성코드를 설치하는 통로가 될 수도 있다.

공격은 일반적으로 그림 1-6과 같은 단계로 이뤄진다. 먼저, 해커는 내부 네트워크에 위치한 컴퓨터에 침입을 한다. 내부 사용자가 방문할 만한 웹사이트를 미리 해킹한 다음 사용자가 웹사이트를 방문할 때를 기다려 공격을 하거나, 피싱 이메일을 보내 내부 사용자를 속여 악성코드를 설치하게 만드는 등의 다양한 방법을 사용할 수 있다. 큰 프로그램을 설치할 필요도 없다. 인터넷을 통해 외부 컴퓨터에 접속할 수 있는 작은 프로그램이면 족하다. 내부 네트워크에서 해커에게 전화를 거는 것처럼 보이기 때문에 이런 프로그램을 **다이얼러**^{dialer}라고 부르기도 한다.

이 작은 다이얼러가 진짜 악성코드를 다운로드해 내부 컴퓨터에 설치한다. 이 악성코드 역시 인터넷을 통해 해커가 컨트롤하는 컴퓨터에 연결하는 경우가 대부분이다. 해커가 컨트롤하는 컴퓨터에 악성코드가 접속하면, 해커는 악성코드에 명령을 보내 민감한 정보를 꺼내 오거나 대화형 세션을 열어 꾸준히 명령을 실행한다. 처음 공격당한 컴퓨터가 내부 네트워크의 연결고리이자 추가적인 공격을 가능하게 하는 발판이 된 것이다.

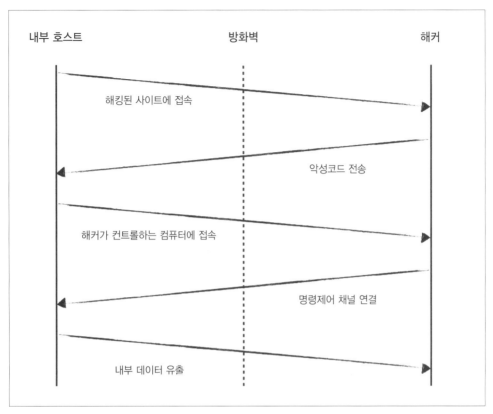

내부 호스트   방화벽   해커

해킹된 사이트에 접속

악성코드 전송

해커가 컨트롤하는 컴퓨터에 접속

명령제어 채널 연결

내부 데이터 유출

그림 1-6 모든 공격은 내부 호스트로부터 시작한다. 외부로 향하는 트래픽을 허용하는 방화벽을 쉽게 무력화시킬 수 있는 방법이다.

외부로 향하는 트래픽의 보안

외부로 향하는 트래픽의 보안을 강화하면, 보안상 매우 큰 효과를 거둘 수 있다. 다이얼러 공격 같은 악성 코드의 인터넷 접근을 찾아내 막을 수 있기 때문이다. 하지만 다이얼러가 자신의 네트워크 트래픽을 일반 웹 트래픽으로 위장하는 경우도 있다. 이 경우 정상적인 인터넷 사용과 악성코드의 네트워크 접근을 구별하기가 어렵기 때문에 선의의 사용자들의 인터넷 사용에 문제가 발생하곤 한다.

내부 네트워크에 위치한 호스트에서 공격을 개시할 수 있다는 점은 해커에게 희소식이다. 대부분의 경우 이 호스트에서 다른 호스트에 연결하는 것이 가능하고 (수평 이동), 운

이 좋다면 더 높은 수준의 보안이 요구되는 호스트에도 접근할 수 있는 기회가 주어지기 때문이다. 해커의 목적은 우선 네트워크의 낮은 신뢰도 영역에 위치한 컴퓨터에 침입한 후 이를 발판으로 높은 신뢰도 영역의 컴퓨터에 침입하는 것이다.

정리하자면, 위에서 설명한 해커의 공격 방식은 경계 보안 모델의 허점을 파고들 수 있다. 경계 보안 모델에선 네트워크 보안 정책이 네트워크 영역에 의해 정해지고, 네트워크 영역을 지나는 경계선에서만 트래픽의 감시가 이뤄진다. 트래픽의 감시도 트래픽의 근원지와 목적지를 체크하는 수준을 벗어나지 못한다.

경계 보안의 단점

많은 곳에서 여전히 경계 보안 모델을 사용하고 있지만, 앞에서 말한 허점을 막지 못한다. 복잡한 방법을 사용하기는 했지만, 강력한 경계 보안 모델을 택한 네트워크에 성공적으로 침투했다는 해커들의 소식이 거의 매일 들려온다. 해커는 상상할 수 없는 다양한 방법으로 내부 네트워크에 원격 접근 도구를 설치하고 원격에서 네트워크를 공격한다. 일단 네트워크에 침입한 해커는 다른 호스트로 이동한다. 이런 해커를 막고자 경계 모델에선 방화벽을 설치했다. 도시 외곽에 벽을 쌓아 방어했던 것과 비슷한 이치다.

하지만 네트워크에 보안 영역을 구축했다는 것이 문제다. 작은 온라인 쇼핑 회사를 운영한다고 가정해보자. 직원들도 있을 것이고, 인사 팀이나 물류팀에서 사용하는 내부 시스템도 있을 것이며, 외부로 노출한 웹사이트도 있을 것이다. 주체에 따라 접근 권한을 설정하는 것이 자연스러워 보인다. 직원들에게는 내부 시스템에 접근할 수 있는 권한을 주고, 웹서버에는 데이터베이스에 접근할 수 있는 권한을 준다. 데이터베이스 서버에게 인터넷에 접근할 권한을 주면 안 된다. 하지만 직원은 인터넷에 접근할 수 있게 해야 한다. 다양한 권한을 설정해 네트워크를 운영해야 할 것이다. 기존 네트워크에서는 그림 1-7과 같이 주체들을 그룹별로 나눠 네트워크 영역을 정의하고, 각 영역이 접근할 수 있는 자원을 제한하는 보안 정책을 사용했다. 물론 이 정책을 적용하고 감시하는 것도 필요하다. 정책이 각 영역별로 결정되기 때문에, 각 영역의 경계선에서 트래픽이 정책을 준수하고 있는지 감시하는 방식이 합리적이다.

네트워크 보안 시스템을 접한 사람이라면 잘 알겠지만, 모든 규칙에는 예외가 있기 마련이다. **방화벽 예외** 설정이 바로 여기서 말하는 예외다. 예외는 매우 구체적이고 제한적으로 사용된다. 예를 들어, 웹 개발자에게는 웹서버에 SSH 접근할 수 있도록 허용해 주거나, 인사 팀에는 검증을 위해 인사 데이터베이스에 접근할 수 있는 권한을 주는 등 예외는 구체적이고 제한적이다. 이 예에서는 각 접근자의 IP 주소를 확인해 접근이 제한된 서버에 예외적으로 접근을 허용하는 방식이 적절한 예외 적용 방식이라 할 수 있다.

경쟁사에서 해커팀을 고용해 공격해 온다고 가정해보자. 이들이 관심 있어 하는 정보는 재고 상태와 매출 현황일 것이다. 해커들이 직원들의 이메일 주소를 인터넷에서 찾아내 회사 근처 식당의 할인 쿠폰으로 위장한 이메일을 보낸다. 누군가는 이메일의 링크를 클릭할 것이고, 해커의 악성코드가 직원의 컴퓨터에 설치될 것이다. 해커가 이 호스트에 악성코드를 통해 접속하고, 해커가 직원의 컴퓨터에 침입했다. 다행히도 이 직원은 인턴이라 접근할 수 있는 자료가 얼마 없다.

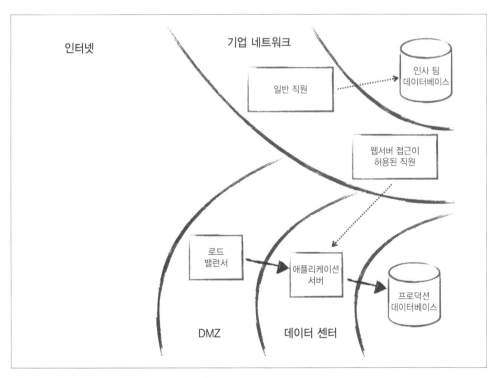

그림 1-7 프로덕션 네트워크와 연결된 기업 네트워크

해커들이 네트워크를 탐색한 끝에 회사에서 내부적으로 파일 공유 소프트웨어를 사용하고 있다는 것을 발견한다. 최신 버전으로 소프트웨어를 업그레이드한 직원이 아무도 없어서, 최근에 공개된 취약점에 대한 공격이 가능하다. 해커는 특수한 권한을 가진 컴퓨터가 있는지 직원들 컴퓨터를 하나씩 체크하기 시작한다. 물론, 해커가 공격 대상을 미리 정한 상태라면 이 과정은 훨씬 쉽고 빠르게 진행된다. 마침내 해커가 웹 개발자 컴퓨터를 찾아내 침입했다. 키로거^{keylogger}를 설치해 웹 개발자가 웹서버에 접근할 때 사용하는 비밀번호 등을 알아냈다. 해커는 이 정보를 사용해 서버에 SSH로 접근하고, 나아가 데이터베이스까지 접근한다. 데이터베이스를 통째로 복사하고 다운로드한 다음 로그를 깨끗이 지웠다. 운이 좋다면 해커가 침입한 흔적 정도는 발견할 수 있을지도 모르겠다. 그림 1-8에 해커의 침입과 움직임을 대략적으로 설명했다.

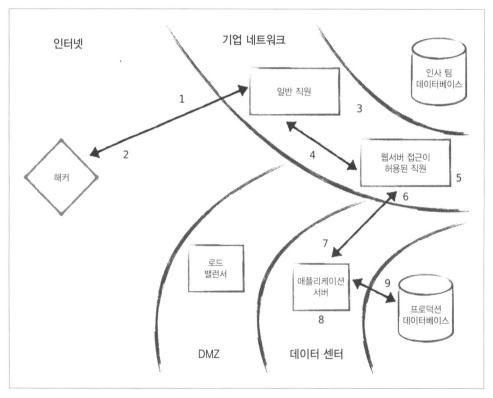

그림 1-8 기업 네트워크를 거쳐 프로덕션 네트워크에 침입한 해커

방금 해커가 중요한 데이터를 훔쳤다. 네트워크의 다양한 구성 요소에는 다양한 약점이 존재하고, 해커는 이를 이용해 영업 비밀을 훔쳤다. 물론 지어낸 이야기지만, 이런 공격은 놀랄 정도로 많이 발생한다. 더 놀라운 부분은 대부분이 침입이 있다는 사실조차 모른다는 점이다. 왜 네트워크 보안은 동작하지 않았는지 묻는 독자가 있을 수도 있다. 각 경계마다 방화벽은 빠지지 않고 설치돼 있고, 보안 정책과 예외도 구체적이고 제한적으로 잘 설정돼 있다. 네트워크 보안 관점에서 본다면 완벽에 가까운 시스템이다. 그렇다면 무엇이 어디서부터 잘못된 것일까?

일반적인 공격 시나리오

1. 피싱 메일로 직원 공격
2. 사내 컴퓨터에 침투 후 쉘 획득
3. 기업 네트워크를 통해 다른 호스트에 침투
4. 특수 권한이 있는 컴퓨터 발견
5. 컴퓨터 내부에서 권한 상승 후 키로거 설치
6. 웹 개발자 비밀번호 획득
7. 프로덕션 애플리케이션에 침투
8. 애플리케이션 서버에서 개발자 암호를 사용해 권한 상승
9. 애플리케이션 서버에서 데이터베이스로 접근
10. 애플리케이션 서버를 경유해 데이터베이스 유출

하나씩 살펴보면, 위 네트워크 보안 모델에 많은 문제점을 발견할 수 있다. 호스트에 접속할 수 있는 악성코드만 있으면 해커가 경계 보안 모델에 침투하는 것은 그리 어렵지 않다. 네트워크 영역의 경계에 설치된 방화벽이 하는 일이라곤 누가 어디로 접속하는지 체크하는 일이 전부다. 경계 모델이 전혀 쓸모없는 것은 아니지만, 네트워크 보안의 관점에서 이와 같은 방식은 재고의 대상이다.

당연히 현존하는 기술에서 해답을 찾는 일이 우선이다. 네트워크를 방어하기 위해 많은 곳에서 경계 모델을 채택했지만, 채택한 곳이 많다고 최고의 보안 모델이 되는 것은 아니다. 네트워크 보안 관점에서 최악의 시나리오는 무엇일까? 많은 시나리오가 있겠지만, 대부분의 문제는 신뢰가 깨지면서 시작된다.

네트워크 신뢰의 붕괴

경계 모델을 제외한 다른 보안 모델을 고려할 때, 반드시 정확히 숙지해야 하는 사항이 있다. 네트워크에서 무엇을 신뢰할 수 있고 무엇을 신뢰할 수 없는지 알아야 한다. 신뢰의 정도에 따라 보안 프로토콜이 추구하는 보안 수준이 결정되기 때문이다. 보안 프로토콜이 추구하는 보안 수준이 기대치보다 높아지는 경우는 불행히도 거의 없기 때문에, 네크워크상에서 신뢰의 대상을 줄이는 것이 좋은 디자인이다. 일단 한 시스템을 신뢰하기로 결정해 네트워크를 구성한 이후에 해당 시스템을 신뢰하지 않는 것으로 재구성하는 일은 쉽지 않다.

제로 트러스트 네트워크는 말 그대로 네트워크에서 신뢰할 수 있는 대상이 전혀 없다고 가정하는 것이다. 잘 이해되지 않는다면 인터넷을 떠올리면 된다. 우리가 매일 사용하는 인터넷이 바로 신뢰 대상이 전혀 없다는 가정으로 만들어진 네트워크다.

인터넷은 아주 좋은 교훈을 남겼다. 인터넷에 연결된 서버를 관리하는 관리자는 내부에만 연결된 서버와는 아주 다른 방식으로 서버를 관리한다. 왜 그럴까? 서버를 다른 방식으로 관리하는 원인과 이유를 알게 된다면, 보안 모델을 다르게 할 수 있을까?

제로 트러스트 모델에서는 네트워크상의 모든 호스트를 인터넷에 연결된 호스트처럼 취급한다. 호스트가 어디에 있던 상관없이, 네트워크에 해커가 존재하며 언제든 공격할 준비가 돼있다고 가정한다. 이 가정을 기본으로 네트워크 통신 보안을 구축하는 보안 모델이 바로 제로 트러스트 모델이다. 인터넷에 연결된 시스템을 구축하고 관리했던 경험을 토대로 IP 주소에 기반해 네트워크를 방어하면 침투가 어려운 방어막을 구축할 수 있다는 사실을 잘 알고 있다. 그리고 이런 강력한 방어막을 관리 자동화 시스템을 통해 네트워크를 동적으로 구성하고 방어할 수 있다.

제로 트러스트의 감초, 자동화

제로 트러스트 네트워크 구축을 위해 새로운 프로토콜이나 라이브러리를 도입할 필요는 없다. 기존 기술을 조합해 구축할 수 있기 때문이다. 자동화 시스템을 사용해 제로 트러스트 네트워크의 뼈대를 구축할 수 있다.

컨트롤 플레인을 통한 데이터 플레인의 설정은 제로 트러스트의 핵심 기능이고, 여기에 자동화 시스템을 적절히 사용할 수 있다. 보안 정책을 자동으로 업데이트할 수 없으면 제로 트러스트는 실현 불가능하다. 따라서 보안 정책이 신속하게 자동 업데이트되는 것이 제로 트러스트 모델의 매우 중요한 요구사항이다.

자동화를 구현할 수 있는 방법은 많다. 제로 트러스트를 위해 별도의 자동화 시스템을 구축하는 것이 가장 이상적이지만, 기존의 형상 관리 시스템을 활용해도 무리가 없다. 많은 네트워크에서 형상 관리 시스템을 채택한 덕분에 제로 트러스트 네트워크의 초석이 마련된 셈이다. 이미 데이터 플레인을 통해 디바이스 목록을 관리하고, 네트워크 설정을 적용하는 시스템이 많이 있다는 뜻이다.

형상 관리 시스템을 사용해 디바이스 목록을 관리하고 데이터 플레인의 설정을 관리하고 있다는 말은 즉, 제로 트러스트 네트워크로 전환하기가 용이하다는 뜻이다.

경계 모델 vs. 제로 트러스트 모델

경계 모델과 제로 트러스트 모델은 전혀 다른 보안 모델이다. 경계 모델은 신뢰하는 자원(내부 네트워크)과 신뢰하지 않는 자원(인터넷) 사이에 벽을 만든다. 하지만 제로 트러스트 모델은 해커들이 어디든 존재할 수 있다는 사실을 받아들이고, 모든 자원을 신뢰할 수 없다는 가정에서 시작한다. 내부의 허약한 시민을 지키고자 장벽을 세우는 대신에 모든 시민을 군인으로 만들어 버린 것과 다름없다.

경계 모델은 내부의 보호받는 네트워크가 어느 정도의 신뢰도를 가지고 있다는 가정하는 것에서 시작한다. 제로 트러스트 모델과 상반되는 가정으로, 이 잘못된 가정으로 인해 문제가 발생한다. 네트워크의 신뢰성이 보장된다고 하면 네트워크 관리자가 보안에 허술해질 수밖에 없다. 인간이기 때문이다. 같은 신뢰 영역에 있다는 말은 서로를 믿을 수 있다는 의미다. 때문에 신뢰성이 보장된 네트워크에 위치한 호스트끼리 서로 자신을 보호하는 경우는 드물다. 하지만 점점 시간이 흐르면서 이런 가정이 잘못됐다는 것을 깨달았다. 호스트를 외부로부터 보호하는 것과 동일하게 호스트를 내부의 다른 호스트로부터 보호하는 것도 중요하다는 것을 깨달은 것이다.

제로 트러스트 모델은 네트워크가 완전히 해커의 손에 넘어갔다고 가정한다. 즉, 해커가 어떤 IP 주소를 사용해 접근할 지 알 수가 없다. 따라서 IP 주소나 호스트의 물리적인 위치에 기반해 자원을 보호하는 것만으로는 보안을 유지할 수 없다. 동일한 신뢰 영역에 있는 호스트라 할지라도 반드시 적절한 ID를 제시해 자신을 증명해야 한다. 해커가 반드시 공격적으로 여기저기를 들쑤시고 다닐 필요가 없다는 점도 고려했다. 해커가 수동적으로 네트워크를 감시하며 민감한 정보를 훔치는 것도 충분히 가능하다. 수동 모드에 들어간 해커로부터 정보를 보호하려면 ID만으로는 부족하다. 모든 데이터에 대한 강력한 암호화를 병행해야 한다.

제로 트러스트 네트워크의 세가지 핵심 요소가 있다. **사용자와 애플리케이션에 대한 인증, 디바이스 인증** 그리고 **신뢰도**다. 첫 번째 핵심 요소는 사용자 인증과 애플리케이션 인증을 포괄한다. 사람이 아닌 자동화 애플리케이션도 네트워크 트래픽을 만들 수 있기 때문이다. 데이터 센터 내에서 소프트웨어가 트래픽을 만들 수도 있다. 따라서 사용자에 대한 인증과 애플리케이션에 대한 인증은 동일한 중요도를 갖는다.

사용자와 애플리케이션을 인증하는 것과 마찬가지로 디바이스의 인증과 허가도 중요하다. 경계 보안 모델을 택한 네트워크 시스템에서는 찾아보기 힘든 절차다. VPN이나 NAC에서 종종 사용하기도 하지만 그 외의 영역에서 디바이스 인증을 하는 경우는 드물다.

경계 모델과 NAC

네트워크 접근 제어(NAC, Network Access Control)는 민감한 네트워크에 접근하는 디바이스에 대한 인증 기술을 통칭하는 말이다. 802.1X와 TNC(Trusted Network Connect)와 같은 표준이 여기에 해당하며, 네트워크에 어떤 장치가 접근할 수 있는지 결정하는 것을 목표로 한다. 주의할 점은 서비스에 어떤 장치가 접근할 수 있는지 결정하는 것이 아니라는 점이다. 따라서 제로 트러스트 모델과는 다소 차이가 있는 기술이다. 제로 트러스트 모델에 바로 적용하려면 서비스에 대한 접근을 다뤄야 한다. TNC를 활용할 수 있는 방법은 5장에서 자세히 알아보기로 하자. NAC를 제로 트러스트에서 사용하는 것이 불가능한 것은 아니지만, TNC만으로는 제로 트러스트에서 요구하는 디바이스 인증 요건을 충족할 수 없다.

사용자 및 애플리케이션에 대한 인증과 디바이스 인증 결과를 바탕으로 신뢰도 점수를 계산한다. 그리고 이 셋(애플리케이션, 디바이스, 신뢰도 점수)을 결합해 에이전트라는 객체를 만들어낸다. 에이전트에는 보안 정책이 적용되고 이에 따라 에이전트가 접근할 수 있는 권한이 달라진다. 에이전트에 다양한 정보를 추가로 탑재해 유연하면서도 세밀한 접근 제어도 가능하다.

접근 요청이 승인되면 컨트롤 플레인이 데이터 플레인에 해당 요청을 받아들이라는 명령을 한다. 이때 어떤 암호화 알고리듬을 사용할 지도 정할 수 있다. 디바이스 계층에서의 암호화, 애플리케이션 계층에서의 암호화 등을 결정할 수 있다. 최소한 한 계층에서의 암호화가 필요한 것은 당연한 이야기다.

인증 및 허가 절차를 거치고 컨트롤 플레인의 도움을 받아 암호화 채널을 설정하면, 네트워크에는 허가된 트래픽만 존재한다. 정해진 보안 설정을 따르지 않는 트래픽이 하나라도 발생하면, 네크워크상에 있는 호스트와 장비들이 이를 무시하면 그만이다. 민감한 정보가 새 나갈 틈을 봉쇄한 것이다. 이와 별도로 컨트롤 플레인에서 발생하는 모든 이벤트와 그에 따른 처리를 로그로 남기면, 네트워크 트래픽을 모두 감시하는 것도 가능하다.

경계 모델에서도 이와 비슷한 기능을 구현할 수 있다. 하지만 각 네트워크 경계에 한해서다. VPN이 이와 비슷한 기능을 구현한 것으로 잘못 생각하는 경우가 있는데, VPN의 경우 외부 트래픽이 VPN 서버에 도착한 후에는 여느 경계 모델과 다를 바 없다. 네트워크 관리자들이 어떤 모델이 인터넷 수준의 보안 수준을 제공할 수 있는지 모르는 것이 아니다. 다만 적절한 보안 모델을 내부 네트워크에 적용하지 않은 것 뿐이다.

앞서 설명한 기능을 내부 네트워크에 모두 적용하려고 한다고 해보자. 다음과 같은 구현 방식이 머리 속에 떠오를 것이다. ID는 암호화를 통해 적절히 검증할 수 있다. 즉, IP 주소나 호스트의 위치는 더 이상 중요한 문제가 아니다(엄밀히 따지면, 여전히 문제가 있다. 이 부분은 나중에 설명하도록 한다). 자동화 시스템을 활용하면 기술적으로 불가능하지 않다. VPN은 더 이상 필요가 없다. "내부" 네트워크라는 말도 이제 의미 없는 말이 된다. 내부 네트워크에 있는 호스트와 인터넷에 있는 호스트를 동일한 방식으로 인증하고, 접근을 허가하기 때문이다. NAT과 사설 IP 주소 영역이 가져오는 보안 효과에 대한 논쟁도 제로 트러스트 모델에선 더 이상 불필요한 논쟁이다.

궁극적으로 경계 모델의 문제점은 모든 호스트를 보호하지 않고 보안 정책을 경계에만 적용한다는 전략에서 비롯된다. 각 네트워크 영역 안에 위치한 모든 호스트를 신뢰하면서, 경계만 지키겠다는 전략이다. 성공적인 네트워크 보안은 내부를 견고하게 다지는데 있다. 각 호스트가 어떻게 상대를 검증하고 보안 채널을 통해 통신하는지를 알아야 네트워크의 보안을 유지할 수 있는 것이다. 내부를 견고하게 다진다고 해서 네트워크 구역을 완전히 제거할 필요는 없다. 높은 보안이 필요한 네트워크에서는 네트워크 구역을 나누는 것이 여전히 좋은 방법이다. 하지만 제로 트러스트 모델은 구역을 나눌 필요가 없을 정도의 보안을 보장할 수 있다. 최종 사용자 입장에서는 제로 트러스트 모델 구현에 필요한 대부분의 기술을 알 필요가 전혀 없다. 보안을 유지하려면 사용자의 편의를 해칠 수밖에 없다는 전통적인 고정관념을 깨는 좋은 결과는 덤이다. 사용자의 편의를 해치지 않는 대신 네트워크 관리자에게 일이 조금 더 돌아가는 것뿐이다.

클라우드와 제로 트러스트 네트워크

클라우드는 로컬 네트워크와 많이 다르다. 보안 역시 큰 차이를 보인다. 그런데 사실 클라우드야말로 제로 트러스트 모델을 사용할 최적의 장소다. 클라우드 제공 업체의 네트워크를 맹목적으로 신뢰해서는 안 되기 때문이다. 자신의 보안은 자신이 지켜야 한다. IP 주소나 클라우드 제공 업체의 보안에 의존하지 않고 스스로 보안을 책임질 수준이 되면 어느 클라우드 업체를 쓰든 크게 개의치 않게 된다.

제로 트러스트는 모든 패킷을 암호화한다는 철학을 가지고 있다. 따라서 데이터 센터 내부에서도 네트워크로 나갈 패킷과 데이터 센터 내부에 머무를 패킷을 구별할 필요가 없다. 보통 이 부분을 간과하지만 큰 장점이라 할 수 있다. 언제, 어디서, 어떻게 트래픽을 암호화할지 결정한다는 것 자체가 쉽지 않은 문제이고, 하위 시스템 구조를 정확히 이해하지 못하는 개발자라면 이를 판단하는 것 자체가 불가능하다. 제로 트러스트에서는 내부 패킷과 외부 패킷을 구별할 필요가 없으므로 이와 관련된 인간의 오류도 사라진다.

패킷을 구별할 필요가 없어 좋다는 것은 이해하지만 데이터 센터 내부의 트래픽까지 암호화하는 것은 불필요하게 과도한 엔지니어링이라고 생각하는 독자가 있을지도 모르겠다. 아마존과 같은 초대형 클라우드 제공 업체는 서로 연결된 데이터 센터가 여러 지역에 분포돼 있다. 사용자 입장에선 대수롭지 않게 생각할 수도 있다. 하지만 2013년 NSA가 이 케이블을 노린 적이 있다. 이전에는 그림 1-9와 같은 밀실에서 인터넷 백본을 노린 적도 있다.

그림 1-9 641A호실 – 샌프란시스코에 위치한 AT&T 데이터 센터 내부에 있는 NSA의 인터넷 도청 시설

클라우드 제공 업체의 네트워크에도 위험이 도사리고 있다. 데이터 센터 내에 트래픽이 암호화되지 않았다면, 같은 데이터 센터를 사용하는 다른 사용자가 볼 수 없다고 장담할 수는 없다. 크게 와닿지 않는다면, 클라우드 제공 업체의 네트워크 관리자가 네트워크의 문제를 해결하려 트래픽을 모니터링 하는 경우를 생각해보자. 클라우드 제공 업체에 소속된 네트워크 관리자는 나쁜 사람이 아닐 수 있다. 하지만 몇 시간 뒤 누군가가 이 사람의 노트북을 훔쳤고 이 노트북에 네트워크에서 캡처한 트래픽이 들어있다면 보

안은 누가 책임질 수 있을까? 데이터 센터 내부의 패킷이 암호화된 상황이라면, 네트워크 관리자를 믿을 필요도 없고 네트워크 관리자 컴퓨터의 도난을 염려할 필요도 없다.

요약

이 장에서는 제로 트러스트 모델의 등장 배경을 개략적으로 살펴봤다. 보안이 약한 내부 네트워크에 해커들이 침입하지 못하도록 만든 경계 모델의 약점을 제로 트러스트 모델이 극복했다. 제로 트러스트 시스템에서는 경계 모델의 방법에 많은 문제점이 있다는 사실을 인정했다. 해커가 내부 네트워크에 존재한다고 가정한 후에 보안 문제에 접근해서 보안 메커니즘을 만들었다.

경계 모델의 실패 원인을 이해하기 위해 경계 모델이 어떻게 등장했는지에 대해서도 알아봤다. 인터넷 초기에는 인터넷에 연결된 모든 네트워크에 접근이 가능했다. 시스템이 점점 발전하면서, 호스트가 인터넷에 연결됐다고 해서 반드시 인터넷에서 접근이 가능할 필요가 없다는 사실을 깨달았다. 그 결과, 사설 네트워크라는 개념이 등장했다. 그 후로 이 개념은 널리 퍼졌고, 사설 네트워크에 민감한 자원을 연결하고 사설 네트워크를 보호하는 모델을 널리 사용했다. 하지만 그 사이 네트워크 기술의 많은 발전이 있었고, 이로 인해 사설 네트워크는 인터넷 초기의 사설 네트워크와 같은 수준의 독립이 불가능했다. 그 결과 사설 네트워크와 인터넷의 경계에는 많은 구멍이 생겼고, 쉬지 않고 해킹 사건이 발생했다.

경계 모델을 채택한 네트워크에 대한 이해를 바탕으로 제로 트러스트 모델을 알아봤다. 제로 트러스트 모델은 시스템상의 신뢰를 신중하게 결정한다. 또한 동적으로 보안 정책을 결정하고 이를 네트워크에 적용하기 위해 자동화 시스템을 적극적으로 활용한다. 지금까지 사용자 인증, 디바이스 인증, 애플리케이션 인증에 대해 알아봤고, 이들을 조합한 에이전트의 접근을 허가하는 것에 대해서도 알아봤다. 이 책의 나머지에서 이들을 더 자세히 살펴볼 예정이다.

그리고 클라우드 환경과 인터넷에 항상 연결돼 있는 환경이 어떻게 이전의 공격 패턴을 바꿨는지 알아봤다. "내부" 네트워크는 더 이상 독립된 네트워크가 아니다. 트래픽이 위험한 인터넷으로 언제 흘러 나갈 지 알 수 없다. 그 결과 시스템을 구축할 때, 데이터의 보안을 염두에 두고 디자인을 하는 것이 여느 때보다도 중요해졌다.

다음 장에서는 신뢰도를 안전하게 관리할 수 있는 시스템을 구축할 때 숙지해야 할 개념을 알아보자.

2장

신뢰도

제로 트러스트 네트워크에서 가장 중요한 개념은 신뢰도일 것이다. 우리는 신뢰도에 어느 정도 익숙하다. 거리에서 만난 낯선 사람을 믿을 수 없지만, 자기 가족의 구성원은 신뢰할 것이다. 무서운 모습으로 다가오는 낯선 사람은 더욱 믿을 수 없을 것이다. 그런데 왜 대상에 따라 신뢰의 정도가 다른 것일까?

모두들 자기 가족의 구성원에 대해서는 외모와 거주지는 물론이고 그들의 친인척들까지 잘 알고 있을 것이다. 이들의 신분에 대해신 의문의 여지가 없고, 따라서 다른 사람들보다는 가족을 더 신뢰할 것이다.

하지만 낯선 사람에 대해서는 전혀 아는 것이 없다. 얼굴을 보고 기본적인 것들에 대해서 말할 수는 있겠지만, 이들이 어디에 사는지 어떻게 자라왔는지는 겉모습만으로 알 수 없다. 겉으로 멀쩡해 보이는 사람이라고 해도 중요한 일을 할 때는 낯선 사람을 신뢰하기 힘들 것이다. 화장실에 다녀오는 동안 소지품을 봐 달라는 부탁 정도는 낯선 사람에게 할 수 있을지도 모른다. 하지만 ATM에서 돈을 뽑아 달라고 부탁할 수 있을까? 절대 아닐 것이다.

현 상황에서 알 수 있는 모든 정보를 활용해 어떤 사람을 믿을 수 있을 것인지를 종합해서 결정한다. ATM에서 돈을 뽑아 달라는 부탁은 많은 신뢰가 있어야 가능한 일이다. 화장실에 다녀오는 동안 물건을 봐 달라는 부탁은 이보다는 훨씬 작은 신뢰만으로도 가능한 일이다.

자기 자신을 신뢰하지 못하는 것도 고려할 수 있을 것이다. 신뢰와는 별개로, 자신이 이미 수행한 행동을 부정하지는 못할 것이다. 제로 트러스트 네트워크에서도 신뢰는 그 주체에 따라 달라진다. 제로 트러스트 네트워크에서 신뢰를 언급하는 것이 모순으로 보일 수도 있겠다. 제로 트러스트 네트워크에서는 한 주체가 스스로 자신의 신뢰도를 결정하지 않는다는 점이 중요하다. 신뢰도는 그 주체가 결정하는 것이 아니라, 다른 곳에서 결정되고 민감하게 관리된다.

네트워크 관리자가 신뢰도를 결정하거나 허가를 하지 않는다는 점은 재미있는 부분이다. 네트워크 관리자가 신뢰도를 결정한다면 대규모 트래픽은 처리가 불가능하다. 대신 더 좋은 방법을 택한다. 그림 2-1과 같이 서로 간의 신뢰를 위임하는 것이다.

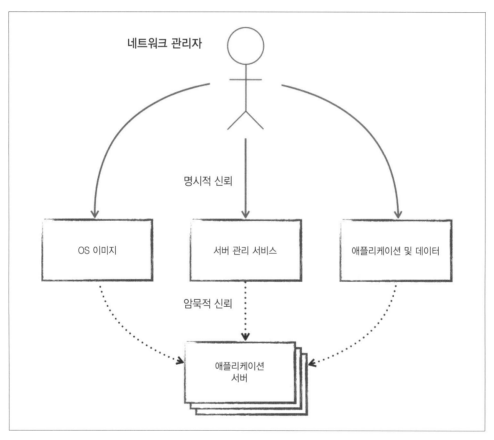

그림 2-1 네트워크 관리자가 시스템에서 누구를 신뢰하는지 결정하면, 이에 따라 신뢰 사슬이 구성된다.

신뢰를 위임하는 것은 매우 중요한 과정이다. 이 과정이 있기에 자동화 시스템으로 대규모 트래픽을 관리하고, 인간의 개입을 최소화한 상태에서 안전한 방법으로 네트워크를 관리할 수 있다. 네트워크 관리자가 시스템에 일정 수준의 신뢰를 부여하면, 이 시스템이 관리자를 대신해 네트워크를 자동으로 관리한다. 탄력적으로 서버를 운영하는 오토스케일링^{auto-scaling}이 네트워크 자동화의 좋은 예가 될 수 있다. 트래픽 양에 따라 자동으로 서버를 늘였다 줄였다 하면 많은 장점이 있다. 그런데 어떻게 새로 생성된 서버가 다른 사용자의 서버가 아니라 내 서버라는 것을 보장할 수 있을까? 네트워크 관리자가 서버 관리 서비스에 권한을 위임하고, 새로 만든 서버를 믿어도 된다고 허가해야 한다. 이런 과정이 있어야 생성된 서버가 내 서버라고 확신할 수 있다. 서버 관리 서비스가 자신이 서버를 생성했다는 것을 증명할 수 있고, 네트워크 관리자가 이를 허가했다는 것을 증명할 수 있어야 가능한 이야기다. 애플리케이션 서버에서 네트워크 관리자로 거꾸로 추적해가는 과정을 신뢰 사슬이라 부르기도 한다. 신뢰 사슬에서는 네트워크 관리자가 신뢰의 근원지가 된다.

위험 모델

위험 모델을 정의하면 시스템의 취약점을 파악하는 데 도움이 되므로 이는 보안에 있어서 매우 중요하다. 위험 모델에는 잠재적 공격자, 공격자의 능력과 활용가능 자원, 그들의 해킹 목적 등이 포함된다. 위험 모델을 활용해 어떤 공격을 방어할 것이고, 공격에 어떻게 대응할 것인지를 정의하는 것이 일반적이다.

훌륭한 위험 모델을 사용하면 공격을 어떻게 방어할 것인지 계획을 세우는 데 큰 도움이 된다. 보안 시스템을 구축할 때 주의할 점이 많이 있지만, 방어 계획과 관련해 이 부분을 강조하고 싶다. 중요하지만 재미없는 부분은 등한시하고, 재미있는 부분에 먼저 집중해서는 안 된다는 점이다. 공격자는 시스템에서 약한 부분을 먼저 공격하기 때문에 흥미도가 아니라 중요도에 따라 보안 시스템을 구축해야 한다. 따라서 위험 모델을 만들어 어떤 공격에 대한 대응책을 먼저 마련할 것이고 어떤 공격에 대한 대응책을 나중에 마련할 것인지 결정해야 한다.

위험 모델을 사용하면 보안의 우선 순위를 결정하는 데 도움이 된다. 사용자가 설정한 쉬운 비밀번호에 대한 브루트 포스brute force 공격도 방어하지 못하면서 정부 주도의 해킹에 대응하겠다는 것은 어불성설이다. 즉, 위험 모델을 활용해 어떤 취약 부분을 먼저 방어할 것인지 결정해야 한다.

자주 사용하는 위험 모델

위험 모델을 만드는데 여러 방법이 있다. 많이 사용되는 방법들은 다음과 같다.

- 스트라이드STRIDE

- 드레드DREAD

- 파스타PASTA

- 트라이크Trike

- 배스트VAST

각 방법마다 다른 프레임워크를 사용해 시스템의 취약점을 분석한다. 하지만 궁극적으로 추구하는 목적은 동일하다. 시스템의 취약점을 파악한 다음 방어 전략을 만들고, 실제 공격이 들어왔을 때 이를 방어하는 데 그 목적이 있다.

위험 모델마다 다른 각도에서 문제에 접근한다. 어떤 모델은 공격자의 능력에 초점을 맞추고, 다른 모델에선 시스템에 설치된 소프트웨어에 초점을 맞춰 취약점을 분석한다. 시스템의 일부분에 초점을 맞추는 것이 아니라, 해커의 관점에서 시스템 전체를 바라보며 해커라면 어떻게 침투할 것인지를 연구하는 모델도 있다. 모두 일장일단이 있다. 다양한 공격을 방어한다는 측면에서는 여러 모델을 섞어서 사용하는 것도 좋은 방법이다.

공격자 중심의 위험 모델을 생각한다면, 공격자들을 다음과 같이 분류할 수 있을 것이다. 아래 리스트는 덜 위험한 공격자에서 더 위험한 공격자 순으로 정리했다.

1. 아마추어 공격자

    스크립트 키디script kiddies라고도 부르며, 잘 알려진 취약점을 이용해 특별한 타깃을 정하지 않고 간단한 공격을 하는 사람들을 말한다.

2. 전문 공격자

타깃을 특정하고 그에 맞는 해킹 도구를 제작해 공격하는 사람들을 말한다. 표적을 정해 피싱 이메일을 보내는 해커나 산업 스파이가 여기에 해당한다.

3. 내부 위협

적법한 시스템 사용자다. 계약직이나 일반 직원들이 여기에 해당한다.

4. 신뢰하는 내부자

시스템을 관리할 수 있을 정도로 신뢰도가 높은 관리자가 여기에 해당한다.

5. 정부 주도 해커

국내외 정부가 지원하는 해커다. 일반 해커들에 비해 풍부한 자원과 수준 높은 기술을 가지고 타깃을 공격한다.

위협을 그룹별로 나누면, 어떤 수준의 위협을 어떻게 제거할 것인지 논의하기 용이하다. 제로 트러스트에서 대응할 수 있는 위협의 정도가 어디까지인지는 다음 장에서 알아보자.

제로 트러스트의 위험 모델

RFC 3552이 인터넷 위험 모델을 잘 설명했다. 제로 트러스트 네트워크는 크게 보면 인터넷 위험 모델을 따라 보안 모델을 정의했다. 위 RFC의 통독을 권하지만 제로 트러스트 모델과 관련 있는 부분만 아래에 발췌했다.

인터넷 환경의 위험 모델은 상당히 잘 알려져 있다. 데이터를 주고받는 호스트 자체는 공격당하지 않았다고 가정하는 것이 일반적이다. 호스트 자체가 공격당했을 때 데이터를 보호한다는 것은 굉장히 어려운 일이다. 인터넷 위험 모델은 호스트가 공격당하지 않았다는 전제하에 네트워크에 존재하는 공격에 대응하도록 프로토콜을 디자인하는 데 초점을 맞춘다.

인터넷 위험 모델에서는 호스트가 공격당하지 않았다고 가정하는 반면, 호스트들이 데이터를 주고받는 통신 채널은 완전히 해커의 손에 넘어갔다고 가정한다. 즉 네크워크상에 존재하는 해커가 모든 데이터를 볼 수 있으며, 심지어 이 데이터를 삭제, 변경, 생성할 수 있다고 가정한다. 거짓 데이터를 전송하면서 신뢰하는 호스트가 송신했다고 믿게 만드는 것도 이 범주에 속한다.

즉, 통신의 주체인 호스트들이 공격을 받지 않아 안전한 상태라고 하더라도, 인터넷 환경에서 호스트를 떠난 패킷에 어떤 변경이 가해질 지 모른다는 뜻이다.

제로 트러스트 모델은 인터넷 위험 모델을 확장해 호스트도 공격받았다고 가정한다. 상대 호스트가 공격받았다고 가정하고 자신을 공격에서 보호하고, 상대 호스트가 과연 해커의 손에 넘어간 것인지 검증하는 방법을 구상한다. 상대 호스트를 검증할 때는 디바이스 스캔이나 각 디바이스의 이상 행동을 관찰하는 것이 도움이 된다. 주기적으로 소프트웨어를 업그레이드하고, 디바이스의 인증서 등을 주기적으로 갱신하는 것도 호스트가 공격을 방어할 수 있도록 만드는 데에 도움이 된다. 경우에 따라서는 디바이스 전체를 교체하는 방법도 있다.

해커가 무한한 자원을 가졌다면, 시스템을 보호하는 것은 실질적으로 불가능하다. 제로 트러스트 네트워크도 이를 인정한다. 제로 트러스트 네트워크의 목표는 모든 공격에서 시스템을 보호하는 것이 아니라 네트워크에서 많이 발견되는 일반적인 해커에게서 시스템을 보호하는 것이다.

앞서 공격자를 분류한 것을 기준으로, 제로 트러스트는 "신뢰하는 내부자"까지를 그 방어의 목표로 하고 있다. 대부분의 경우 이 수준을 넘기 어렵다. 이 수준의 공격까지만 방어해도 대부분의 위협은 방어할 수 있고, 산업 보안 시스템에 있어서 비약적인 발전을 이뤘다고 말할 수 있다.

제로 트러스트 네트워크가 정부 주도 해커 수준의 공격을 방어하려고 노력하기는 하지만 이들을 타깃으로 방어 시스템을 구축하지는 않는다. 정부 주도 해커는 천문학적인 경제적 지원을 받고 있으며, 작은 네트워크를 타깃으로 삼는 경우는 많지 않다. 더욱이 각국 정부는 물리적이고도 합법적인 권한을 가지고 네트워크 시스템에 접근하는 것이 가능하기 때문에 어렵게 해킹할 필요도 없다.

정부 주도의 해커나 데이터 센터에 직접 접근할 수 있는 공격자를 막는다는 것은 굉장히 많은 노력이 드는 작업이다. 특수 제작된 하드웨어를 사용해야 하는 등 비용도 만만치 않다. 따라서 대부분의 제로 트러스트 네트워크는 하이퍼바이저^{hypervisor}에 악성코드를 설치해 메모리를 복사하는 수준의 고도의 해킹 능력을 구사하는 공격까지는 그 방어 대상으로 보지 않는다. 이 점은 분명히 하자. 보안 모범 사례는 항상 지켜야 한다. 하지만 제로 트러스트 모델에서 다루는 내용은 네트워크를 통해 전달된 접근 요청을 인증하고 허가하는 데 있다. 각 호스트 내에서 전체 디스크를 암호화하는 등의 노력은 추가적인 보안 정책으로 달성해야 한다.

견고한 인증

실제로 어떤 사람을 만나지 않고 얼마나 이 사람을 믿을 수 있을지를 논할 수는 없다. 우리가 아는 사람이 이 사람이 맞는지 장담할 수 없기 때문이다. 인간은 많은 감각을 동원해 앞에 있는 사람이 우리가 아는 사람이 맞는지 결정한다. 여러 감각을 동시에 속이기는 힘들다.

하지만 컴퓨터 시스템에서는 상황이 많이 다르다. 마치 전화로 보이지 않는 누군가와 이야기하는 것과 같다. 목소리를 듣고, 상대방의 전화번호를 확인하고, 여러 질문을 할 수는 있겠지만, 눈으로 볼 수는 없다. 따라서 직접 보는 것과는 다른 문제가 발생한다. 지금 전화선 너머로 통화하고 있는 상대가 내가 아는 사람이라고 어떻게 확신할 수 있을까?

네트워크 관리자가 원격 시스템의 IP 주소를 체크하고, 암호를 통해 상대방을 확인하는 것이 일반적이다. 하지만 제로 트러스트 네트워크에서는 이 방법만으로는 부족하다. 공격자는 IP 사용에 제한이 없고, 나와 다른 호스트 사이의 통신에 몰래 침입할 수 있기 때문이다. 따라서 제로 트러스트에서는 견고한 인증 절차를 수립해 모든 트래픽을 엄격하게 인증해야 한다.

X.509 표준을 이용해 인증하는 것이 가장 보편적인 방법이다. 신뢰 사슬^{chain of trust}을 통해 상대방의 ID를 검증하는 인증서 표준이다. SSL로도 알려진 TLS 연결을 인증하는 데 많이 사용된다.

SSL의 익명성

TLS 설정을 사용하는 주된 이유는 클라이언트가 통신하는 서버(네트워크 자원)가 원하는 자원이 맞는지 확인하기 위함이다. 그 반대의 상황 즉, 네트워크 자원이 클라이언트를 검증하는 것이 아니다. 통신 주체가 서로를 상호 검증하는 제로 트러스트 네트워크 관점에서는 문제가 있는 방법이다.

하지만 상호 인증을 지원하는 TLS도 있다. 이때는 자원 역시 클라이언트를 검증할 수 있다. 네트워크에 연결된 자원을 보호하는 데 있어서 매우 중요한 기능이다. 클라이언트 역시 자원에 요청을 보내기 위해서 자신의 ID를 증명해야 하기 때문이다. 제로 트러스트의 TLS 설정에 대해서는 "상호 인증 TLS" 절을 참고하기 바란다.

인증서는 두 종류의 암호키를 사용한다. **공개키**와 **비밀키**다. 공개키는 상대방에게 나눠주고, 비밀키는 잘 숨겨둔다. 공개키를 이용해 데이터를 암호화하면 비밀키로 이를 복호할 수 있고, 반대로 비밀키로 암호화한 데이터를 공개키로 복호하는 것도 가능하다. 그림 2-2를 참고하기 바란다. 널리 알려진 공개키를 이용해 암호화된 데이터를 비밀키로 복호함으로써 자신이 비밀키의 소유자임을 증명한다. 이 방법을 이용해 비밀키를 노출하지 않고도 서로의 ID를 인증할 수 있다.

우리가 이야기하고 있는 상대방이 해당 비밀키를 가지고 있다는 것을 인증서를 기반으로 검증할 수 있다. 비밀키를 잘 보호하면, 데이터를 탈취해도 데이터의 내용을 볼 수 없다. 단순히 데이터를 엿듣는 것만으로는 데이터를 볼 수 없기 때문이다. 데이터를 복호하기 위해서는 악성코드를 이용해 호스트 내부에 숨겨진 비밀키를 훔쳐오거나, 호스트 자체를 훔치는 방법 등을 동원해야 한다.

인증서를 이용해 상대의 ID를 합법적으로 검증했다고 해도, 비밀키 자체가 유출되면 아무런 소용이 없다. 이런 이유 때문에 복수의 인증서를 사용하고, 비밀키를 다른 장소에 저장한 다음 이들을 종합적으로 이용해 접근을 허용하는 것이다. 이 방식을 사용하면 여러 비밀키를 동시에 훔쳐야 한다는 부담을 줄 수 있어 공격의 난이도를 높이는 효과가 있다.

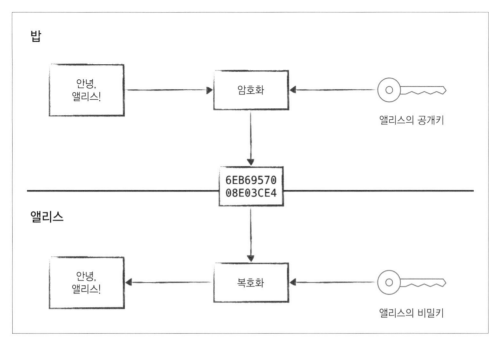

그림 2-2 공개키를 사용해 밥이 앨리스에게 보내는 메시지를 암호화하면, 앨리스만 이를 복호할 수 있다.

복수의 인증서를 사용해 공격을 방어하는 방법으로 공격을 늦출 수 있다. 하지만 긴 시간이 주어진다면 모든 비밀키를 훔치는 상황이 불가능한 것은 아니다. 따라서 모든 인증 수단에 시간적 제약을 가하는 방법이 필요하다. 인증서 만료 시간을 설정하면 도난당한 인증서로인한 위험을 최소화할 수 있다. 관리자 입장에서는 새 인증서를 발급해 신뢰를 최신 상태로 업데이트하고 회복하는 단계이기도 하다. 비밀키, 비밀번호 등을 변경하거나 갱신하는 행위를 **인증서 갱신**이라 부른다.

인증서 갱신은 비밀키의 안전성을 보장하는 중요한 과정이다. 비밀키 갱신이나 암호 갱신이 불가능한 시스템은 절대 사용해서는 안 된다. 시스템을 새로 만들 때에도 디자인 초기부터 이를 반드시 반영해야 한다. 인증서 갱신 주기와 인증서 갱신에 필요한 비용은 반비례한다. 즉 인증서 갱신이 드문 경우, 오래된 인증서를 사용하는 시스템이 많아질 수 있으므로 갱신에 드는 비용이 증가한다. 역으로 인증서 갱신 주기가 짧다면, 많은 시스템이 최신 인증서를 사용할 가능성이 높으므로 비용 또한 줄어든다.

인증서 갱신에 드는 노력과 비용이 증가하는 경우

- 제3자의 도움이 필요한 인증서
- 수동으로 설정한 서비스 계정
- 갱신시 시스템 다운이 불가피한 데이터베이스 암호
- 저장된 해시(hash)를 모두 동시에 갱신해야하는 해시 솔트(salt)

인증에 대한 신뢰

공개키와 비밀키를 사용하는 인증서를 잠시 다뤘지만, 인증서 하나만으로 인증 문제를 해결할 수는 없다. 예를 들어, 공개키를 사용해 상대방이 비밀키를 가지고 있다는 사실을 확인했다고 하자. 그런데, 애초에 어떻게 공개키를 얻을 수 있을까? 공개키는 비밀이 아니기 때문에 누구에게서나 복사할 수 있다. 하지만 이 복사한 공개키가 올바른 공개키라는 것은 어떻게 보장할 수 있을까? **공개키 기반구조**^{PKI, Public Key Infrastructure}가 공개키를 신뢰할 수 없는 네크워크상에서 배포하고 검증하는 데 필요한 절차 등을 정의한다.

PKI의 목표는 아무런 권한이 없는 주체가 신뢰할 수 있는 제3자를 경유해 상대방의 ID를 인증하도록 만드는 데 있다. PKI에선 **등록 기관**^{RA, Registration Authority}을 이용해 공개키와 한 주체의 ID를 연결한다. 이 연결은 인증서에 명시되고, 신뢰할 수 있는 제3자에 의해 암호학적으로 서명된다. 동일한 제3자를 신뢰하는 주체들은 서명된 인증서를 통해 서로의 ID를 확인할 수 있다.

다양한 종류의 PKI 제공자들이 있다. 가장 널리 알려진 제공자는 **인증 기관**^{CA, Certificate Authority}과 **WoT**^{Web of Trust}다. 인증 기관을 사용하는 경우, 인증서의 서명을 따라가다 보면 양자가 모두 신뢰하는 제3자에게까지 연결되는 인증서 서명 사슬을 이용한다. WoT는 한 시스템이 다른 주체의 ID를 확인해 서명하는 구조를 가지고 있다. 한 시스템이 다른 주체의 ID를 서명하고, 이 주체가 또 다른 ID를 서명한다. 이처럼 얽힌 구조를 따라가다 보면 언젠가는 공인된 인증서를 찾을 수 있다. PGP 암호화에서는 WoT의 개념을 많이 사용하고 있지만, 인터넷상에서는 PKI가 더 많이 사용되기 때문에 이 책은 CA를 포함한

PKI에 대해서 다루기로 한다.

인증 기관

인증 기관은 인증서 사슬에 있어서 최상위 신뢰 기관의 역할을 한다. 인증 기관에서 각 인증 주체의 ID가 들어간 공개키를 발행하고, 이를 암호학적으로 서명한다. 이 인증서는 네트워크의 다른 주체들이 사용하며, 이를 통해 서로를 인증한다.

인증 기관 자신의 인증서는 인증 기관이 스스로를 증명하는 데 사용한다. 이때는 자신의 비밀키를 사용해 인증서를 서명한다. 이 인증서는 널리 퍼지고, 네트워크의 한 주체가 다른 주체의 인증서를 검증할 때 사용한다. 제3자인 이 인증 기관을 신뢰하는 이유가 여기에 있다. 다른 주체의 인증서를 제3자인 기관에게 확인해달라고 요구하는 것이다.

인증서 검증에 있어서 인증 기관의 지위는 매우 중요하다. 따라서 인증 기관은 항상 보호해야 하며, 인증 기관이 해킹당하면 그 피해는 일파만파로 커진다. X.509와 같은 디지털 인증서 표준은 인증서 사슬에 대한 정의도 포함하고 있는데, 여기에는 최상위 인증 기관을 오프라인으로 유지한다는 표준도 포함돼 있다. 인증 기관을 통한 PKI에서는 X.509가 표준화된 절차라 할 수 있다. X.509 보안에 대해선 5장에서 다시 이야기하기로 한다.

제로 트러스트에 있어서 PKI의 중요성

모든 제로 트러스트 네트워크는 PKI를 사용해 네트워크 참여자의 ID를 증명한다. 즉, 제로 트러스트 모델에서 모든 절차는 PKI에서부터 시작한다고 말할 수 있다. 디지털 인증서로 ID를 인증할 수 있는 주체는 다음과 같다.

- 디바이스
- 사용자
- 애플리케이션

암호키와 ID

PKI를 사용해 한 ID와 한 공개키를 연결할 수 있다. 하지만 비밀키와 ID는 무슨 관계인가? 앞서 설명한 공개키와 비밀키를 사용해 ID를 인증하는 과정을 천천히 살펴보면, 종국에 우리가 인증하는 것은 비밀키다. 따라서 ID와 비밀키를 동일하게 취급해야 한다. 비밀키를 어떻게 관리할 것인지는 사용 주체에 따라 다르다. 예를 들어, 인간 사용자는 자신의 스마트 신분증에 비밀키를 저장해 자신의 신원을 증명하는 데 사용할 수 있다. 디바이스라면 별도의 하드웨어 칩에 저장해 이를 보드에 꽂아 사용할 수도 있다. 각 주체에 따른 관리 방법은 5, 6, 7장에서 다룬다.

제로 트러스트 네트워크가 발행하는 인증서는 셀 수 없이 많다. 따라서 자동화가 필요하다. 인증서 서명에 인간이 관여해야 한다면, 시스템의 무결성은 보장하기 힘들다. 하지만 인증서는 민감한 정보로 간주되므로, 인간의 승인 절차를 포함하는 것이 좋다.

사설 PKI와 공개 PKI

X.509 인증서 표준을 사용하는 PKI가 가장 널리 사용되는 공개 인증 시스템이다. 이 시스템에서는 모두가 제3자를 공개적으로 신뢰하고, 이를 기반으로 인증 사슬이 구성된다. 공개 PKI가 인터넷에서 신뢰를 받고는 있지만, 제로 트러스트 네트워크에서 추천하는 방법은 아니다.

왜 공개 PKI를 추천하지 않는지 궁금한 독자가 있을 것이다. 공개 PKI는 분명 장점이 있다. 기존 유틸리티와 도구를 사용할 수 있고, 이미 검증된 방법이며, 덕분에 네트워크에 도입하는 것도 비교적 빠르다. 하지만 단점도 있다. 그 첫 번째가 비용이다.

공개 PKI 시스템은 공개적으로 신뢰하는 인증 기관에 의존해 디지털 인증서를 검증하는 구조를 가지고 있다. 그리고 이 인증 기관들은 영리 기관이다. 즉, 인증서를 서명하는 데 비용이 든다는 뜻이다. 제로 트러스트 네트워크는 많은 인증서를 사용한다. 인증서 갱신까지 고려한다면 이 비용은 절대 작은 액수가 아니다.

공인 인증 기관을 완전히 신뢰하기 힘들다는 것도 공개 PKI 시스템의 단점이다. 세계 각국에는 많은 공인 인증 기관이 존재한다. 제로 트러스트 네트워크가 공개 PKI를 사용한다면, 이 인증 기관들 중 하나가 네트워크의 신뢰를 결정하게 된다. 인증 기관 자체에 대한 신뢰는 차치하고, 이 인증 기관이 위치한 국가의 법과 정부도 함께 신뢰할 수 있을까? 아마도 아닐 것이다. 인증서 고정과 같은 기술을 이용해 어느 정도 이 문제를 극복할 수 있지만, 여전히 인증 기관과 그 국가를 완벽히 신뢰하기는 힘들다.

마지막 단점은 공인 인증 기관에 의존하는 경우 유연성과 자동화가 제한될 수 있다는 점이다. 공인 인증 기관 입장에서 생각한다면, 모두의 신뢰를 받는 것이 제일 중요하다. 따라서 이 기관들은 다양한 좋은 보안 정책을 따르게 된다. 여기에는 어떻게 인증서를 만들고 어떤 정보를 넣을지도 포함된다. 이 부분이 제로 트러스트의 인증을 약하게 만들 수도 있다. 인증 기관에서 인증서에 사용자 ID와 같은 정보를 넣겠다고 결정할 수도 있기 때문이다. 아예 처음부터 API를 제공하지 않는 공인 인증 기관도 있어 이 경우에는 자동화가 매우 힘들다.

아무 것도 없는 것 보다는 공개 PKI

공개 PKI에는 단점이 분명 존재한다. 저자들 역시 제로 트러스트 네트워크에 공개 PKI를 사용하지 말라는 입장이다. 하지만 PKI를 전혀 사용하지 않는 것 보다는 공개 PKI라도 사용하는 것이 좋다. 일단 PKI를 사용해 자동화를 이루는 것이 우선이고, 어떤 PKI를 선택할 지는 그 다음이다. 좋은 소식은, 일단 공개 PKI를 사용해 시스템을 구축한 상태라면 사설 PKI로 전환할 수 있는 방법이 있다는 점이다. 하지만 쉬운 길을 놔두고 멀리 돌아갈 필요가 있을지는 의문이다.

최소 권한의 원칙

한 주체가 어떤 일을 하는 데 있어서 꼭 필요한 권한만 부여해야 한다는 원칙을 최소 권한의 원칙이라 부른다. 항상 필요한 권한만 허가하고, 가끔씩 필요한 권한은 예외적으로 허가하면 잠재적인 권한 남용을 방지할 수 있다.

애플리케이션의 경우, 서비스 계정이나 컨테이너에서 애플리케이션을 실행하는 것이 최소 권한의 원칙을 실천하는 좋은 방법이라 할 수 있다. 사람의 경우, "엔지니어만 소스 코드에 접근할 수 있다"는 등의 보안 정책으로 최소 권한의 원칙을 구현할 수 있다. 디바이스도 예외는 아닌데, 디바이스의 종류와 목적에 따라 사람이나 애플리케이션에 적용하는 방식을 선택해 사용할 수 있다.

최소 권한의 원칙과 프라이버시

사용자의 프라이버시를 보호한다는 측면에 있어서, 정보의 암호화 역시 최소 권한의 원칙과 관련이 있다. 네트워크 관리자가 진정으로 패킷에 실린 데이터까지 확인할 필요가 있는지는 신중히 생각해야할 문제다.

최소 권한의 원칙을 적용한 시스템에선 반드시 필요할 때만 권한을 획득하고, 필요한 동안만 그 권한을 유지할 수 있다. 어떤 액션을 취하는 데 어떤 권한이 필요한지 시스템을 사용하는 사용자나 애플리케이션이 이해할 수 있어야 한다. 최소 권한의 원칙이 적용된 시스템은 단순 접근 제어 리뷰 이상의 보안을 가질 수 있다.

즉, 인간 사용자는 대부분의 작업을 특수 권한이 없는 일반 사용자 계정을 사용해 수행해야 한다. 권한이 상승할 필요가 있을 때만 더 높은 권한이 허용된 계정으로 작업을 수행해야 한다.

단일 머신에서 권한을 높이는 작업은 자신이 누구인지 인증하는 과정으로 보통 진행된다. 예를 들어 유닉스/리눅스 시스템에서 sudo 명령어를 사용하면, 다른 계정으로 작업을 수행하기 전 시스템이 사용자에게 암호를 물어온다. GUI 환경에서는 실제 작업을 진행하기 전 새로운 창이 열리면서 암호를 물어보기도 한다. 이처럼 시스템이 사용자의 개입을 요구함으로써, 적법한 사용자인 척 위험한 작업을 수행하는 악성 소프트웨어를 어느 정도 차단할 수 있다.

제로 트러스트 네트워크에서도 이와 비슷한 과정이 필요하다. 사용자는 대부분 특수 권한이 없는 상태에서 작업을 수행하고 민감한 작업을 할 경우에만 권한을 높여야 한다. 예를 들어, 인증된 사용자는 사내 연락망을 확인하거나 프로젝트 관리 소프트웨어를 자유롭게 사용할 수 있어야 한다. 하지만 주요 프로덕션 시스템에 접근할 때는 이 사용자나 사용자의 시스템이 공격당하지 않았다는 것을 추가적으로 증명해야 한다. 비교적 위험이 적은 작업이라면 단순히 사용자의 암호를 다시 묻는 방법, 2단계 인증을 요구하는 방법, 사용자의 전화기에 푸시 알림을 보내는 등의 간단한 방법을 사용한다. 하지만 위험도가 높은 작업에서는 제3자의 확인을 별도로 거치는 방법 등을 사용해야 한다.

인간 중심 인증

극도로 민감한 작업을 할 때는 여러 사람의 확인을 받는 방법을 사용할 수도 있다. 즉, 여러 사람이 허가한 특정 작업만 가능하도록 하는 것이다. 인증 행위를 네트워크를 벗어나 물리적인 세계로 가져와도 된다. 공격당한 시스템이 인증 행위에 개입하는 것을 막을 수 있는 효과적인 방법이기도 하다. 다만, 물리적인 세계에서 벌어지는 인증은 노력과 비용이 많이 드는 작업이고, 너무 자주 사용할 경우 효과적이지 못하다는 점은 주의해야 한다.

인간 사용자와 마찬가지로 애플리케이션도 최소한의 권한만 가지고 동작하도록 설정해야 한다. 하지만 실상은 애플리케이션이 네크워크상에서 굉장히 많은 권한을 가지고 있는 경우가 많다. 애플리케이션에 적용할 보안 정책을 정의하는 것이 어려워서 또는 사용자를 주요 타깃으로 보안 시스템을 디자인하면서 애플리케이션을 충분히 고려하지 못해서 등 이유는 다양하다. 하지만 애플리케이션의 보안 프레임워크를 무력화해 인프라를 공격하는 것이 해커가 노리는 첫 작업임을 잊지 말아야 한다.

사용자와 애플리케이션에 어떤 권한을 허용할 것인지에 대한 고민을 하는 것 외에도 제로 트러스트 네트워크에서는 네트워크에 연결된 디바이스에 어떤 권한을 허용할 것인지도 고민해야 한다. 사용자와 애플리케이션을 디바이스와 함께 고려해 허용할 권한을 결정해야 한다. 네트워크상의 자원을 접근할 때 사용자가 사용할 권한을 디바이스와 연결해 결정해야 도난당하거나 해킹당한 ID에 효과적으로 대응할 수 있기 때문이다. 디바이스와 사용자의 권한을 함께 사용하는 방법에 대해서는 3장에서 자세히 다루기로 한다.

기존 네트워크에서의 권한은 정적이었지만, 제로 트러스트 네트워크에서의 권한은 동적이다. 기존 네트워크에서는 새로운 작업에 더 높은 권한이 필요한 경우, 시스템 관리자와 같은 더 높은 권한을 가진 사람에게 부탁해 작업을 수행해야 했다. 보안 정책을 정적으로 정의하면 크게 두 가지 문제가 발생한다. 보안 관리가 느슨한 조직에서는 권한

이 점점 증가한다는 점이 첫 번째 문제다. 최소 권한의 원칙에 위배된다. 두 번째 문제는 보안 관리가 느슨하든 엄격하든 관리자에게 너무 많은 권한이 주어진다는 점이다. 피싱 공격의 주요 대상이 되는 등 시스템 관리자가 해커의 제 1 타깃이 될 가능성이 높아진다.

제로 트러스트 네트워크에서는 네크워크상에서 발생하는 다양한 이벤트의 속성을 고려해 각 요청의 위험도를 결정한다. 이 속성이란 다양하다. 시간(어떤 사용자가 보통 접속하던 시간과 다른 시간에 접속을 요구하는 경우), 공간(어떤 사용자가 마지막 접속했던 장소에서 멀리 떨어져 있는 곳에서 접속을 시도하는 경우), 종류(어떤 사용자가 보통 접근하지 않던 자원에 접속을 하는 경우) 등을 생각할 수 있다. 자원에 대한 접근 요청이 있을 때, 이런 다양한 속성을 고려해 해당 요청을 허가 여부를 결정하면 보다 세밀한 접근 제어가 가능하다. 예를 들어 근무 시간에 항상 네트워크에 접속하던 장소에서 데이터베이스에 접속하면, 정상적인 접근으로 판단해 접근을 허가한다. 반대로, 전혀 다른 시간에 새로운 장소에서 접근을 요청한다면 추가적인 요소를 사용해 사용자를 인증하도록 접근 제어를 설정한다.

네크워크상에서 발생한 이벤트를 사용해 접근을 동적으로 제어하는 능력이 제로 트러스트를 보다 안전하게 유지할 수 있는 특성 중 하나다. 보안 정책과 접근 권한을 동적으로 조절함으로써 알려진 공격과 알려지지 않은 공격에 자동으로 대응할 수 있다.

동적 신뢰도

네트워크의 각 주체에 대해 동적으로 신뢰도를 관리하는 것이 사실 쉬운 일은 아니다. 가장 어려운 작업일 수 있다. 사용자와 디바이스에 허가할 권한을 결정하는 것은 시간이 많이 드는 작업이다. 또 이 권한은 끊임없이 변하며 네트워크의 보안에 직접적인 영향을 미치기 때문에 중요한 작업이다. 신뢰도 관리가 이렇게 어렵다면 현재 우리가 사용하고 있는 네트워크는 이 문제를 어떻게 해결하고 있는지 궁금하지 않을 수 없다.

신뢰도 정책을 정의하는 일은 보안 엔지니어가 수작업으로 하는 경우가 일반적이다. 클라우드 시스템이 보안 정책을 제공하는 경우가 있기는 하지만 보통 이 정책들은 수퍼유저, 관리자, 일반 유저를 구분하는 것과 같은 기본적인 경우가 대부분이다. 이들 정책을 정의하고 관리하는 작업이 여간 힘든 일이 아니기 때문에, 보안 정책을 변경하자는 요청은 강한 반대에 부딪히기 쉽다. 보안 정책을 변경할 때 어떤 결과가 나올지 예상하기란 쉬운 일이 아니다. 따라서 관리자에게 보안 정책을 최신으로 업데이트해달라는 요청은 사용자 입장에서나 관리자 입장에서나 여간 골치 아픈 요청이 아니다.

보안 정책을 정의한 다음 이 정책을 어디에 적용할 지 결정하는 것 역시 보통 수작업으로 한다. 각 사용자가 조직에서 담당한 역할에 따라 정책을 적용해야 하기 때문이다. 역할에 따라 보안 정책을 적용하는 시스템에서는 수많은 네트워크 관리자들에게 많은 권한을 허가하는 문제가 발생할 수 있다. 이는 네트워크의 보안을 해치는 결과를 가져온다. 해커들 사이에선 "시스템 관리자를 공격하라"라는 말이 생겨날 정도다. 실제 하는 일과는 상관없이 조직내 사용자의 직위와 직급에 따라 보안 정책을 적용하며 생겨난 현상이다. 네트워크의 보안을 유지하는 최선의 원칙은 무한한 권한을 갖는 시스템 관리자를 네크워크상에서 제거하는 일이 아닐까 생각한다.

이처럼 사용자의 직위나 직책에 따라 사용자를 그룹별로 묶어 이들의 신뢰도를 결정하는 방법을 기존 네트워크에서 많이 사용하지만 근본적인 문제를 가질 수밖에 없다. 즉 네트워크에 존재하는 위협은 동적으로 변하는데, 보안 정책은 너무나 정적이라는 문제다. 네트워크 보안에 투자를 많이 한 조직의 경우, 네트워크에서 발생하는 이벤트를 모니터하는 시스템을 갖추고 있다. 하지만 이벤트 모니터라는 것이 지루한 작업이기 때문에 그렇게 자주 하지는 못한다. 이 지루한 네트워크 이벤트 모니터 작업을 통해서 취약점을 발견하고 강화했다고 하자. 그 효과가 얼마나 클까? 이런 지루한 작업보다는 네트워크의 각 주체에 대해 다시 생각하고, 이들 간의 관계를 재확인하는 것이 먼저다. 그 다음, 네크워크상에 존재하는 신뢰도라는 것이 정적인 것이 아니라 각 주체들의 과거 및 현재 행위를 재평가해 언제든 변할 수 있는 동적인 것이라는 것을 받아들이고 적용해야 한다.

네트워크에서 발생한 이벤트를 종합적으로 고려해 각 주체의 신뢰도를 결정하는 방식이 새로운 모델은 아니다. 이미 신용 평가 회사에서 수년간 해오고 있는 서비스와 동일한 모델이다. 상점, 금융 기관, 고용주들이 한 개인의 신용도를 독립적으로 계산하는 대신, 개인의 과거 기록을 바탕으로 신용 평가 회사에서 한 사람의 신용도를 평가해 점수로 환산한다. 이 신용 평가 회사의 결과를 신뢰하는 조직은 이 점수를 바탕으로 한 개인을 얼마큼 신뢰할 수 있을지 결정한다. 주택을 구입하기 위해 대출을 하러 은행에 가면 은행은 신용 점수에 따라 다른 이자율을 부과한다. 대출에 위험 평가를 반영한 것이다. 고용주 입장에서는 개인의 신용도를 고용 여부 결정에 반영할 수도 있다. 한 주체의 신용도를 평가하는 데 어떤 요소를 고려해야 하는가에 대한 대답은 명확하지 않을 수 있다. 하지만 중요한 점은 어떤 공격이 감행될 지 알 수 없는 상황에서 시스템을 보호하기 위해선 단일 요소만 고려해 보안 정책을 결정해서는 안 된다는 점이다. 대신, 꾸준히 변하는 다양한 요소를 고려해 한 주체의 신뢰도를 꾸준히 재평가해야 한다.

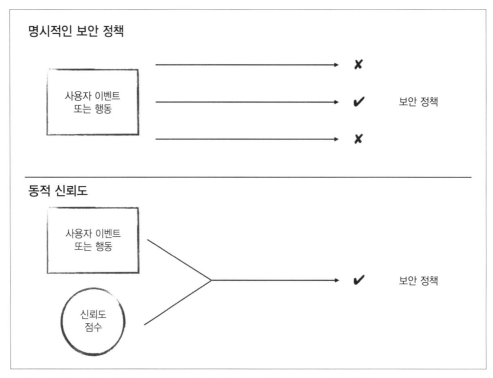

그림 2-3 신뢰도 점수를 사용하면, 더 적은 수의 보안 정책으로 동일한 보호 효과를 낼 수 있다.

네크워크상에서 각 주체의 신뢰도를 평가하는 데 있어서, 제로 트러스트 네트워크는 그림 2-3에서 보는 바와 같이 여러 요소를 잘 활용한다. 네트워크상의 주체에 대한 신뢰 여부는 양자택일의 대상이 아니다. 제로 트러스트는 꾸준히 이 주체의 활동을 모니터해 신뢰도에 반영한다. 그러면, 그림 2-4에서 보는 것과 같이 이 점수를 이용해 주체에게 허가할 권한을 결정할 수 있다. 네트워크에서 일정표를 확인하고자 하는 사용자에게는 낮은 신뢰도만 있으면 이를 허락할 수 있을 것이다. 그러나 동일한 사용자가 시스템 설정을 바꾸려 한다면, 더 높은 신뢰도를 요구해야 한다. 만약 필요한 신뢰도보다 사용자의 점수가 낮다면, 시스템 설정을 바꾸라는 요청은 거절해야 하고 관리자에게 경고를 보내는 것도 생각해봐야 한다. 점수를 사용하는 방식의 장점을 이 간단한 예에서도 확인했을 것으로 생각한다. 점수를 활용하면 한 사용자를 신뢰하는 데 있어 어떤 요소를 얼마나 반영해야 하는지 세밀한 조정이 가능하다.

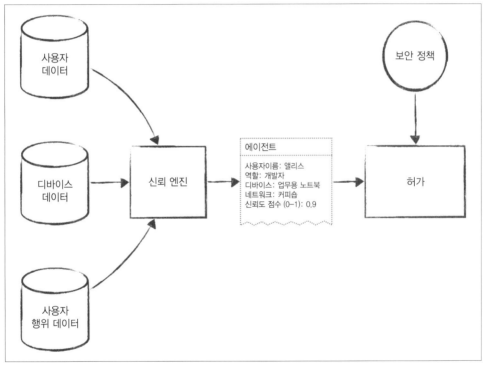

그림 2-4 트러스트 엔진을 사용해 신뢰도 점수를 계산하고 에이전트를 만든다. 에이전트와 보안 정책을 비교해 요청을 승인할 것인지를 결정한다. 에이전트에 대해서는 3장에서 다룬다.

암호화된 트래픽의 검사

제로 트러스트 네크워크상에서는 모든 트래픽이 암호화돼 있기 때문에 기존의 트래픽 검사 방법을 그대로 사용할 수는 없다. 패킷이 암호화되면 데이터 부분은 볼 수 없지만, IP 헤더와 내부 프로토콜이 무엇인지 정도는 알 수 있다. 로드 밸런서나 프록시가 있는 경우엔 애플리케이션 데이터를 조금 더 들여다볼 수는 있다.

클라이언트가 세션을 시작할 때, 클라이언트의 신뢰도는 0에서 시작한다. 클라이언트는 다양한 방식으로 신뢰도를 높여야 하고, 접근을 원하는 서비스가 원하는 만큼의 신뢰도를 쌓아야 이 서비스에 접근할 수 있다. 회사가 소유한 컴퓨터라는 것을 디바이스 인증을 통해 증명할 수 있다면 신뢰도를 어느 정도 높일 수 있다. 하지만 이것만으로 회사의 금융 결제 시스템에 접근을 허용할 수는 없다. 디바이스 인증을 완료한 뒤 정확한 RSA 토큰을 통해 사용자까지 인증하면, 추가적으로 신뢰도를 높일 수 있다. RSA 토큰과 디바이스 인증을 복합적으로 사용하면, 회사 금융 결제 시스템에 접근할 수 있을 정도로 신뢰도를 높일 수 있을 것이다.

강력한 보안 정책을 통한 신뢰도 상승

정적인 보안 정책을 사용한 시스템과 비교하면 신뢰도 점수에 기반한 보안 정책은 네트워크의 보안 수준을 획기적으로 높일 수 있는 방법이다. 네트워크 주체의 과거 행적 등 다양한 변수를 고려해 인증 여부를 결정할 수 있기 때문이다. 즉, 이 방법을 사용해 승인된 세션은 이를 사용하지 않고 승인된 세션에 비해 더 높은 신뢰도를 갖는 결과를 얻을 수 있다.

신뢰도 점수를 사용한 보안 정책에 단점이 없는 것은 아니다. 신뢰도 점수 하나로 민감한 자원을 보호할 수 있을 것인가는 하는 의문이 들 수도 있다. 사용자의 행동을 관찰해 해당 사용자의 신뢰도를 강등할 수 있는 시스템이라면, 거꾸로 사용자의 행동을 바탕으로 신뢰도를 승격할 수도 있다. 그렇다면, 공격자가 시스템에서 더 높은 권한을 얻기 위해 장시간동안 천천히 신뢰도를 쌓는 것도 가능하지 않을까?

트래픽 감시 단계에서 침입자를 찾을 수 있다는 가정하에 어느 정도 이 위협을 막을 수 있다. 공격자가 자신의 신뢰도를 높이기 위해 긴 시간 동안 "정상적인" 행위를 해야 한다면, 그 사이 침입자를 탐지할 수 있기 때문이다. 다양한 정보를 컨트롤 플레인에 제공하는 방법도 있다. 이 경우 신뢰하는 장소에서 접속한 신뢰하는 사람에게만 민감한 작업을 허가할 수 있다. 신뢰도 점수를 디바이스 정보나 애플리케이션 정보와 함께 사용하면, 강력하면서도 유연한 보안 정책을 만들 수 있다. 즉, 신뢰도 점수를 사용해 이미 알려지지 않은 위협도 방어할 수 있다.

사용자의 직위 또는 직책을 보안 정책과 직접적으로 연결하지 않고, 별도로 취급하는 것이 번거롭거나 복잡하게 느껴질 수도 있다. 민감한 정보에 접근할 때, 커피숍에서 접근하면 접근이 거절되고, 집에서 연결할 때만 접근이 허용되는 사용자가 있다고 하자. 시스템이 먼저 이 사용자에게 통신을 시도해야 하는 경우 어떻게 해야 할까? 너무 심하게 인증 방법을 강화한 것은 아닌가? 신입 사원이 들어왔다고 하자. 처음에는 낮은 권한만 허용하고, 시간이 지나 신뢰도 점수가 올라갔을 때 더 높은 권한을 허용해야 하는걸까? 사용자가 디바이스를 들고 회사의 IT 부서에 직접 찾아온다면, 물리적으로 사용자의 신원을 확인하고 신용도 점수를 조금 높일 수는 있다. 모두 유효한 걱정과 아이디어들이다. 사실 정답은 없다. 경우에 따라서 조직의 구조와 문화에 따라서 다르게 접근해야 한다.

컨트롤 플레인 vs. 데이터 플레인

컨트롤 플레인과 데이터 플레인은 일반적인 네트워크 시스템에서 많이 사용하는 개념이다. 한 네트워크 디바이스가 두 개의 논리적인 영역에 속해 있고, 이 두 영역과 통신한다는 것이 컨트롤 플레인과 데이터 플레인의 기본적인 개념이다. 데이터 플레인은 네트워크 트래픽을 기계적으로 관리하는 계층이다. 아주 빠른 속도로 트래픽을 처리하기 때문에 일반적으로 간단한 알고리듬을 사용하며, 경우에 따라 특별 제작된 하드웨어를 사용해 알고리듬의 동작을 가속하기도 한다. 반면 컨트롤 플레인은 네트워크 장치의 두뇌라 할 수 있다. 시스템 관리자가 설정을 적용하는 계층이자 보안 정책에 따라 바뀌는 계층이기도 하다.

컨트롤 플레인은 보안 정책에 따라 자주 바뀔 수 있으므로 빠른 트래픽을 관리하기에 적합하지 못하다. 반대로 말하면, 거의 모든 보안 정책을 데이터 계층에 구현할 수는 있지만 컨트롤 플레인의 설정을 변경하는 것만큼 자주 바꾸지는 못한다는 것이다.

제로 트러스트 네트워크에서는 컨트롤 플레인과 데이터 플레인을 명확하게 구별한다. 데이터 플레인은 애플리케이션, 방화벽, 프록시, 라우터로 구성돼 있으며, 네트워크상의 모든 트래픽을 처리한다. 네트워크 시스템에서 데이터 플레인이 하는 일은 트래픽의 허용 여부를 가능한 빨리 결정하는 일이다. 멀리서 본다면 데이터 플레인은 광범위한 접근 권한을 가지고 있다고 말할 수 있다. 데이터를 처리해야 하기 때문에 시스템 전반에 접근할 수 있다. 따라서 데이터 플레인에서 동작하는 서비스가 컨트롤 플레인의 권한을 가져서는 안 된다. 네트워크에 침입한 공격자가 수평적 이동을 할 수 있는 창구가 되기 때문이다. 컨트롤 플레인의 보안에 대해선 4장에서 다룬다.

데이터 플레인에서 네트워크 자원에 접근하려 할 때, 컨트롤 플레인에서 접근의 허가 여부를 결정한다. 그림 2-5와 같다. 클라이언트의 네트워크 접근 요청이 데이터 플레인을 통해 컨트롤 플레인에 도착하면, 컨트롤 플레인에서 요청의 위험도를 판단하고 관련된 보안 정책에 따라 필요한 신뢰도를 결정한다. 접근 허가가 결정되면, 데이터 플레인 시스템에 이를 알리고 해당 요청을 승인하도록 설정을 바꾼다.

컨트롤 플레인이 데이터 플레인의 설정을 바꾸는 메커니즘은 매우 민감하고 중요한 단계다. 해커들의 첫 공격 지점이 데이터 플레인이기 때문에, 컨트롤 플레인과 데이터 플레인의 인터페이스는 반드시 명확해야 한다. 이 경계선이 명확할수록 공격자들이 네트워크 내에서 수평 이동하는 것을 효과적으로 막을 수 있다. 데이터 플레인이 컨트롤 플레인에 요청을 보낼 때는 이를 반드시 암호화해야 하며, 요청을 수신하는 시스템의 신뢰성을 보장하기 위해 사설 PKI 시스템을 사용해 시스템을 인증해야 한다. 컨트롤 플레인과 데이터 플레인의 인터페이스는 사용자 영역과 커널 영역 사이의 인터페이스와 흡사하다. 후자의 경우 두 영역을 뚜렷이 구분함으로써 불필요한 권한 상승을 억제하는 효과가 있다.

컨트롤 플레인과 데이터 플레인의 인터페이스가 중요한 또다른 이유는 컨트롤 플레인의 근본적인 속성에 있다. 컨트롤 플레인은 네트워크에 흐르는 트래픽 전체에 대한 허가를 담당한다. 네트워크 구석구석에 미치는 컨트롤 플레인의 영향력을 고려할 때 컨트롤 플레인의 신뢰성은 매우 중요하다. 이 때문에 다양한 디자인 요구사항이 존재할 수밖에 없다.

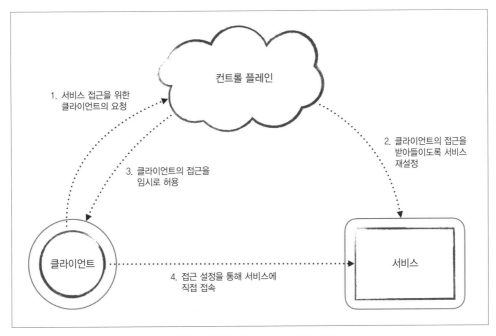

그림 2-5 자원에 접근하기 위해 컨트롤 플레인과 통신하는 제로 트러스트 클라이언트

첫 번째 요구사항은 컨트롤 플레인의 승인은 반드시 제한된 시간만큼만 유효해야 한다는 것이다. 신뢰와 승인은 유효 기간이 있어야 하며, 신뢰자와 피신뢰자가 승인과 신뢰의 유효성을 주기적으로 갱신해야 한다. 이 요구 사항을 구현할 때는 유효 기간이 있는 접근 토큰이나 짧은 수명을 갖는 인증서를 사용하는 것이 적절한 방법이라 할 수 있다. 유효 기간이 있는 접근 토큰을 갱신할 때에는 데이터 플레인 내부에서만 갱신하는 것이 아니라 (예를 들어, 컨트롤 플레인이 에이전트에게 데이터 플레인에 보낼 토큰을 발행할 때) 데이터 플레인과 컨트롤 플레인 사이에서도 토큰을 갱신해야 한다. 데이터 플레인과 컨트롤 플레인이 사용할 토큰에 시간적 제약을 가하면, 네트워크에 발생할 수 있는 물리적인 공격도 어느 정도 방어할 수 있다.

요약

이 장에서는 제로 트러스트 네트워크가 신뢰도를 관리하는 데 필요한 주요 시스템과 개념을 알아봤다. 기존 네트워크에서도 찾을 수 있는 흔한 개념이지만, 네트워크에서 신뢰도를 측정하고 관리하는 데 반드시 필요한 요소들이다.

신뢰의 근원은 인간이지만, 컴퓨터가 처리하는 신뢰 메커니즘을 통해 인간에 대한 신뢰가 시스템으로 흘러 들어간다. 시스템을 사용하는 인간의 신뢰를 바탕으로 시스템의 신뢰를 결정하는 것이기 때문에 매우 논리적인 접근 방식이다.

보안은 여러 세대를 거쳐 엔지니어들 사이에 전수된 모범 사례의 집합으로 생각할 수도 있다. 하지만 각 시스템마다 독특한 특성이 있기 때문에, 이 모범 사례에서 벗어난 영역도 존재한다. 위험 모델을 다룬 것도 이 때문이다. 한 시스템에서 존재할 수 있는 위험을 나열함으로써 그 시스템이 추구하는 보안의 목적을 정의한다. 위험 모델에 따라 시스템 방어 전략을 구성하고, 어떤 공격을 중점적으로 방어할 것인지도 결정한다. 제로 트러스트 네트워크가 가정하는 환경은 공격자가 상주하는 환경이다. 이 역시 위험 모델에 근거해 결정한 가정이기는 하지만 현실적으로 합리적인 가정이다. 또한 널리 사용되는 위험 모델도 몇 가지 언급했다. 관심 있는 독자라면 더 자세히 알아보길 권한다. 그리고 제로 트러스트 모델과 인터넷이 어떻게 위험 모델을 공유하고 있는지 알아보고, 인터넷의 위험 모델을 제로 트러스트 모델에도 적용해봤다.

한 시스템을 신뢰할 수 있다는 말은 이 시스템에 강력한 인증 절차가 존재한다는 뜻이다. 2장에서는 인증 시스템이 제로 트러스트 네트워크에서 갖는 중요성에 대해 알아봤다. 현존하는 기술로 어떻게 강한 인증을 달성할 수 있는지도 간단히 이야기했다. 각각의 개념에 대해서는 다른 장에서 더 자세히 다루기로 한다.

네트워크에서 신뢰도를 효과적으로 관리하기 위해서는 어떤 정보를 신뢰할 수 있는지 먼저 결정해야 한다. 특히, 인증과 ID를 다루는 측면에서 매우 중요하다. 현존하는 기술들 중에는 공개키^{PKI} 방식이 ID를 인증하는 데 가장 좋은 방법이다. 제로 트러스트 네트워크에서 PKI가 중요한 이유를 알아봤고, 왜 사설 PKI를 공개 PKI보다 선호하는지도 알아봤다.

최소 권한의 원칙은 기존 네트워크에서나 제로 트러스트 네트워크에서나 중요한 개념이다. 기존 보안 모델에서는 네트워크를 안전하게 만들 수 있다고 믿었다. 이런 가정하에 애플리케이션의 자유로운 통신을 허용했다. 하지만 제로 트러스트 모델은 네트워크를 믿을 수 없다고 가정하는 것부터 시작한다. 그 결과 네트워크상의 주체들은 최소 권한만 가지고 통신해야 한다. 이 장에서 최소 권한의 개념에 대해서 알아봤고, 단일 시스템과 네트워크 시스템에서 이 개념이 어떤 차이를 갖는지에 대해서도 살펴봤다.

제로 트러스트 네트워크의 놀라운 특징 중 하나는 동적 신뢰도라는 개념이다. 기존의 네트워크 보안 정책은 어떤 시스템에 어떤 방식의 통신을 허가할 것인지에 초점을 맞춰 설명했다. 이 방식은 통신을 허가할 것인지 또는 거부할 것인지 결정하는 양자택일적 보안 정책이다. 엄격한 보안 정책을 위해 너무 융통성 없게 만들면 인간의 끊임없는 개입을 초래하게 된다. 반대로, 너무 허술하게 정의하면 보안상의 허점이 난무할 수 있다. 지나치게 구체적으로 정의한 보안 정책은 소 잃고 외양간 고치는 식으로 과거에 발생한 위험만 쫓을 가능성이 농후하다. 제로 트러스트 모델은 동적 신뢰도라는 개념을 받아들여 네트워크 주체의 신뢰도를 점수로 환산한다. 제로 트러스트에서는 이 점수를 기준으로 보안 정책을 표현하고, 그 결과 다양한 조건을 효과적으로 검증할 수 있게 됐다. 생각하기 힘든 드문 경우를 커버하기 위해 보안 정책을 어렵고 복잡하게 만들어야 하는 수고도 덜 수 있다. 또한 신뢰도 점수를 사용해 보안 정책을 표현할 수 있으면, 새로운 공격에도 요청 허가 시스템이 빠르게 적응할 수 있다는 장점이 있다.

제로 트러스트 네트워크는 컨트롤 플레인 시스템과 데이터 플레인 시스템의 경계를 명확히 한다. 이 장에서는 어떻게 이 두 시스템이 상호 작용하며 네트워크의 트래픽을 처리하는지 간단히 알아봤다. 네트워크의 통신을 책임지는 컨트롤 플레인 시스템과 데이터 플레인 시스템에 대해서는 다른 장에서 더 자세히 알아볼 예정이다.

다음 장에서는 제로 트러스트 네트워크에서 발생하는 작업을 허가하는 데 중요한 주체인 네트워크 에이전트를 알아보자.

3장
네트워크 에이전트

보안이 훌륭하게 갖춰진 조직에서 일하고 있다고 하자. 모든 직원은 잘 관리되는 업무용 노트북을 사용해 일을 한다. 일과 사생활을 완전히 분리할 수는 없기 때문에, 직원들은 개인 휴대폰을 사용해 이메일과 일정을 확인할 것이다. 사용하는 디바이스에 따라 보안 팀이 세세한 보안 정책을 결정해 적용할 수 있을 것이다.

예를 들어, 업무용 노트북에서는 소스 코드를 커밋할 수 있어야 한다. 하지만 개인 휴대폰에서 소스 코드를 커밋하는 것은 참 이상한 일일 것이다. 등록된 업무용 노트북과 비교했을 때 휴대폰에서 소스 코드에 접근하는 일은 분명 위험한 접근이기 때문에 이런 접근은 보안 정책상 허가하지 않는다.

지금까지의 이야기는 제로 트러스트의 일반적인 사용 방법이라 할 수 있다. 다양한 인증과 허가 절차를 거쳐 사용자와 디바이스를 검증하고, 이를 바탕으로 접근을 허가하거나 제한한다. 여러가지 요소를 복합적으로 고려해 사용자와 디바이스를 검증했다는 점에 주목해야 한다. 노트북을 통해 소스 코드에 "평소처럼" 접근했던 사용자는 휴대폰을 통해 소스 코드에 접근하지 않을 것이라고 판단했다. 인증된 사용자가 코드를 커밋할 때, 임의의 업무용 디바이스를 사용하리라 기대하지는 않을 것이다. 대신, 사용자가 코드를 커밋할 때는 자신에게 할당된 업무용 디바이스를 사용할 것이라고 기대할 것이다.

이처럼 사용자와 디바이스를 연결해 고려하는 것은 제로 트러스트가 도입한 새로운 개념이다. 이 책에서는 이를 **네트워크 에이전트**network agent라고 부른다. 제로 트러스트 네트워크에서는 사용자와 디바이스를 분리해서 생각할 수 없다. 많은 보안 정책이 이 둘을 함께 고려해 정의됐기 때문이다. 네트워크 에이전트를 정확히 이해하고 정의해야 이들의 관계를 정확히 이해하고 보안 정책결정을 할 수 있다.

이 장에서는 네트워크 에이전트가 무엇이고 이를 어떻게 활용할 것인지에 대해 다룬다. 에이전트에 포함되는 데이터의 종류에는 무엇이 있는지도 알아본다. 잠재적으로 민감할 수 있는 정보들도 여기에 포함된다. 이 잠재적인 민감성을 고려해, 언제 어떻게 에이전트를 데이터 플레인에서 사용할 지도 다룰 예정이다. 네트워크 에이전트가 새로운 개념이기는 하지만 표준화가 가능하다. 표준화를 거치면 어떤 이득이 있는지도 이 장에서 함께 알아보자.

에이전트의 정의

네트워크 에이전트는 네트워크 접근 요청의 주체에 관한 데이터다. 사용자, 애플리케이션, 디바이스를 에이전트에 포함하는 것이 일반적이다. 기존 네트워크에서는 이들 각각을 별도로 인증하고 허가했지만, 제로 트러스트 네트워크에서는 이들 모두를 반영한 보안 정책을 사용한다. 이를 종합적으로 고려함으로써 사용자나 디바이스의 크리덴셜 credential 을 분실했을 때 발생할 수 있는 위험을 줄이는 것이다.

네트워크 에이전트를 보안 정책의 적합성을 평가할 목적으로 임시로 생성한 객체라고 이해해도 큰 문제는 없다. 에이전트를 이루는 데이터(사용자 정보나 디바이스 정보)는 보통 디스크에 기록되며, 필요할 때 언제든 읽어 에이전트를 만드는 데 사용할 수 있다. 디스크에서 데이터를 읽어올 때, 바로 그 시점의 데이터 조합이 바로 에이전트가 되는 것이다.

에이전트의 변동성

현재 진행 중인 공격에 대응하기 위해 에이전트에 특별히 추가한 정보들도 있다. 따라서 이 정보는 다른 정보에 비해 비교적 자주 변한다. **신뢰도 점수**가 대표적인 예라 할 수 있다. 신뢰도 점수 시스템은 네트워크 내에서 발생하는 모든 요청을 점수로 환산한다. 네트워크 활동 정보를 사용해 사용자, 애플리케이션, 디바이스의 신뢰도 점수를 갱신한다. 따라서 새로운 공격에 대응할 때 신뢰도 점수를 활용하기 위해서는 가능한 실시간에 가깝게 이 점수를 재산출해야 한다.

에이전트에 포함해야 하는 정보가 누락되는 경우도 있다. 이제 막 부팅한 디바이스가 대표적인 예다. 부팅이 완벽히 완료된 디바이스가 가지고 있는 에이전트와 비교하면, 방금 부팅한 디바이스가 가진 에이전트는 데이터가 적을 수밖에 없다. 하지만 이런 적은 데이터에도 불구하고 디바이스 등록과 소프트웨어 설치를 위해서는 여전히 기업의 인프라와 정보를 주고받을 수 있어야 한다. 부팅 중인 디바이스에는 사용자 정보가 없을 수도 있는데, 만일 이때 사용자 정보를 요청하는 보안 정책이 있다면 문제가 발생할 수밖에 없다. 당연히 가능한 시나리오이므로 이 역시 보안 정책에 반드시 반영돼야 한다.

부팅 중인 디바이스에서만 데이터 부재의 문제가 발생하는 것은 아니다. 제로 트러스트 네트워크에서 자동화 시스템은 사람이 운영하는 시스템에 비해 부족한 데이터를 갖는 경우가 많다. 예를 들어, 자동화된 시스템이 애플리케이션을 동작할 때 사용하는 계정은 인증에 사용할 수 없다. 대신 계정을 생성한 형상 관리 시스템의 보안에 의존해야 한다.

에이전트에 포함되는 데이터

에이전트에 어떤 정보를 포함시킬 것인지는 네트워크에서 무엇을 필요로 하는지에 따라 달라질 수 있다. 사용자 이름이나 디바이스 제조사 같은 일반적인 정보를 넣을 수도 있고, 디바이스 일련번호나 제조국가 또는 사용자의 거주지 같은 자세한 정보까지 넣을 수 있다. 너무 많은 세부 정보를 넣으면, 언젠가는 불필요한 데이터를 삭제해야 하는 문제가 발생할 수 있다는 점에 주의해야 한다.

에이전트 데이터 필드

어떤 데이터를 에이전트에 포함할 것인지는 가용한 데이터의 종류와 정확도에 따라 크게 달라질 수 있다. 하지만 다음과 같은 데이터를 포함하는 것이 일반적이다.

- 에이전트 신뢰도 점수
- 사용자 신뢰도 점수
- 사용자의 직책과 소속 그룹
- 사용자 거주지

- 사용자 인증 방법
- 디바이스 신뢰도 점수
- 디바이스 제조사
- TPM 제조사 및 버전
- 현재 디바이스 접속 장소
- IP 주소

에이전트에 포함된 데이터가 과연 믿을 만한 데이터인지도 고려의 대상이다. 예를 들어 조직에서 개인에게 디바이스를 조달하는 과정에서 생성한 디바이스 데이터는 사용자에게 디바이스가 전달된 후 디바이스에서 생성된 데이터보다는 더 신뢰할 수 있을 것이다. 이 둘의 차이는 데이터 정확도와 무결성에 있다. 후자의 경우 디바이스가 공격받은 경우 무결성을 입증하기 힘들다.

에이전트 활용

제로 트러스트 네트워크는 접근 허가 여부를 결정할 때, 에이전트에 대해 결정을 내린다. 사용자와 디바이스의 접근을 별도로 허가하고자 하는 마음이 들 수도 있다. 하지만 이들을 별도로 허가하는 방법은 권장하지 않는다. 에이전트에 대한 허가 여부를 결정하므로, 보안 정책의 대상 역시 에이전트가 돼야 한다.

앞서 이야기했듯 에이전트는 많은 정보를 가지고 있다. IP 주소처럼 기존 네트워크에서 사용하던 정보를 그대로 사용하는 것도 가능하지만 디바이스 종류나 거주지 정보 같은 새로운 정보를 활용하는 것도 가능하다. 따라서 제로 트러스트 네트워크의 보안 정책은 사용자 정책과 디바이스 정책을 따로 구분하는 것이 아니라 에이전트 전체에 대한 정책을 다룬다.

에이전트를 활용해 보안 정책을 결정하는 작업은 일부의 정보만 보안에 활용하는 것이 아니라 네트워크 통신의 전체적인 흐름을 보안 정책에 반영한다는 의미에서 권장하는 방법이다. 접근 허가에 있어서 사용자 정보와 디바이스 정보를 동시에 고려하는 것이 중요하기 때문에, 제로 트러스트 네트워크에서 이 정보를 에이전트에 함께 저장하는 것이기도 하다. 정보가 바로 옆에 있는데 보안 엔지니어가 이를 무시하기란 쉽지 않기 때문이다. 제로 트러스트 구조를 널리 전파한다는 입장에서 보면 진입 장벽을 낮추는 것도 중요하다. 디바이스 정보와 사용자 정보를 한 곳에 두고 사용을 쉽게 하는 것 역시 같은 맥락이다.

에이전트를 네트워크의 주요 구성 요소로 받아들이면 신뢰도 산출에 큰 도움이 된다. 트러스트 엔진이 신뢰도를 계산할 때, 에이전트에 포함된 데이터와 히스토리를 종합적으로 고려해 에이전트의 신뢰도를 산출할 수 있기 때문이다. 또한 이렇게 계산한 신뢰도를 에이전트의 속성으로 다시 추가하면, 보안 정책을 적용할 때 이 신뢰도를 활용할 수 있다. 신뢰도를 산출하는 방법에 대해서는 4장에서 다룰 예정이다.

인증이 아니라 허가

에이전트를 설명함에 있어서 인증authentication과 허가authorization를 구분해 사용할 필요가 있다. 에이전트는 허가와 관련돼 있고, 인증과는 전혀 관련이 없다. 인증은 에이전트를 만들기 이전에 필요한 절차이며, 사용자와 디바이스에 대해 별도로 행해지는 것이 일반적이다. 예를 들어 디바이스는 X.509 인증서로 인증하고, 사용자는 기존의 다요소 인증 방법 등을 사용해 인증하는 식이다.

인증이 성공적으로 끝난 후에야 사용자와 디바이스를 식별할 수 있는 공식 ID를 사용해 에이전트를 생성한다. 디바이스마다 부여된 인증서를 디바이스의 공식 ID로 사용해도 된다. 이 경우 디바이스 타입과 디바이스 소유자 같은 정보도 함께 에이전트에 들어가게 된다. 사용자의 네트워크 유저네임을 키key로 사용해 회사 데이터베이스를 검색하고, 직책 등의 정보를 에이전트에 포함시킬 수도 있다.

인증은 각 세션마다 하는 것이 일반적이지만, 허가는 각 요청에 대해 해야 한다. 그 결과 인증 요청에 대한 결과를 캐시에 저장하는 것은 가능하지만 허가 요청에 대한 결과나 에이전트 자체를 캐시에 저장하는 것은 바람직하지 못한 방법이다. 수많은 요인에 의해 에이전트 안에 저장된 정보들이 빠르게 변할 수 있기 때문에 접근 허가에 대한 결정은 최신 데이터를 바탕으로 이뤄져야 한다. 인증을 결정하는 데 사용하는 요소들은 자주 변하지 않고, 접근 허가에 직접적인 영향을 미치지도 않는다.

에이전트를 생성하는 과정은 가능한 가볍고 빨라야 한다는 점도 중요하다. 에이전트를 생성하는 데 많은 자원이 소요된다면, 성능 문제 때문에 허가 요청을 많이 하지 말라는 이야기가 나오기 때문이다. 접근 허가에 성능이 미치는 영향에 대해선 다음 장에서 다룬다.

접근 허가의 무효화가 우선

성공적인 인증이란 원격 시스템에 누군가의 ID를 증명했다는 이야기다. 이렇게 검증된 ID는 이 ID의 주인이 정말 해당 자원에 접근할 권한이 있는지 판단하는 데 사용한다. 이 과정이 바로 접근 허가다. 어떤 이유에서건 접근 허가를 번복해야 할 때는 접근 허가를 업데이트하는 것이 ID의 인증 여부를 업데이트하는 것보다 효과적이다. 인증 결과를 캐시에 저장하는 것이 일반적이며, 캐시에 저장된 인증 결과를 세션 ID에 사용하는 것도 일반적이라는 점을 고려하면 반드시 접근 허가를 먼저 업데이트해야 한다. 이 관점에서 본다면, 인증된 세션을 검증한다는 것과 접근의 허가 여부를 결정한다는 것은 같은 의미다.

에이전트 노출

민감한 정보가 네트워크 에이전트에 저장될 수도 있다. 이름, 주소, 전화번호와 같은 개인 식별 정보는 접근 허가에 있어서 흔히 사용하는 정보이기 때문이다. 따라서 이런 정보는 주의깊게 다뤄 사용자의 프라이버시를 침해하지 않도록 해야 한다.

사용자 데이터만 민감한 정보가 될 수 있는 것은 아니다. 디바이스 정보 역시 악의적인 공격자의 손에 들어가면 민감한 정보가 될 수 있다. 사용자 디바이스에 대한 자세한 정보를 바탕으로 특수한 도구를 만들 수도 있기 때문이다. 디바이스를 훔치려면 어디로 가야 하는지에 대한 위치 정보도 공격자에게는 유용한 정보다.

민감한 정보로 가득 찬 에이전트를 보호하려면, 신뢰도가 높은 컨트롤 플레인 시스템에서 에이전트의 수명을 관리해야 한다. 컨트롤 플레인 자체도 강력히 보호해야 함은 물론이다. 논리적으로 그리고 물리적으로 데이터 플레인 시스템과 분리돼 있어야 하고, 명확한 경계선을 가지고 있어야 하며, 시스템 설정을 자주 변경해서는 안 된다.

대부분의 보안 정책 결정은 컨트롤 플레인에서 이뤄진다. 보안 정책 결정에 에이전트 데이터가 필요하기 때문이다. 컨트롤 플레인이 모든 요청에 대해 접근 허가 결정을 해야 하는 것은 맞지만, 접근 허가 엔진을 컨트롤 플레인에 두는 것이 애플리케이션 중심의 보안 정책에 방해가 되는 경우가 있다. 특히, 사용자에게 직접 서비스를 제공하는 시스템의 경우 에이전트를 컨트롤 플레인에서만 다루는 것은 문제가 될 수 있다.

예를 들어보자. 관리자 애플리케이션은 기업의 고객에 대한 모든 정보를 저장할 수 있어야 한다. 기업 내 직책에 따라 이 정보를 사용할 수 있어야 한다. 이 애플리케이션에 검색 기능이 있다면 이 정보에 접근하는 직책에 따라 검색할 수 있는 범위가 달라져야 한다. 즉, 애플리케이션에서 접근 범위를 결정하고 검색을 할 수 있는 알고리듬을 구현해야 한다는 이야기다.

애플리케이션에서 세세한 접근 허가 알고리듬을 구현하기 위해선 에이전트의 세부 정보가 보안 통신 채널을 통해 애플리케이션에 전달돼야 한다. 리버스 프록시를 통해 에이전트를 달라는 요청이 전달되도록 패킷 헤더만 살짝 바꾸는 간단한 방법도 있을 것이다. 이 경우, 제로 트러스트의 컨트롤 플레인에 해당하는 프록시가 접근 허가 내용을 확인하고 에이전트에서 허가된 정보만 추출해 관리자 애플리케이션에 전달한다.

데이터 플레인에서 동작하는 애플리케이션에 에이전트를 전달하면 다른 이점도 있다. 애플리케이션 계층에서 인증하는 데 많은 정보를 필요로 했던 기존의 애플리케이션과의 호환성도 지원할 수 있다. 물론 이 경우 단순히 에이전트를 전달해서는 안 되고, 기존 애플리케이션이 이해할 수 있는 포맷으로 변환해야 한다. 외부에서 개발한 애플리케이션의 경우 애플리케이션마다 다른 포맷을 사용할 것이고, 기업 내에서 자체적으로 개발한 애플리케이션의 경우 포맷을 결정할 수 있으므로 다른 애플리케이션과 호환할 수 있도록 공통된 포맷을 사용하는 것이 좋다.

표준화

제로 트러스트 네트워크는 에이전트를 활용하는 많은 시스템으로 구성돼 있다. 많은 시스템에서 사용하기 때문에 재사용을 위해 에이전트를 표준화하면 좋을 것이다. 하지만 이 책을 집필하는 시점을 기준으로 제로 트러스트 네트워크에 기업이 자체적으로 개발한 시스템을 사용하는 경우가 대부분이다. 기업 내 자체적인 표준이 있을 수도 있다. 하지만 공개된 표준이 있어야 컨트롤 플레인에서 많은 소프트웨어를 재사용할 수 있을 것이다.

견고하면서도 유연하게

어떤 정보를 어떻게 사용할 것인가를 결정할 때, 에이전트의 포맷을 잘 알아야 어디에 어떤 정보가 있는지 쉽게 파악할 수 있다. 에이전트 내 정보의 위치는 고정돼 있어야 한다. 그래야 다양한 컨트롤 플레인들이 동일한 방식으로 정보에 접근할 수 있기 때문이다. 관계형 데이터베이스의 스키마와 비슷하다. 데이터베이스에 접근하는 애플리케이션은 원하는 정보를 얻기 위해 반드시 스키마를 알고 있어야 한다.

제로 트러스트 컨트롤 플레인 시스템을 구현하고 관리하는 측면에서 본다면, 데이터의 호환성을 유지하는 것도 매우 중요한 문제다. 제로 트러스트 네트워크는 다양한 시스템에서 데이터를 종합해 에이전트를 만든다. 제로 트러스트 모델을 잘 따르는 네트워크일수록 더 많은 데이터를 수집해 사용할 것이다. 어디에 어떤 데이터가 있는지 모르는 상태에서는 에이전트에서 필요한 정보를 찾기가 힘들다. 이 뿐만이 아니라 새로운 컨트롤 플레인 시스템이나 에이전트 데이터를 도입할 때 반발이 더 심할 수 있다. 제로 트러스트 네트워크를 더 발전시키기 힘들어 진다는 뜻이다.

모든 데이터가 에이전트에 반드시 존재하지는 않는다는 점도 명심해야 한다. 에이전트에 들어가는 데이터가 삭제돼 찾을 수 없는 경우도 있고, 실전에서는 더 다양한 문제가 존재한다. 그 결과 에이전트에는 수집할 수 있는 데이터만 들어가고, 수집할 수 없는 데이터가 들어갈 자리는 빈 공간으로 남게 된다. 에이전트를 활용해 보안 정책을 결정하는 입장에서 본다면, 완전한 데이터만 고집할 것이 아니라 실질적으로 수집할 수 있는 데이터에 한계가 있음을 인정하고 주어진 데이터를 최대한 활용하는 방법을 택해야 한다. 즉, 특정 정보가 에이전트에 없다면 차선책으로 어떤 데이터를 사용할 것인지 생각하는 것이 필요하다.

표준화의 가능성

기업마다 구현된 네트워크가 다른데 어떻게 데이터 포맷을 표준화할 수 있을지 의아해 하는 독자도 있을 것이다. 결국 에이전트에는 기업의 비즈니스에 필요한 정보가 들어가 기 때문에 기업마다 독특한 특징을 가질 수밖에 없기 때문이다. 그런데 어떻게 표준화 가 가능할까?

다행히 이런 비슷한 상황에서도 적용이 가능한 데이터 포맷의 표준이 이미 존재한다. SNMP^{Simple Network Management Protocol}와 MIB^{Management Information Base}가 대표적인 예다.

SNMP는 네트워크 디바이스를 관리하는 데 사용하는 프로토콜로 이를 사용해 디바이스 가 어떤 데이터를 관리자나 다른 시스템에 공유할 것인지 결정할 수 있다. 다양한 디바 이스에 적용 가능한 유연한 표준이다. MIB는 SNMP와 함께 사용하는 데이터 포맷이다. MIB는 OID^{Object ID}의 집합이라 할 수 있다. 데이터의 종류를 특정하는 OID는 국제 표준 기구인 ISO에 등록된다. 즉 국제 기구를 활용해 데이터의 종류를 관리한다.

그림 3-1에 있는 간단한 OID 트리를 잠시 살펴보도록 하자.

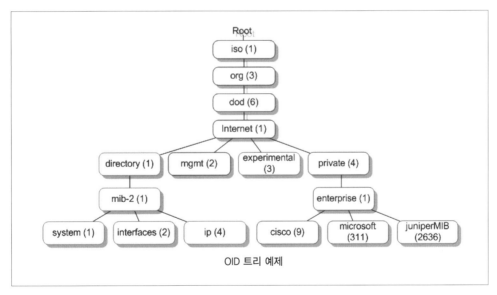

그림 3-1 OID 트리를 통해 노드를 표현한 다이어그램

위 예제에서 "ip" 노드는 1.3.6.1.1.1.4이라는 식별자로 표현할 수 있다. OID를 그룹으로 묶고 색상도 정할 수 있다. 예를 들어 시스코 MIB에서 1.3.6.1.4.1.9에 속한 모든 OID를 정의할 수 있다. 이 정의에는 사람이 읽을 수 있는 설명도 포함된다.

MIB는 당연히 확장이 가능하다. 한 OID 영역 전체를 한 조직이나 제조사에 할당하는 것도 가능하다. 이 관점에서 본다면 OID와 IP 주소가 비슷한 점이 있다. IP 주소는 인터넷여 연결된 컴퓨터 시스템의 식별자다. OID 역시 데이터 식별자다.

하지만 사설 IP 주소 영역에 비교할 만한 OID는 없다. 사설 IP 주소 영역을 사용해 로컬 네트워크를 구성할 수 있지만, 그에 견줄 만한 OID 개념은 아직 없다. 현재로서 가장 가능성이 있는 방법은 IANA에 **개별 기업 번호**를 등록하는 것이다. 그러면 이 기업이 사용할 OID 접두사를 할당받을 수 있다. 현재까지는 몇 가지 질문에만 대답하면 무료로 기업 번호를 등록하고 OID 접두사를 할당받을 수 있다. 사설 IP에 견줄 만한 사설 OID 개념을 만들려는 시도는 있었지만, 아직까지는 성과를 거두지는 못했다.

테스트나 내부 사용을 위해 특별히 할당된 OID 영역은 없다. 하지만 데이터 포맷과 데이터 패키지에 대한 내용을 SNMP가 포함하고 있기 때문에 에이전트 표준화에 있어서 SNMP의 방식을 차용하는 것은 의미 있는 일이다. 즉, OID를 사용해 데이터를 쉽게 찾을 수 있는 방법과 다른 시스템에 전달하는 방법이 이미 SNMP에 존재한다.

표준화 전까지

이 책을 집필하는 시점에도 제로 트러스트 네트워크는 여전히 새로운 영역이며 많은 부분의 개발이 아직도 이뤄지고 있다. 그 결과, 에이전트에 대한 표준은 아직 존재하지 않는다. 표준화가 이뤄지기 전까지는 시간이 더 필요할 듯하다. 표준화 전까지는 개발이 용이하고 유연한 방법으로 에이전트를 표현해야 한다. JSON 포맷을 택하든 독자적인 바이너리 포맷을 택하든 내부의 데이터 접근과 확장을 지원하는 포맷을 사용해야 한다. 강력한 타입을 사용하면 새로운 데이터나 시스템이 등장했을 때 확장이 어려울 수 있다. 때문에 데이터 타입에 관해선 약한 타입을 사용하거나 타입을 사용하지 않아야 한다. 플러그인 형식의 디자인 패턴을 사용하면 추후에 표준화가 이뤄졌을 때 전환하기 용이하다. 하지만 이는 제로 트러스트 네트워크의 요구사항은 아니다. 에이전트 포맷 결정이 어렵다는 이유로 네트워크에서 에이전트를 허가하는 절차를 건너뛰어서는 절대 안 된다.

요약

3장에서는 네트워크 에이전트를 다뤘다. 네트워크 에이전트는 제로 트러스트 네트워크에서 도입한 새로운 개념으로 접근 허가 결정이 내려지는 대상이다. 제로 트러스트 네트워크의 이점을 누리기 위해서는 에이전트 도입은 필수다.

어떤 정보들이 에이전트에 포함되는지도 알아봤다. 이 정보들은 끊임없이 빠르게 변하며, 종종 사라지기도 하고, 가끔은 모순된 상태로 존재하는 불완전한 정보들이다. 제로 트러스트 네트워크를 구축할 때는 이러한 정보의 특수성을 잘 이해하고 에이전트를 활용해야 한다.

에이전트는 자원에 대한 접근을 허가하는 데 사용한다. 인증은 별도의 절차를 거치며, 인증 결과도 에이전트에 포함된다. 에이전트를 사용해 접근을 허용할 것인지를 결정하는 것은 컨트롤 플레인 시스템의 역할이다. 에이전트를 활용하는 1차 사용자가 컨트롤 플레인 시스템이기는 하지만 에이전트에 포함된 정보의 일부를 데이터 플레인에 전송해 데이터 플레인에 위치한 시스템에서 세세한 접근 제어를 할 수 있도록 만드는 작업도 필요하다. 민감한 정보의 보안을 유지하면서 데이터를 애플리케이션 계층에 보내는 방법도 알아봤다.

제로 트러스트 네트워크는 아직 새로운 모델이다. 따라서 네트워크 에이전트를 어떻게 표현할 것인지에 대한 표준은 아직 정해지지 않은 상태다. 표준이 정해지면 재사용 가능한 시스템이 많아지고 제로 트러스트 시스템 간의 상호 협력도 용이해질 것이다. 그리고, 제로 트러스트를 채택하는 시스템도 많아질 것이다. 이 장에서는 에이전트 표준을 제정할 때 고려해야 할 사항들에 대해서도 살펴봤다.

다음 장에서는 제로 트러스트 네트워크에서 접근 요청을 허가하는 시스템에 초점을 맞출 예정이다.

4장

네트워크 접근 허가

네트워크 접근 요청이 제로 트러스트 네트워크에 도착하면, 제로 트러스트 네트워크는 이 요청을 허가Authorization할 것인지를 결정해야 한다. 이 과정이 제로 트러스트 네트워크 상에서 벌어지는 일 중 가장 중요한 일이라 생각한다. 접근 요청의 허가 여부를 결정할 때는 어느 하나 가볍게 다룰 수 있는 것이 없다. 모든 네트워크 트래픽이 이 결정에 의존하기 때문이다.

이 장에서는 데이터베이스를 비롯해 네트워크 접근 허가 결정에 영향을 미치는 몇 가지 시스템을 다룰 예정이다. 이 시스템들이 네크워크상에 존재할 모든 트래픽의 운명을 결정한다. 즉 이들이 네트워크 접근 제어의 최종 결정권자이며, 이들은 반드시 독립된 환경에서 동작해야 한다. 어떤 시스템에 어떤 결정권을 위임할지도 주의 깊게 결정해야 한다. 하나의 시스템에 모든 결정권을 위임하는 것은 바람직하지 못한 방법이다.

제로 트러스트 모델은 아직 새로운 기술이며 빠르게 진화를 거듭하고 있다. 이 장에서는 가능한 최신 기술을 포함하려 노력했다. 대부분의 구현들은 비공개된 상태다. 공개된 구현들도 있지만, 모두 빠르게 변화하고 있다. 하지만 오픈 소스 여부나 변화의 속도와는 무관하게, 이 장을 마친 후에는 어떤 구성 요소가 어떤 일을 담당하는지 충분히 이해할 수 있으리라 생각한다.

이 장은 실전 경험을 바탕으로 하고 있다. 제로 트러스트가 허가 결정을 할 때 반드시 필요한 구성 요소들에는 무엇이 있으며, 이들을 배치하는 방법도 함께 알아본다. 이 구성 요소들이 어떻게 허가 결정에 관여하는지도 다룰 예정이다.

허가 시스템의 구조

제로 트러스트 허가 시스템은 그림 4-1과 같이 크게 4가지 주요 구성 요소를 가지고 있다.

- 보안 정책 적용 지점

- 보안 정책 엔진

- 트러스트 엔진

- 데이터 저장소

이 4가지 요소는 각기 담당하는 일이 다르다. 따라서 이 장에서도 이들을 독립된 시스템으로 다룬다. 보안 관점에서 본다면 이들은 제로 트러스트 보안 모델의 핵심으로 독립된 환경에서 동작하는 것이 바람직하다. 따라서 이들의 관리와 보안 유지는 신중히 이뤄져야 한다. 만일 하나의 시스템으로 통합하라는 요청이 있다면 타당성을 주의 깊게 검토해야 할 것이다.

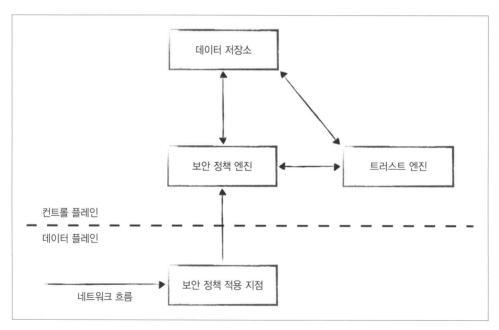

그림 4-1 제로 트러스트 허가 시스템

90

네트워크의 많은 곳에서 보안 정책을 적용하며, 트래픽을 빨리 처리해야 하므로 보안 정책 적용은 가까운 곳에서 이뤄져야 한다. 접근 허가에 대한 결정이 내려지면 보안 정책 적용 지점이 그 결정을 실질적으로 반영하는 곳이다. 보통 로드 밸런서, 프록시, 방화벽이 이 역할을 담당한다. 보안 정책 적용 지점은 접근 요청에 대한 허가 여부를 결정하는 보안 정책 엔진과 통신한다. 보안 정책 적용 지점은 접근을 요청하는 클라이언트의 인증 여부를 확인한 후, 각 요청에 대한 데이터를 보안 정책 엔진으로 송신한다. 이를 수신한 보안 정책 엔진은 보안 정책과 비교해 접근 허가 여부를 결정한 뒤, 보안 정책 적용 지점에게 이 결정을 알린다.

보안 정책 엔진은 트러스트 엔진을 통해 요청에 대한 위험도를 분석한다. 트러스트 엔진은 다양한 종류의 데이터를 활용해 위험도를 점수로 환산한다. 신용 점수와 비슷하다. 이 점수는 알려지지 않은 공격을 방어하는 데 도움이 된다. 점수에 근거해 요청 허가 여부를 결정하면, 보안 정책을 복잡하게 만들지 않아도 드물게 발생하는 위험에 대응할 수 있다. 이는 견고한 보안 정책을 이루는 데 큰 도움이 된다. 보안 정책 엔진이 접근 허가 결정을 내릴 때 이 점수를 추가적인 요소로 활용하기도 한다. 구글의 BeyondCorp이 이 분야에 있어서 선구자적인 역할을 하는 것으로 알려져 있다.

마지막 요소는 데이터 저장소다. 이 저장소는 접근 허가 여부를 결정하는 데 필요한 사실 관계 데이터를 제공한다. 각 접근 요청이 가진 조각 정보들을 연결해 전체 그림을 그릴 수 있는 단서가 이 곳에 저장돼 있다. 사용자의 유저네임이나 디바이스의 일련번호와 같은 키를 사용해 저장소를 검색하고, 이 정보와 접근 요청에 있는 조각 정보를 모아 큰 그림을 그리는 것이다. 보안 정책 엔진과 트러스트 엔진 모두 데이터 저장소를 많이 사용한다. 접근 허가 결정에 기초가 되는 데이터를 이 두 엔진에 제공하기 때문이다.

보안 정책 적용 지점

그림 4-2에 그림으로 표현한 보안 정책 적용 지점에서 모든 절차가 시작한다. 제어 허가 절차에 있어 최전방에 위치해 있으며 허가 시스템의 다른 부분에서 처리한 결과를 클라이언트에게 전달하는 역할을 한다.

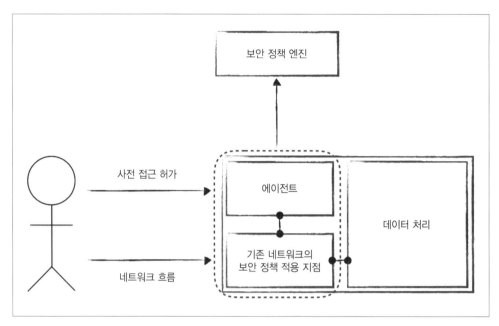

그림 4-2 기존 네트워크에서는 보안 정책 적용 지점을 구성하기 위해서 별도의 에이전트를 사용했다. 클라이언트가 보내온 사전 접근 허가를 이 에이전트가 수신해 기존 네트워크의 정책 적용 지점과 연결한다. 에이전트와 데이터 처리 모듈이 모여 제로 트러스트 네트워크의 정책 적용 지점을 이룬다.

보안 정책 적용 지점은 크게 두 가지 중요한 역할을 한다. 먼저, 보안 정책 엔진과의 통신이다. 보통 이 통신은 보안 정책 적용 지점이 보안 정책 엔진에 허가 요청을 보내는 방식으로 이뤄진다. 예를 들어 네트워크 접근 요청이 로드 밸런서에 도착하면, 로드 밸런서는 이 요청을 처리하기 위해 적법한 요청인지 알아야 하기 때문이다. 두 번째는 접근 허가 여부를 실제로 적용하고 계속에서 유지하는 역할이다. 보안 정책 적용 지점이 이 두 가지 역할을 수행하지만 이 둘을 반드시 하나의 시스템에서 수행할 필요는 없다. 네트워크 구현자가 상황에 따라 이를 결정해도 무방하다.

어떻게 보안 정책 적용 지점을 구현할 지는 각 네트워크의 상황에 따라 다르다. 예를 들어 클라이언트의 ID를 인식할 수 있는 프록시의 경우 접근 요청을 승인하기 위해 보안 정책 엔진에 연결을 시도할 수 있다. 보안 정책 엔진이 응답을 보내면 이를 이용해 요청을 승인하거나 거절한다. 이 예에서는 보안 정책 엔진과 통신 그리고 정책 적용이라는 두 역할을 하나의 시스템에서 수행했다. 이 둘을 분리해 처리하는 방법도 있다. 사전 접근 허가 데몬daemon을 이용한 방법이다. 특정 서비스에 접속하려는 요청이 데몬에 도착하면, 데몬은 승인을 위해 보안 정책 엔진에 연결을 시도한다. 승인이 완료되면, 해당 요청을 승인하도록 데몬과 연결된 방화벽의 설정을 변경한다. 이 방법은 기본에 충실한 보안 정책 적용 방법이다. 즉 보안 정책 엔진과의 통신은 데몬에서, 보안 정책 적용은 방화벽에서 나눠 수행했다. 이 방법을 사용하려면 접근 허가 요청을 컨트롤 플레인에 알려야 하므로 클라이언트측의 변경이 불가피하다. 따라서 클라이언트 디바이스나 애플리케이션을 얼마나 컨트롤할 수 있는지가 관건이라 할 수 있다.

보안 정책 적용 지점의 위치는 매우 중요하다. 데이터 플레인과 컨트롤 플레인을 연결하는 연결고리 역할을 하기 때문에, 가능한 사용자 가까이 제로 트러스트 네트워크의 가장 가장자리에 적용 지점이 자리잡아야 한다. 자리를 잘못 잡으면 접근 허가 요청이 보안 정책 적용 지점을 지나서 결정돼 제로 트러스트 네트워크 보안에 허점이 생길 수 있다. 다행인 점은 보안 정책 적용 지점을 다른 허가 서비스에 요청을 보내는 클라이언트처럼 구성할 수 있다는 점이다. 이 경우 적용 지점 "클라이언트"를 시스템상에 자유롭게 배치해 다른 허가 "서비스"에 요청을 보내는 형식으로 접근 허가를 결정할 수 있다.

보안 정책 엔진

보안 정책 엔진은 접근 요청에 대한 허가 여부를 결정하는 데 있어서 중요한 역할을 한다. 보안 정책 적용 지점이 보내온 요청을 받아 보안 정책과 비교하고 해당 요청의 승인 여부를 결정하는 역할을 담당한다. 이렇게 허가 여부를 결정하고 나면, 보안 정책 적용 지점에 응답을 보내 실제로 어떤 조치를 취할지 명령한다.

보안 정책 적용 지점과 보안 정책 엔진을 별도로 두고 관리하면 적당한 때에 허가 여부를 동적으로 결정할 수 있다. 허가 내역을 번복하는 것 역시 빠르게 할 수 있다. 따라서 이 둘을 별도로 디자인하고 유지하는 것이 제로 트러스트 네트워크에 있어서 매우 중요하다. 하지만 기술적으로 이 둘을 한 곳에 모으는 것이 불가능하다는 이야기는 아니다.

다양한 이유로 보안 정책 적용 지점과 정책 엔진을 한 곳에 모으는 경우가 있다. 대표적인 예가 바로 로드 밸런서다. 로드 밸런서는 RPCRemote Procedure Call, 원격 프로시저 호출가 아닌

IPC^{Inter-Process Communication, 프로세스간 통신}로 접근 요청을 허가하는 경우가 있다. IPC를 사용하면 접근 허가 요청에 걸리는 시간을 크게 단축할 수 있다는 장점이 있기 때문이다. 이 시간을 단축하면 네트워크의 사용을 세세하게 관리할 수 있다. 예를 들어, 일반적으로 사용하는 세션 단위의 접근 승인이 아니라 각 HTTP 요청을 승인하는 것도 가능하다.

보안 정책 엔진과 보안 정책 적용 지점을 물리적으로 하나의 디바이스에 구현하더라도, 이 둘은 최소한 프로세스 단위로 분리해야 한다. 사용자가 보낸 데이터를 직접 처리하는 보안 정책 적용 지점은 다른 서비스에 비해 더 많이 노출돼 있다. 따라서 보안 정책 엔진과 보안 정책 적용 지점을 같은 프로세스에 구현한다는 것은 불필요한 위험을 감수하는 일이다. 혹시 모를 보안 정책 적용 지점의 버그가 보안 정책 엔진에 영향을 미치는 것을 방지하려면 최소한 프로세스 단위로 분리해야 한다.

RADIUS와의 관계

보안 정책 엔진과 보안 정책 적용 지점의 관계는 대부분의 네트워크 엔지니어들이 잘 알고 있다. 1997년 IETF가 RADIUS 프로토콜 표준을 발표했다. 인증, 허가, 어카운팅에 관한 표준이다. RADIUS는 Remote Authentication Dial-In User Service의 약자로 "Dial-in"에서 보는 것처럼 오래된 표준이다. 프로토콜 자체는 보안에 매우 취약하다. MD5를 사용해 사용자 인증을 한다면 쉽게 이해할 수 있을 것이다. 하지만 접근 요청 허가를 위해 만들어진 프로토콜이다. 보안 정책 적용 지점과 보안 정책 엔진이 통신하는 데 RADIUS 프로토콜을 사용하면 안 될까? RADIUS의 부족한 부분을 다른 프로토콜로 보완하는 것도 기술적으로는 가능하다. 하지만 프로토콜이 지저분해질 수 있다. 따라서 RADIUS를 직접 사용하기보다는 현존하는 보안 이슈를 반영한 비슷한 프로토콜을 새로 만드는 편이 더 나을 것이다.

보안 정책 저장소

보안 정책 엔진이 사용할 규칙들은 어딘가에 저장돼 있어야 한다. 결국 보안 정책 엔진이 보안 규칙들을 읽고 사용하겠지만, 보안 정책 엔진 밖에 이 규칙들을 저장해 놓는 것을 추천한다. 특히, 버전 컨트롤 시스템을 사용해 보안 정책 규칙들을 저장하고 관리하면 다음과 같은 혜택도 함께 누릴 수 있다.

- 보안 정책의 진화 과정을 추적할 수 있다.

- 보안 정책이 진화한 이유를 버전 컨트롤 시스템을 이용해 추적할 수 있다.

- 실제 보안 정책 적용 지점에서 적용한 보안 정책이 최신 버전의 보안 정책인지 검증할 수 있다.

버전 컨트롤 시스템을 사용하지 않고 위의 혜택을 누리려면 상당히 번거로운 방법을 통해야 한다. 하지만 버전 컨트롤 시스템을 사용하면 위 효과들은 저절로 따라온다. 시스템 설정을 업데이트 하기 전, 해당 업데이트를 동료에게 반드시 승인받도록 강제할 수도 있다. 업데이트가 적용된 후에는 업데이트 로그를 사용해 왜 시스템 설정을 바꾸게 됐는지 추적하는 것도 가능하다.

프로그램을 통해 시스템 설정을 관리하기 시작하면서, 버전 컨트롤 시스템을 사용해 보안 정책을 관리하는 방향으로 자연스레 진화했다. 인간 시스템 관리자가 수동으로 보안 정책을 시스템에 업로드하는 대신, 보안 정책을 컴퓨터가 읽고 처리할 수 있는 데이터로 만든 것이다. 보안 정책을 업로드하는 과정은 소프트웨어를 배포하는 과정과 여러 측면에서 유사하다. 따라서 시스템 관리자들이 일반적인 소프트웨어 개발 방법(코드 리뷰 및 파이프라인)을 자연스럽게 따르게 됐다.

좋은 보안 정책의 조건

한쪽에서 보면 제로 트러스트 네트워크의 보안 정책은 기존 네트워크의 보안 방법과 크게 다를 바 없어 보인다. 하지만 다른 측면에서 보면 큰 차이를 보인다.

표준화

많은 네트워크 프로토콜 표준이 존재하지만 제로 트러스트 보안 정책에 관한 표준은 아직 정해지지 않았다. 다시 말해 보안 정책 표준화에 있어서 큰 기회가 있다는 뜻이다.

비슷한 부분부터 먼저 살펴보자. 제로 트러스트 네트워크에서 좋은 보안 정책이란 세세한 접근 허가가 가능한 정책을 뜻하지만, 얼마나 세세하게 접근 허가를 컨트롤 할 것인지는 각 네트워크의 성숙도에 따라 다르다. 하지만 보안 정책의 궁극적인 목표는 각 자원을 효과적으로 보호하는 데 있다. 이것은 기존 네트워크의 보안과 크게 다르지 않은 부분이다. 기존의 네트워크 보안 방법도 네트워크를 작은 영역으로 나눠 각 영역에 대한 공격을 방어한다.

보안 정책을 정의하는 방법부터 제로 트러스트 모델과 기존의 네트워크 보안 모델은 차이를 보이기 시작한다. IP 주소나 IP 대역 같은 구체적인 네트워크 구현 방법을 사용해 보안 정책을 정의하는 대신, 제로 트러스트 네트워크에서는 논리적인 측면에서 보안 정책을 정의한다. 보안 정책 정의를 위해 고려하는 요소는 다음과 같다.

- 네트워크 서비스

- 클라이언트와 통신하는 디바이스의 종류

- 사용자의 역할

위와 같이 네트워크를 구성하는 논리적 구성 요소의 관점에서 보안 정책을 정의하면 보안 정책 엔진이 네트워크의 현재 상태에 기반해 허가 요청의 승인 여부를 결정할 수 있다. 구체적인 예를 들어보자. 오늘 웹 서비스를 실행하고 있는 머신이 내일도 웹 서비스를 동작하고 있으리라는 보장은 없다. 워크로드 스케줄러의 설정에 따라 웹서버가 여러 머신을 오가며 서비스할 수도 있다. 이때 IP 주소와 같은 구체적인 네트워크 구현 방법을 사용해 보안 정책을 정의하면 문제가 발생할 수 있다. 보안 정책과 구체적인 네트워크 구현 방법이 결별해야 할 때다. 그림 4-3의 쿠버네티스^{Kubernetes} 프로젝트에 사용하는 보안 정책을 살펴보자.

제로 트러스트 네트워크의 보안 정책은 신뢰도 점수를 사용해 아직 알려지지 않은 공격에 대응한다. 신뢰도 점수를 사용하면 공격 하나하나에 대한 보안 정책을 따로 정의하지 않아도 되므로 예상하지 못한 공격도 방어할 수 있다. 따라서 가능한 모든 보안 정책이 신뢰도 점수를 사용하도록 해야 한다. 다음 절에서 신뢰도 점수에 대해 좀 더 알아보기로 한다.

```
metadata:
 name: test-network-policy
 namespace: default
spec:
 podSelector:
  matchLabels:
     role: db
 ingress:
  - from:
     - namespaceSelector:
        matchLabels:
          project: myproject
     - podSelector:
        matchLabels:
          role: frontend
```

그림 4-3 쿠버네티스 네트워크 보안 정책 예제: 워크로드 레이블을 이용해 언제 어디에 IP 기반 정책을 사용해야 하는지 결정한다.

 보안 정책에 관한 표준

현재까지도 모든 제로 트러스트 네트워크는 각기 다른 언어와 포맷을 사용해 보안 정책을 정의하고 있다. 조직 내 개발자가 독자적으로 구현하는 경우가 대부분이다. 간단한 제로 트러스트 네트워크에서는 그림 4-3과 같이 기존 사용하던 자료 구조에 보안 정책을 삽입하는 것도 가능하다. 일반적으로 납득할 만한 방법이기는 하지만 네트워크 규모가 성장하고 기능을 추가하다 보면 배보다 배꼽이 더 큰 상황이 발생할 수도 있다. 표준화된 보안 정책 언어를 사용해 상호 운용이 가능하도록 만들어야 하는 이유가 여기에 있다. 하지만 표준화까지는 아직 갈 길이 멀어 보인다.

보안 정책을 신뢰도 점수에만 의존해 정의해서는 안 된다. 접근 요청 허가의 종류에 따라 다른 사항도 함께 고려해야 한다. 예를 들어, 시스템상에서 특정 역할을 하는 사용자만 특별히 지정된 서비스에 접근할 수 있게 허용하는 식을 말한다.

보안 정책 정의의 주체

제로 트러스트 네트워크의 보안 정책은 가능한 세세한 사항까지 기술해야 한다. 시스템 관리자 입장에서 본다면 세세한 사항까지 존재하는 보안 정책을 늘 최신 상태로 업데이트하기란 여간 힘든 일이 아니다. 이 힘든 작업을 조금이나마 덜기 위해 대부분의 조직은 보안 정책을 정의하는 일을 개인이 아닌 팀 단위로 수행한다. 즉, 비슷한 서비스를 묶어 각 팀이 담당하는 식이다.

보안 정책의 정의를 조직 전체에 맡기는 것은 위험을 감수하는 행위다. 마음씨 넉넉한 직원이 너무 두리뭉실한 보안 정책을 만들어 시스템에 허점을 많이 만들 수도 있기 때문이다. 제로 트러스트 네트워크에서 이런 위험에 대응하는 방식은 크게 두 가지다.

첫 번째, 동료의 리뷰 과정을 통해 보안 정책의 부족한 부분을 찾아내는 방법이다. 보안 정책을 버전 컨트롤 시스템으로 관리하기 때문에 가능한 방법이다. 시스템 개발 팀과는 별도로 보안 팀에서 직접 보안 정책을 리뷰하는 방법도 있다. 이 경우 보안 엔지니어들이 미심쩍은 부분에 대해 질문을 하고 이를 보완하는 과정을 통해 보안 정책을 견고하게 유지할 수 있다. 제로 트러스트의 보안 정책은 물리적인 이벤트가 아닌 정책이 가진 논리적인 목표에 바탕을 두고 정의한다. 따라서 보안 정책의 변경이 그리 많이 일어나지 않는다는 점도 이 리뷰 과정을 가능하게 한다.

두 번째, 두리뭉실한 보안 정책을 세세한 보안 정책과 겹쳐서 사용하는 방법이다. 예를 들어, 네트워크 인프라 팀에서는 기업 네트워크에서 특정 역할을 담당하는 사용자만 인터넷에서 들어오는 트래픽을 선택적으로 수신하게 만들고 싶을 것이다. 모든 사용자가 인터넷 트래픽을 받게 되면, 그만큼 공격의 타깃이 늘어나기 때문이다. 따라서 인프라 팀에서 소수만 인터넷 트래픽을 수신할 수 있는 보안 정책을 만들어 적용하면, 일반 사용자가 만든 허술한 보안 정책을 보완할 수 있다. 이 두 정책을 겹쳐서 적용해 허술한 보안 정책이 실효성을 잃게 만드는 것이다. 여러 정책을 겹쳐서 적용하는 것도 여러 방법으로 실시할 수 있다. 일반 사용자가 보안 정책을 변경하려 할 때, 버전 컨트롤 시스템에 커밋 하기 전 테스트를 실행해 이를 걸러낼 수 있다. 아니면, 단순히 보안 정책 엔진에서 허술한 보안 정책의 적용을 거부하게 만들어도 된다. 여러 보안 정책을 겹쳐서 시스템을 보호하는 것이 보안 규제 등을 따르는 데에도 이익이 된다.

트러스트 엔진

제로 트러스트 네트워크에서 **트러스트 엔진**이 하는 역할은 특정 요청이나 이벤트에 대한 위험 정도를 분석하는 일이다. 이 시스템에서 하는 일은 특정 요청이나 이벤트가 발생했을 때, 이를 네트워크가 허용한다는 가정하에 발생할 위험이 어느정도 인지 수치로 계산하는 일이다. 이 수치는 보안 정책 엔진에 전달되고, 해당 요청이나 이벤트를 최종적으로 승인할 것인지 결정하는 데 사용된다.

트러스트 엔진은 각종 데이터베이스에 접속해 데이터를 가져온다. 위험도를 수치로 계산할 때 사용하기 위해서다. 예를 들어, 디바이스의 목록을 관리하는 데이터베이스에 접속해 마지막 디바이스를 검사한 날짜나 해당 디바이스에 하드웨어 보안 시스템이 탑재돼 있는지 확인할 수 있다.

위험도를 수치로 계산한다는 일은 힘든 작업이다. 간단한 방법을 생각해본다면, 필요할 때마다 위험도를 환산하는 간단한 규칙을 생각해볼 수 있다. 예를 들어, 최신 소프트웨어 패치를 설치하지 않은 디바이스의 점수를 깎는 식의 규칙을 만들 수 있다. 아니면, 인증에 계속해서 실패하는 사용자의 신뢰도 점수를 깎는 방법도 있다.

이처럼 필요에 따라 신뢰도 점수를 계산하는 것도 좋은 시작점이 될 수 있다. 하지만 예상하지 못한 공격을 방어한다는 측면에 있어서는 이처럼 정적으로 점수를 계산하면 놓치는 부분이 발생할 수 있다. 따라서 잘 개발된 트러스트 엔진은 정적인 점수 환산 방법과 머신러닝 기술을 활용한 점수 환산 방법을 동시에 사용한다.

머신러닝을 사용하면 **훈련 데이터**를 사용해 점수 환산 함수를 만들 수 있다. 네트워크에서 발생한 이벤트 중 수치로 환산할 수 있는 모든 데이터는 훈련 데이터에 포함될 수 있다. 훈련 데이터는 한 네트워크 주체에 대한 가공하지 않은 관측 데이터다. 이 데이터에서 피처feature라고 하는 수치를 추출해 머신러닝 모델을 훈련한다. 모델의 훈련이 끝나면, 이 모델을 사용해 다른 데이터를 분석한다. 머신러닝 모델의 분석 결과를 사람의 분석 결과와 비교해 머신러닝 모델의 품질을 검사하고, 필요에 따라 튜닝하는 과정을 거친다. 머신러닝 모델의 품질이 만족할 만큼 높아졌을 때 이를 사용해 예상하지 못한 네트워크의 위험을 감지하는 데 사용할 수 있다.

머신러닝을 사용해 많은 어려운 문제를 해결할 수 있다. 하지만 명확한 규칙을 사용해 트러스트 엔진을 구현하는 것을 대체해서는 안 된다. 머신러닝 모델의 한계 때문이든 이 모델의 튜닝이 필요하기 때문이든, 트러스트 엔진은 정적인 계산 방법과 머신러닝을 사용한 계산 방법을 병행해야 한다.

수치화의 대상

제로 트러스트 네트워크에서 무엇을 점수로 환산할 것인지는 사실 흥미로운 주제다. 모든 네트워크 주체(사용자, 디바이스, 애플리케이션) 각각에 대해 점수를 계산해야 하나? 아니면, 네트워크 에이전트에 대한 점수를 계산해야 하나? 혹시, 둘 다 계산해야 하나? 다음의 예제를 살펴보자.

한 사용자의 비밀번호가 브루트 포스^{brute force} 방법으로 공격당하고 있다고 하자. 이 사용자의 계정을 보호하고자 계정을 잠그는 시스템도 있을 것이다. 그 결과 진짜 사용자도 자신의 계정에 접근할 수 없는, 일종의 서비스 거부 공격이 발생한다. 만약 사용자라는 네트워크 주체를 점수로 환산한다면, 제로 트러스트 네트워크에서도 같은 문제가 발생할 것이다. 더 나은 접근 방법은 우리가 인증하는 대상은 네트워크 에이전트라는 것을 깨닫는 데에서 시작한다. 즉, 공격자의 네트워크 에이전트에 대한 신뢰도 점수를 깎고, 진짜 사용자의 네트워크 에이전트에는 아무런 점수 변화도 없어야 한다. 이 시나리오에서는 네트워크 에이전트가 점수를 환산하는 대상이며, 적절한 방법이다.

하지만 다른 공격에서는 네트워크 에이전트만 점수로 환산하는 것이 적절하지 않을 수 있다. 네트워크를 공격하는 행위가 한 디바이스에서 발생했다고 하자. 이 디바이스를 사용하는 사용자의 네트워크 에이전트는 아무런 이상 행동을 하지 않는 것처럼 보일 수도 있다. 하지만 의심스러운 디바이스와 관련이 있는 에이전트는 사실 모든 측면에 있어서 신뢰할 수 없다. 즉, 이 장치에서 보내는 모든 접근 요청을 신뢰할 수 없다는 이야기다. 이 경우 디바이스 자체에 대한 점수 환산이 필요하다.

마지막으로 악의적인 사용자가 여러 키오스크 장치를 사용해 거래 정보를 빼내고 있다고 가정하자. 내부자에 의한 공격이다. 사용자가 여러 디바이스를 사용할 때, 트러스트 엔진이 사용자의 이상 행동을 감지해 다른 키오스크에서 사용자가 접근을 시도해도 이를 모두 막는 것이 이상적인 대응 방식일 것이다. 이 시나리오 역시 신뢰도를 환산할 때 네트워크 에이전트만 단독으로 사용해서는 안 된다는 것을 보여준다.

결국 네트워크 에이전트와 이 안에 포함된 네트워크 주체를 모두 점수에 반영하는 것이 바람직한 점수 환산 방법으로 보인다. 이 점수를 수신한 보안 정책 엔진이 어떤 요청을 승인하고 어떤 요청을 거절할 것인지는 최신 보안 정책을 기준으로 결정한다.

너무 많은 점수를 고려하도록 보안 정책을 정의하면 보안 정책을 만드는 과정이 매우 힘들어질 수 있다. 복잡한 보안 정책에는 허점이 있기 마련이다. 실무에서는 하나의 점수만 사용하는 경우도 많다. 하지만 트러스트 엔진이 추가적인 역할도 하는 경우에 한해서다. 네트워크 접근 요청의 허가 여부를 결정할 때, 보안 정책 엔진이 트러스트 엔진과 적극적으로 협력해야 한다. 보안 정책 엔진이 트러스트 엔진에 네트워크 접근 요청의 세부 사항을 지속적으로 송신해 트러스트 엔진이 해당 요청을 위한 최선의 점수 환산 함수를 선택하도록 도와야 한다. 당연히 트러스트 엔진의 구현이 복잡해지고 운영하는 것 역시 난이도가 높아진다는 단점이 있다. 또한 시스템 관리자가 특별히 원하는 기능이 있는 경우(예를 들어, 점수가 얼마 이상인 디바이스만 접근을 허용), 쉬운 길을 둘러 가는 결과를 가져올 수도 있다.

신뢰도 점수 노출의 위험성

제로 트러스트 네트워크 주체에 대해 계산된 신뢰도 점수는 비밀이 아니다. 하지만 이 점수를 최종 사용자에게 보여주는 일은 지양해야 한다. 이 점수가 공격자에게 노출되면, 공격자 입장에서는 누구의 신뢰도를 높이거나 낮춰야 할지 결정할 수 있기 때문이다. 제로 트러스트 네트워크 관리 입장에서는 이 점수를 최대한 공개하지 않는 것이 좋다고 생각할 수 있다. 하지만 최종 사용자 입장에서는 자신들의 행동이 얼마나 신뢰도 점수에 영향을 미쳤는지 궁금할 것이다. 비정기적으로 사용자에게 신뢰도 점수를 보여주고 어떤 요소 때문에 점수가 변경됐는지 설명을 덧붙이는 것도 좋은 방법이다.

데이터 저장소

접근 허가 결정에 있어서 데이터 저장소의 역할은 시스템의 과거와 현재의 정확한 상태를 제공하는 데 있다. 데이터 저장소에서 나온 정보는 컨트롤 플레인 시스템으로 흘러 들어가 접근 요청의 허가 여부를 결정짓는 데 중요한 기준을 제시한다. 그림 4-4에 이 과정을 그림으로 표현했다.

트러스트 엔진이 데이터 저장소를 이용해 신뢰도 점수를 환산한다고 앞서 이야기한 바 있다. 이렇게 환산된 점수는 보안 정책 엔진이 사용한다. 컨트롤 플레인에 위치한 데이터 저장소의 정보가 이 경로로 접근 허가 시스템으로 흘러 들어가고, 보안 정책 엔진이 이 정보를 사용해 허가 여부를 결정한다. 보안 정책 엔진은 직간접적으로 데이터 저장소에 저장된 데이터를 사용한다. 하지만 네트워크상태에 대한 정보가 필요한 다른 시스템들도 이 데이터를 유용하게 사용할 수 있다.

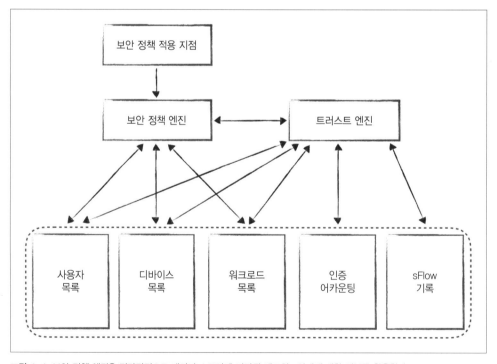

그림 4-4 보안 정책 엔진은 직간접적으로 데이터 스토어에 저장된 네트워크상태에 대한 정보를 활용한다.

제로 트러스트 네트워크에는 기능별로 정리된 많은 데이터 저장소가 있다. 이 저장소들을 두 종류로 나눌 수 있다. **목록**과 **기록**이다. 목록형 저장소에는 정확한 네트워크 정보가 존재한다. 네트워크 자원의 현재 상태가 기록된 저장소다. 사용자 목록이 대표적인 예다. 여기에는 모든 사용자에 정보가 들어가 있다. 디바이스 목록도 여기에 해당된다. 여기에는 기업에서 사용하는 모든 디바이스에 대한 정보가 들어간다.

각 목록은 고유 키를 사용해 각 주체를 식별한다. 사용자의 경우 유저네임이 여기에 해당되며, 디바이스의 경우 시리얼 번호 등을 사용할 수 있다. 제로 트러스트 에이전트를 인증하는 동안에 목록에서 해당하는 주체를 찾아 인증한다. 사용자를 인증할 때 유저네임을 사용해 사용자의 정보를 찾아 비교한다라고 이해해도 된다. 즉, 유저네임을 알아야 보안 정책 엔진이 사용자 인증을 진행할 수 있다. 네트워크에서 어떤 인증 메커니즘을 사용하는지에 따라 어떤 고유 키를 사용할 것인지가 결정된다.

기록형 데이터 저장소는 목록형 데이터 저장소와 차이가 있다. 기록형 데이터 저장소는 위험 분석을 목적으로 만들어졌다. 허가 요청이나 네크워크상에서 발생한 행위를 분석할 때는 기록형 데이터 저장소에 존재하는 관련 이벤트를 분석한다. 신뢰도나 위험도를 결정하는 것이 트러스트 엔진의 주된 일이기 때문에, 트러스트 엔진이 기록형 데이터 저장소를 많이 사용한다.

다양한 종류의 기록형 데이터 저장소가 존재할 수 있다. 위험도 분석에 있어서 어떤 데이터를 사용해야 하는지 제한은 없다. 사용자의 네트워크 사용 기록이나, sFlow 데이터가 가장 많이 사용된다. 데이터를 단순히 저장만 해서는 안 된다. 저장된 데이터는 목록형 저장소에서 사용하는 고유 키를 사용해 검색할 수 있어야 한다.

목록형 데이터 저장소와 기록형 데이터 저장소에 무엇이 있는지는 관련된 내용이 소개될 때마다 다루기로 한다.

요약

이 장에서는 제로 트러스트 네크워크상에서 허가 요청을 최종적으로 결정하는 매우 중요한 시스템을 배웠다. 이 결정은 제로 트러스트 네크워크상에서 매우 중요한 비중을 차지하므로, 이를 결정하는 시스템은 신중하게 설계해야 하며 시스템을 독립된 곳에 설치해 그 신뢰성을 보장해야 한다.

이 시스템을 4가지 서브시스템으로 나눠 설명했다. 보안 정책 적용 지점, 보안 정책 엔진, 트러스트 엔진, 데이터 저장소 이렇게 4가지다. 물론 담당하는 일에 따라 논리적으로 시스템을 구분한 것이다. 서브시스템을 묶는 것도 충분히 가능하지만 이 책의 저자들은 이들을 명확히 구분해 시스템을 설계하는 것을 추천한다.

보안 정책 적용 지점은 보안 정책 엔진의 허가 결정을 실제로 적용하는 곳이다. 사용자의 데이터 트래픽이 오가는 통로가 보안 정책 적용 지점을 설치하기에 가장 좋은 장소다. 사용자 데이터 트래픽에 보안 정책 결정을 직접 적용하기 때문이다. 허가 요청이 도착했을 때 관련된 보안 정책을 참조하는 것이 일반적이다. 하지만 제로 트러스트 네트워크를 구성하는 방법에 따라 사전에 보안 정책 결정을 가져오는 것도 가능하다.

시스템 관리자가 정의한 보안 정책과 수집한 데이터를 사용해 네트워크 접근에 대한 허가 여부를 결정하는 중요한 일은 보안 정책 엔진이 담당한다. 이 시스템은 반드시 독립된 상태로 존재해야 한다. 시스템 관리자가 정의한 보안 정책은 별도의 장소에 저장되는 것이 이상적이다. 소프트웨어 개발과 동일하게 보안 정책의 변경 사유를 추적할 수 있어야 한다. 소프트웨어의 코드를 변경할 때 동료의 리뷰를 거쳐 코드를 변경하는 것과 마찬가지로, 보안 정책을 변경할 때도 동료의 리뷰를 거쳐 정책을 변경해야 한다. 제로 트러스트 네트워크에서는 세세한 보안 정책들이 수없이 존재한다. 따라서 규모가 있는 조직에서는 각 팀에서 보안 정책을 정의하도록 권한을 분산하고, 보안 팀의 리뷰 과정을 거쳐 보안 정책을 다듬는 것 역시 고려할 만한 방법이다.

트러스트 엔진은 비교적 새로운 개념이다. 정적인 알고리듬과 과거 이벤트를 사용하는 추론 알고리듬을 동시에 사용해 네트워크 주체에 대한 신뢰도를 수치로 계산하는 역할을 담당한다. 이 점수를 사용하면, 보안 정책을 정의하는 사람이나 팀에서 네트워크 자원 접근에 필요한 신뢰도 점수를 정의하는 방식으로 보안 정책을 정의할 수 있다. 개별 네트워크 이벤트에 집중해 네트워크 주체의 신뢰성을 결정하는 것이 아니라, 자원의 민감성을 고려해 신뢰도 점수로 접근을 제어하는 것이다.

접근 허가 결정 시스템의 마지막 구성 요소는 정확한 데이터 저장소다. 여기에는 접근 허가 결정을 내리는 데 필요한 현재와 과거의 데이터가 저장돼 있다. 이 곳에 저장된 데이터는 정확한 데이터로 간주된다. 따라서 보안 정책 엔진과 트러스트 엔진 외에도 정확한 데이터를 사용해야하는 시스템은 이 데이터를 활용할 수 있다. 정확한 데이터를 수집해 이 곳에 저장해야 한다.

다음 장에서는 디바이스가 신뢰를 얻고 이를 유지하는 방법을 알아볼 것이다.

5장

디바이스에 대한 신뢰

제로 트러스트 네트워크에서 어떤 디바이스를 신뢰한다는 것은 중차대한 일이다. 매우 어려운 문제이기도 하다. 디바이스는 보안의 승패가 갈리는 전쟁터와 같다. 네트워크 공격에 있어서 신뢰하는 디바이스에 해커가 침입해 공격을 시도하는 경우가 대부분이기 때문이다. 일단 해커의 손에 들어간 디바이스는 더 이상 신뢰해서는 안 된다.

네트워크에 연결된 디바이스의 신뢰도를 검증하는 데 필요한 시스템과 절차에 대해 이 장에서 이야기하도록 하겠다. 어떻게 디바이스의 신뢰도를 검사하고, 어떻게 신뢰 여부를 결정하는지는 간단한 문제가 아니다. 이 장에서는 서브시스템들을 중심으로 디바이스 신뢰도 검증이라는 큰 목적을 어떻게 달성할 수 있는지 살펴보겠다. 각 서브시스템이 사용하는 기술들 하나하나가 복잡하다. 모든 프로토콜과 시스템을 세세히 들여다볼 수는 없겠지만, 독자 여러분의 이해를 돕고 함정에 빠지지 않도록 하기 위해 최선을 다하겠다.

어떻게 디바이스가 최초로 신뢰를 획득할 수 있는지부터 시작하자.

신뢰의 시작

새로운 디바이스가 도착하면, 이 디바이스는 제조사나 유통사와 동등한 신뢰도를 부여받는다. 대부분의 경우 상당히 높은 수준의 신뢰도가 부여된다. 이 신뢰도는 사실 종이 위에 기록된 점수일 뿐이다. 새로운 디바이스에 제일 먼저 해야 하는 일은 신뢰를 하드웨어에 "주입"하는 일이다.

신뢰를 하드웨어에 주입하고 유지하는 방법은 많이 있다. 물론 디바이스는 종류도 많고 유통 과정도 복잡하기 때문에 세세한 과정은 경우에 따라 다를 수 있다. 하지만 크게 보면 원칙은 모두 같다.

첫 원칙은 많이 알려진 **골든 이미지**의 원칙이다. 어떤 유통 과정과 어떤 절차를 통해 디바이스를 받았든 디바이스에는 항상 검증된 이미지만 올려야 한다. 소프트웨어의 무결성을 진단하기란 쉽지 않다. 시도 때도 없이 디바이스에서 동작하는 소프트웨어를 대충 진단하는 대신, 한 번 제대로 진단한 이미지를 검증된 유통 과정을 통해 배포하는 편이 더 좋다.

"깨끗한" 이미지를 디바이스에 로딩하는 것만으로도 신뢰도를 큰 폭으로 향상시킬 수 있다. 사용자 입장에서도 디바이스에 어떤 버전의 소프트웨어를 설치했는지 검증하는 것이 용이하다. 이 때문에, 언제 이미지를 만들었는지를 확인하는 것이 얼마나 디바이스를 신뢰할 수 있는지 결정하는 데 큰 정보가 될 수 있다.

시큐어 부트(Secure Boot)

물론 시스템의 하위 계층까지 내려간다면, 시스템에 설치된 이미지를 다른 이미지로 바꿔치기 하는 것도 충분히 가능하다.

시스템의 이미지를 갈아치우는 형태의 공격을 방어하기 위해 시큐어 부트 기술이 개발됐다. 시큐어 부트에서는 공개키를 디바이스의 펌웨어에 집어넣는 방법이 사용된다. 공개키를 이용해 디바이스에 설치된 드라이버와 운영체제 로더의 전자 서명을 검증해 디바이스에 설치된 이미지가 검증된 이미지임을 확인할 수 있다. 효과적인 방법이기는 하지만 모든 디바이스와 모든 운영체제에 적용할 수 있는 방법은 아니다. 잠시 뒤 이 문제를 다시 다루기로 하자.

디바이스의 신뢰도를 평가하는 데 있어서, 디바이스에서 동작하는 소프트웨어를 검증하는 일은 시작에 불과하다. 디바이스가 접근하려는 네트워크 자원에 대해 자신의 신원을 제공해야 하는 문제가 남아 있다. 내부의 인증 기관이 서명한 디바이스별 인증서를 사용하는 것이 일반적이다. 네트워크 자원과 통신할 때 디바이스가 이 서명된 인증서를 전송한다. 이 인증서는 디바이스의 신원을 보증하는 수단이다. 이 인증서를 사용해 디바이스가 목록에 기재된 디바이스임을 확인할 수 있다. 인증서에 기재된 세부 정보를 활

용해 디바이스 목록에 기재된 데이터와 비교해 다른 보안 결정을 내릴 때도 사용할 수 있다.

디바이스 ID 생성과 보안

디바이스의 신원을 보증할 수 있는 인증서를 서명할 때, 여기에 사용한 암호키는 잘 보관해야 한다. 암호키를 잘 보관하는 것은 쉬운 일이 아니다. 만일 암호키를 훔친 해커가 있다면, 이를 이용해 네트워크가 신뢰하는 디바이스로 위장할 수 있기 때문이다. 디바이스 인증에 있어서 최악의 상황이라 할 수 있다.

안전한 방법은 아니지만, 암호키 접근 권한을 조절해 가장 권한이 높은 사용자(root나 관리자)만 여기에 접근할 수 있도록 하는 간단한 방법도 있다. 사용해서는 안 될 암호키 저장 방법이라 할 수 있다. 공격자가 권한 상승에 성공했다면 암호키의 안전은 더 이상 보장할 수 없기 때문이다.

암호키를 암호화하는 방법도 있다. 앞서 말한 접근 권한을 이용한 방법보다는 나은 방법이다. 하지만 사용이 불편하다는 단점이 있다. 별도의 암호 등을 사용해 암호키의 암호를 다시 풀어야 사용할 수 있기 때문이다. 인간 사용자가 사용하는 디바이스라면 그리 큰 문제가 되지 않는다. 암호를 입력하라는 메시지가 나오면 암호를 입력하면 되기 때문이다. 하지만 서버에 소프트웨어를 설치하는데 암호를 입력하라는 메시지가 나오면, 설치할 때마다 모든 서버에 암호를 입력해야 한다는 문제가 발생한다.

현재까지 알려진 최상의 방법은 암호화 전용 프로세서를 사용하는 방법이다. TPM^{Trusted Platform Module} 또는 HSM^{Hardware Security Module}이라 부르는 특별한 하드웨어를 사용하면 소프트웨어가 접근할 수 없는 특별한 공간에서 암호화와 복호화를 수행할 수 있다. 이 하드웨어는 아주 적은 수의 API만 제공하는데, 이를 사용해 비대칭 키를 생성할 수 있다. 이때 암호키는 절대 이 하드웨어 밖으로 유출되지 않는다. 운영체제조차 직접 이 암호키에 접근하는 것이 불가능하기 때문에 암호키에 공격자가 접근한다는 것은 불가능에 가깝다.

정적인 시스템과 동적인 시스템에서의 디바이스 ID 보안

다소 정적인 시스템에서는 새로운 디바이스를 도입할 때 운영자가 개입하는 것이 일반적이다. 앞서 말한 "주입" 절차가 간소해질 수 있기 때문이다. 네트워크에서 신뢰하는 운영자가 직접 기를 생성해 주입힐 수 있기 때문이다. 물론, 네트워크 규모가 커지면 이 방법은 점점 사용할 수 없게 된다.

키를 생성하고 인증서에 서명하는 작업을 자동화하려면, 중요한 문제를 결정해야 한다. 인증서를 서명할 때 인간의 개입을 강제할 것인가의 문제다. 이 문제에 대한 답은 디바이스에 따라 달라질 수 있다.

서명이 완료된 인증서는 상당히 큰 힘을 갖는다. 해당 암호키를 사용하면 무엇이든 진짜 디바이스로 둔갑시킬 수 있기 때문이다. 앞서 암호 키를 훔치는 해커를 언급했는데, 암호 키 보호와 동일한 수준으로 인증서 생성 과정을 보호해야 한다. 특별히 더 높은 수준의 보안이 요구되는 디바이스라면 인증서 생성 과정에 인간의 개입을 강제하는 것도 가능하다.

인증서 서명 시스템에 대한 공격

2011년 디지노타라는 회사에 보안 문제가 발생했다. 디지노타가 공인 인증 기관(CA)이었기 때문에, 작은 사건이 아니었다. 해커는 인증서 서명 시스템에 침투해 원하는 인증서를 멋대로 서명할 수 있었다. 이렇게 생성된 인증서로, 300,000명이 넘는 사용자의 개인 정보가 노출된 것으로 알려졌다. 전세계 브라우저들은 디지노타의 인증서를 그 즉시 블랙리스트 처리했고, 회사는 머지않아 파산하고 말았다. 인증서 서명 인프라와 절차가 얼마나 중요한지 보여준 사건이었다.

인간이 주도하기는 하지만 과정은 자체는 자동화한 경우라면, 인증을 주도하는 사용자가 인증서 서명을 허가하는 것이 합당해 보인다. 모든 서명에 인간이 개입하도록 만들면 허가하지 않은 요청이 승인되는 것을 막을 수 있다. 하지만 인간은 완벽하지 못하다. 인간은 피로해지기 쉽고, 여러가지 다른 문제도 복합적으로 가지고 있다. 이 때문에, 자신이 시작한 요청만 승인하도록 하는 것이 좋은 방법이다.

인증서를 하드웨어에 주입하는 과정과 서명을 인증하는 과정을 하나의 절차로 만드는 것도 가능하다. **일회용 암호**^{TOTP, Temporal One-time Password}를 사용하면 가능하다. TOTP를 인증서 주입 요청과 함께 인증서 주입 서비스에 전송하면, 그림 5-1과 같이 인증서 서명 시스템까지 TOTP를 전달할 수 있다. 이 간단하면서도 강력한 메커니즘을 사용하면 새로운 인증서를 사용할 때 최소한의 노력으로 인간의 개입을 강제할 수 있다. TOTP는 한 번만 사용할 수 있으므로, 이 인증에 실패하는 것은 보안 측면에서 중요한 이벤트로 받아들여진다.

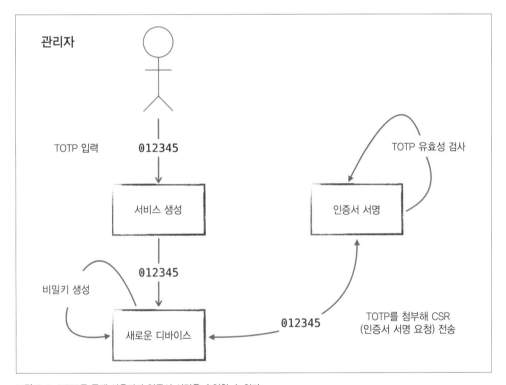

그림 5-1 TOTP를 통해 사용자가 인증서 서명을 승인할 수 있다.

인증서 주입 과정을 완전히 자동화하고 싶으면, 위 과정을 배제하면 된다. 규모가 큰 네트워크에서는 작업량에 따라 자동으로 시스템 규모를 조절하는 "오토스케일링^{Auto-scaling}" 시스템 구조를 사용해 이 과정을 고도로 자동화하는 것이 일반적이다. 필요에 따라 자동으로 시스템 규모를 조절하는 시스템 구조를 사용하면 시스템 관리에 드는 노력과 비용을 획기적으로 줄일 수 있다는 장점이 있다.

인증서를 서명하는 시스템에는 상당한 신뢰가 보장돼야 한다. 따라서 제로 트러스트 네트워크의 다른 시스템과 마찬가지로, 이 신뢰는 시스템이 스스로 증명하는 것이 아니라 다른 주체가 증명할 수 있어야 한다. 여기에는 3가지 방법이 있다.

- 인간

- 자원 관리자

- 이미지나 디바이스

인간을 경유해 인증서 서명 과정의 신뢰를 보장하는 것은 간단하면서도 확실한 방법이다. 하지만 이 방법은 다소 정적인 시스템이나 사용자가 머신을 직접 사용하는 시스템에 제한적으로 적용할 수 있다. 대규모로 인증서를 서명하거나, 사용자의 접근이 제한된 서버에 적용하기는 힘들기 때문이다. 이 경우 자원 관리자나 이미지에 인증서를 미리 설치하는 방법 등을 선택해야 한다. 이 둘을 모두 적용하는 것도 가능하다.

자원 관리자는 특별한 권한이 있는 시스템이다. 네트워크의 다른 시스템들이 항상 접근할 수 있어야 하므로, 오토스케일이 가능한 구조를 가지는 것이 일반적이다. 정적인 시스템에서 인간이 하는 역할을 자원 관리자가 한다고 생각하면 된다. 인간이 "네, 내가 새로운 디바이스를 활성화했으며, 이 디바이스에 대해서는 모든 책임을 질 수 있습니다."라고 말하는 것을 자원 관리자가 대신한다고 생각할 수 있다. 자원 관리자에 부여된 특별한 권한을 이용해 직간접적으로 새로운 인증서를 서명한다.

경우에 따라서는 모든 권한을 자원 관리자에 위임하는 것이 바람직한 방법이 아닐 수 있다. 자원 관리자 활용이 여의치 않은 상황에서는, 이미지에 인증서를 미리 설치하는 방법도 있다. 하지만 일반적으로 추천하는 방법은 아니다. 이미지 저장소에 너무 많은 책임을 전가하는 방법이기 때문이다. TPM이나 HSM을 사용해 하드웨어 종속적인 디바이스 인증서를 제공하는 방법도 있다. 이미지에 인증서를 미리 설치하는 방법보다는 좋은 방법이기는 하지만 모든 클라우드 시스템이 TPM를 지원하지는 않기 때문에 항상 가능한 방법은 아니다.

자원 관리자와 이미지를 모두 사용하는 절충안도 있다. 이미지나 TPM을 이용해 범용 인증서를 제공하고, 인증서 서명시스템과 통신할 때 또는 다중 요소 인증^{MFA} 과정의 한 요소로 이 범용 인증서를 사용하는 방법이다. MFA의 다른 인증 요소에는 다음 정보를 사용할 수 있다.

- 등록된 TPM 키나 이미지 키

- 정확한 IP 주소

- 유효한 TOTP (자원 관리자가 생성)

- 인증서에 공통으로 포함될 내용

이 과정을 거치면, 인증서 서명 요청의 유효성을 인증서 서명 시스템이 검사할 수 있다. 자원 관리자 혼자서는 인증서 서명 요청을 할 수 없다. 자원 관리자에는 디바이스에 인증서를 주입할 권한이 없기 때문에, 자원 관리자가 공격당했을 때 발생할 수 있는 문제도 제한적이다. 최악의 시나리오가 다른 네트워크 시스템들이 자원 관리자에 접근할 수 없게 만드는 정도다. 마찬가지로 이미지를 훔친다고 해서 인증서 서명을 요청할 수 있다는 것이 아니다. 디바이스가 적법한 절차에 따라 활성화된 것인지 자원 관리자가 확인하기 때문이다.

인증서를 서명과 디바이스에 주입하는 과정을 분리함으로써 시스템이 가져야 할 권한 역시 분리했다. 이를 통해 (최대한) 안전하게 인간을 배제한 자동 디바이스 인증서 주입 시스템을 완성했다.

 자원 관리자와 컨테이너

다양한 용어 때문에 혼란이 있을 수 있기 때문에, 잠시 정리하고 지나가자. 디바이스 중심의 시스템에서는 시스템의 확장을 결정하고 지원하는 오토스케일링 기능을 자원 관리자가 제공한다. 컨테이너 환경에서는 자원 스케줄러가 오토스케일링을 담당한다. 제로 트러스트 애플리케이션 관점에서는 이 둘의 차이는 없다. 이 둘이 추구하는 바가 동일하기 때문이다.

컨트롤 플레인 상에서 디바이스 인증

새로운 디바이스에 ID를 주입하는 방법을 살펴봤다. 네크워크상에서 어떻게 이 ID를 검증하는지 알아볼 차례다. 다행히 이번에는 다양한 공개 표준을 활용해 네크워크상에서 ID 검증을 완료할 수 있다. 이 책에서는 이 중에서도 두 가지 기술을 다룰 예정이다. 이 두 기술이 디바이스 인증에 있어서 중요한 비중을 차지하는 이유도 함께 알아보자. X.509과 TPM을 차례로 설명하도록 하겠다.

이 두 기술은 이제는 많이 사용된다. 기존 디바이스에 적용할 수 있는 실전 기술은 8장에서 이야기할 예정이며, 이 장에서는 제로 트러스트 네트워크를 지원하기 위해 미래에 사용될 만한 기술들도 함께 다루도록 한다.

X.509

디바이스 인증에 있어서 가장 중요한 표준은 X.509일 것이다. 공개키 인증서, 무효화 리스트, 인증서 사슬 검증 방법 등에 관한 표준이며 이 책에서 다루는 거의 모든 디바이스 인증 프로토콜에는 X.509가 사용된다.

ID 증명에 필요한 공개키와 비밀키를 사용해 통신 보안 채널을 설정하는 데 사용할 수도 있다. 인터넷상에서 X.509가 큰 사랑을 받는 이유 중 하나다.

인증서 사슬과 인증 기관

인증서가 효력이 있으려면 그 이면에 신뢰가 있어야 한다. 인증서는 아무나 만들 수 있다. 따라서 인증서에 누군가의 이름이 들어가 있다고 해서 이 인증서가 의미가 있는 것은 아니다. 신뢰 있는 기관이 디지털 서명 과정을 통해 인증서의 유효성을 보장해야 쓸모 있는 인증서가 된다. "진짜" 서명이 없는 인증서는 자가서명 인증서라 부르며 테스트 목적으로만 사용하는 것이 일반적이다.

등록 기관[RA](보통은 인증 기관이 지정한다)이 인증서의 세부 내용을 확인해 인증서를 서명해도 좋다는 결정을 내린다. 인증서를 서명할 때 이 서명을 검증할 수 있는 링크가 생성된다. 서명된 인증서에 기반해 다른 인증서를 서명하는 것도 가능하다. 이때, 인증서 사슬이 형성된다. 이 사슬 제일 위에 인증 기관이 자리잡고 있다.

어느 인증 기관^{CA}을 신뢰한다는 말은 이 인증 기관이 서명한 모든 인증서의 유효성을 신뢰한다는 말과 같다. 편리한 방법이다. CA의 공개키 같은 소수의 공개키만 배포해도 되기 때문이다. 모든 인증서의 사슬을 추적해 올라가다 보면 CA에 도달한다. CA의 인증서에 기반해 서명을 했기 때문에, 이 인증서 사슬에 포함된 인증서는 모두 신뢰할 수 있다. CA와 PKI에 대한 개괄적인 설명은 2장에서 다뤘다.

디바이스 ID와 X.509

X.509 인증서의 주된 기능은 ID를 증명하는 것이다. 공개키와 비밀키 2개의 키를 사용한다. 공개키는 배포하고 비밀키는 인증서 소유자가 간직한다. 인증서 소유자는 암호키로 데이터를 암호화해 암호키를 자기가 가지고 있음을 증명할 수 있다. 이렇게 암호화된 데이터는 공개키로만 복호할 수 있다. 이를 **공개키 암호화** 또는 **비대칭 암호화**라고 부른다.

X.509 인증서에는 많은 정보를 담을 수 있다. 다양한 필드가 표준화 돼있고, 확장도 가능하다. 확장 기능을 이용해 네트워크 접근 허가에 필요한 정보를 인증서에 포함시킬 수도 있다. 보통 X.509 인증서에 포함된 정보는 다음과 같다.

```
Certificate:
    Data:
        Version: 3 (0x2)
        Serial Number:
            ea:78:b1:33:90:2e:2b:a0
        Signature Algorithm: sha1WithRSAEncryption
        Issuer: C=US, ST=California, L=San Francisco,
                O=production, OU=web, CN=web01.example.com
        Validity
            Not Before: Oct 27 23:33:33 2016 GMT
            Not After : Oct 27 23:33:33 2017 GMT
        Subject: C=US, ST=California, L=San Francisco,
                 O=production, OU=web, CN=web01.example.com
        Subject Public Key Info:
            Public Key Algorithm: rsaEncryption
            RSA Public Key: (512 bit)
                Modulus (512 bit):
                    00:d1:e2:54:b1:26:b1:49:64:72:6d:eb:54:fe:0a:
                    fc:74:56:a8:86:f2:54:32:7e:09:fa:06:ae:94:2b:
```

```
                de:a5:9d:3b:9d:c3:d9:ad:08:3b:ed:b8:96:a7:0d:
                2f:65:61:49:7f:f0:b0:85:95:af:39:e2:64:82:4c:
                ff:97:76:12:6b
            Exponent: 65537 (0x10001)
    X509v3 extensions:
        X509v3 Subject Key Identifier:
            DD:92:3E:9E:A8:28:F0:85:FC:A6:4D:C1:1A:2A:BE:35:2D:F7:7A:55
        X509v3 Authority Key Identifier:
            keyid:DD:92:3E:9E:A8:28:F0:85:FC:A6:4D:C1:1A:2A:BE:35:2D:F7:7A:55
            DirName:/C=US/ST=California/L=San Francisco/O=production/OU=web ...
            serial:EA:78:B1:33:90:2E:2B:A0

        X509v3 Basic Constraints:
            CA:TRUE
    Signature Algorithm: sha1WithRSAEncryption
        33:41:f4:22:72:aa:7b:e9:d2:07:a0:e7:aa:5d:21:89:66:84:
        8e:11:87:8f:1b:c1:b8:dd:6b:76:6d:24:55:eb:20:61:6d:89:
        15:90:78:8c:81:e1:48:e4:45:3d:fe:0e:fd:92:78:84:2c:bc:
        0c:6e:06:03:80:95:5f:5d:1b:41
```

위 인증서 내용 중 Subject 필드를 살펴보자. 이 필드는 인증서 소유자에 대한 정보를 담고 있다. 디바이스 인증에서는 디바이스가 소유자에 해당한다. Subject 필드 내부를 보면, O 필드와 OU 필드가 있는데, O는 조직Organization을 의미하며 OU는 부서 또는 조직 단위Organizational Unit를 의미한다. 하지만 데이터 센터 애플리케이션에서는 보다 풍부한 ID 정보를 제공하기 위해 다른 용도로 사용할 수도 있다.

위 예제에서는 O를 실행 환경, OU를 디바이스의 역할을 명시하는 데 사용했다. 인증서가 서명됐으므로 이 정보를 사용해 접근 요청을 처리하는 데 사용할 수 있다. X.509 필드에 포함된 정보를 활용하면, 뜻밖의 디바이스가 등장하지 않는 한 외부 서비스에 접근하지 않고도 접근 요청의 허가 여부를 결정할 수 있다.

공개키와 비밀키

앞서 이야기했듯 X.509는 2개의 키를 사용한다. 대부분 RSA 키를 사용하지만 반드시 RSA 키를 사용할 필요는 없다. X.509는 다양한 키 종류를 사용할 수 있도록 디자인됐으며, 최근에는 ECDSA와 같은 다른 키를 사용하는 경우도 늘고 있다.

비밀키 저장소

디바이스 인증에 있어서 X.509는 매우 훌륭한 방법이다. 하지만 모든 문제가 X.509로 풀리는 것은 아니다. 비밀키가 있다는 말은 비밀키를 보호해야 한다는 뜻이다. 비밀키가 노출되면 디바이스 ID와 프라이버시가 위험에 빠진다. 사용자 인증, 애플리케이션 인증, 요청 허가 위험도 분석 등의 과정 등을 통해 비밀키가 노출됐을 때 위험을 최소화하려는 노력이 제로 트러스트 네크워크상에 존재하기는 하지만 비밀키 노출은 최악의 시나리오이며 반드시 막아야하는 상황이다.

비밀키를 저장할 때 비밀키 자체를 암호화하는 방법도 있다. 물론 이 비밀키를 사용하려면 다시 복호해야 하고, 이를 위해선 또다른 암호가 필요하다. 해커가 단순히 디스크에 접근하는 것만으로는 비밀키를 복호할 수 없기 때문에 나쁜 방법은 아니다. 하지만 사용자가 직접 사용하는 디바이스에만 적용할 수 있는 방법이다. 데이터 센터를 생각한다면, 비밀키를 암호화하는 것은 비밀키 저장의 문제를 해결할 수 없다. 데이터 센터에 있는 디바이스에 매번 사람이 들어갈 수는 없기 때문에, 이 암호를 또 어딘가에 저장해야 하거나, 어떻게든 데이터 센터에 있는 디바이스에 암호를 전송해야 한다. 암호키를 보호하려고 별도의 암호를 사용하는데, 이 암호를 보호해야 한다니, 같은 문제가 발생했다.

하드웨어 보안 모듈HSM은 비밀키 보호에 큰 발전이라 할 수 있다. HSM은 공개키와 비밀키를 생성할 수 있으며, 생성된 비밀키는 내부의 보안 메모리에 저장한다. 비밀키를 이용해 어떤 작업을 수행하라고 HSM에 명령하는 것은 가능하지만 HSM에서 비밀키 자체를 추출하는 것은 불가능하다. 비밀키가 특별히 제작된 하드웨어에 숨겨져 있기 때문에, 비밀키를 훔치는 것이 불가능하다. 하드웨어로 비밀키의 도난을 막는 HSM의 한 종류인 TPM은 다음 절에서 다룰 예정이다.

X.509와 디바이스 인증

제로 트러스트 네트워크에서 디바이스 인증을 X.509로 하는 시스템은 정말 많다. 디바이스 인증이 필요한 프로토콜이라면, 거의 모두 X.509를 사용한다. 디바이스 인증과 디바이스 간 암호화에 있어서 주춧돌이라 할 수 있다. 따라서 제로 트러스트 네트워크에서 동작하는 디바이스는 모두 X.509 인증서를 가지고 있다.

하지만 간과하면 안될 중요한 부분이 있다. X.509로 "디바이스"를 인증하는 데, 이 모든 과정이 "소프트웨어"에 의해 결정된다는 점이다. 만일 비밀키가 유출된다면, 이 디바이스 인증 과정 전체가 엉터리 과정이 된다.

인증서는 일종의 디바이스 인증을 대행하는 대리인 역할을 한다고 볼 수도 있다. 인증서 서명에 사용하는 키는 무척 길고, 인간이 받아 적거나 외우기에는 어려운 이상한 문자열이다. 일반적으로 키는 다운로드해서 디바이스에 설치한다고 말하지, 사용자가 암기하고 다니는 경우는 없다. 즉, 키는 디바이스를 따라다니지, 사람을 따라다니지 않는다.

비밀키 분실에 따른 위험을 감수할 수 있다고 말하는 사람들이 있을지 모르겠다. 하지만 비밀키 분실은 여전히 중요한 문제다. 특히, 제로 트러스트 네트워크에서는 큰 문제다. 다행히도 TPM을 이용하면 하드웨어에 비밀키를 딱 붙여 놓을 수 있다.

TPM

TPM^{Trusted Platform Module}은 디바이스에 설치된 특별한 칩이다. 안전한 방법으로 암호화 작업을 수행하기 때문에 암호 프로세서라고 부르는 경우도 있다. TPM 내부에 펌웨어도 설치돼 있어서 칩 위의 컴퓨터로 받아들이는 사람들도 있다.

쉽게 모니터하고 취약점을 분석할 수 있도록 TPM은 제한된 하드웨어 API만 가지고 있다. 암호화 작업에 필요한 API만 제공하고, 암호키를 읽어올 수 있는 API는 존재하지 않는다. 이 때문에 운영체제에 암호키를 노출하지 않고, 필요한 암호화 작업을 수행할 수 있다. 암호키는 항상 하드웨어에만 존재한다.

제로 트러스트 네트워크가 TPM을 사용하는 이유가 여기에 있다. X.509 프로토콜 스택과 같은 훌륭한 소프트웨어 프레임워크가 많은 디바이스의 인증을 담당한다. 하지만 키가 하드웨어 디바이스에 딱 달라붙어 있지 않는다면, 이것은 진정한 의미의 디바이스 ID라 부를 수 없다. 이 문제를 TPM이 해결했다.

TPM을 활용한 데이터 암호화

TPM은 SRK^{Storage Root Key}라 부르는 특별한 키를 생성해 이를 내부에 저장한다. TPM 디바이스 신뢰의 근간이라 할 수 있다. 공개키로 암호화한 데이터는 이 공개키를 생성한

TPM만 복호화할 수 있다.

눈치가 빠른 독자라면 방대한 데이터를 암호화할 때 이 기능이 과연 효율적인지 의문을 갖을 것이다. 비대칭 암호화 작업은 매우 비싼 작업으로 알려져 있으므로 데이터가 큰 경우에는 적합하지 않다. TPM을 대용량 데이터에 사용하려면 SRK가 담당하는 데이터의 양을 줄여야 한다.

간단한 방법은 임의의 키를 생성해 AES와 같은 성능 좋은 대칭 암호화 알고리듬을 사용해 데이터를 암호화하는 것이다. SRK로 데이터를 암호화하는 대신 AES 키를 암호화한다. 그림 5-2에 나온 이 방법을 사용하면 TPM을 이용해 AES키를 안전하게 지킬 수 있다.

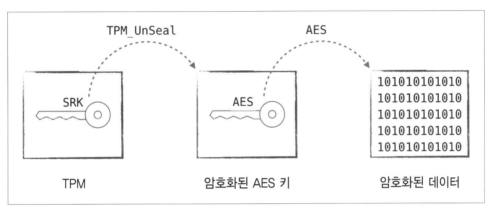

그림 5-2 데이터는 AES 키로 암호화하고, AES 키는 TPM이 암호화한다.

TPM 라이브러리는 대부분 공개돼 있어서, 앞서 말한 작업을 직접 테스트해 볼 수 있다. 라이브러리를 맹목적으로 사용하기보다는, 내부적으로 어떤 일이 벌어지는지 먼저 확인하고 사용하길 추천한다.

중간 키와 암호

TrouSerS와 같은 많은 TPM 라이브러리들은 TPM을 사용해 데이터를 암호화할 때 중간 키를 생성해 사용한다. 즉, TPM에게 새로운 비대칭 키를 생성하라고 명령한 다음, 이중 공개키를 사용해 AES 키를 암호화한다. 비밀키는 TPM이 SRK를 사용해 암호화한다.

데이터를 복호화할 때에는, AES 키를 복호화할 수 있는 중간키를 먼저 복호화 해야 한다. 이 과정을 거쳐야 원래의 데이터를 복호화할 수 있다.

이 방법이 이상해 보일 수도 있다. 하지만 여기에는 비교적 합리적인 이유가 있다. 이렇게 한 단계를 더 추가하는 것이 데이터를 배포하는 데 더 자유롭기 때문이다. SRK와 중간키 모두 암호^{password}와 함께 사용할 수 있는데, 한 단계 거쳐 데이터를 배포하는 방식을 취하면 추가적인 암호 사용이 가능해진다.

경우에 따라 이 방법이 합리적일 수도 있고 그렇지 않을 수도 있다. "이 키는 오직 이 디바이스에서만 복호할 수 있어야 한다"는 목적이라면 중간 키를 사용하지 않아도 무방하다.

X.509의 비밀키를 보호하는 일에 TPM을 유용하게 사용할 수 있다. 비밀키를 사용해 한 디바이스의 ID를 증명하므로, 키가 분실되면 ID 역시 분실된 것으로 봐야한다. TPM으로 비밀키를 암호화한다는 말은 암호화된 비밀키를 디스크에서 훔칠 수는 있어도 키가 속한 디바이스가 없이는 이를 복호할 수 없다는 뜻이다.

 비밀키 유출

디바이스의 비밀키를 암호화하고 이 키를 SRK로 보호한다고 해서 모든 공격을 막을 수 있는 것은 아니다. 비밀키를 암호화된 상태로 디스크에 저장하기 때문에 비밀키를 디스크에서 읽어도 사용할 수 없다는 말이지, 충분히 권한을 상승시킨 공격자가 복호화된 키를 메모리에서 바로 읽어 들이거나 TPM을 사용해 키를 복호화하는 것까지는 막을 수 없다.

다음 두 절은 (X.509를 넘어서) 디바이스 ID의 유효성을 검증하는 방법을 다룬다.

플랫폼 구성 레지스터

플랫폼 구성 레지스터$^{PCR, Platform Configuration Register}$는 TPM이 제공하는 아주 중요한 기능이다. PCR은 소프트웨어의 해시를 저장할 수 있는 저장 공간을 제공한다. BIOS 해시부터 시작해 부트 레코드, 부트 레코드 설정 순으로 해시를 저장한다. 이 해시들을 사용해 시스템의 무결성을 검사한다. TPM의 PCR에 저장된 예제를 잠시 살펴보자.

```
PCR-00: A8 5A 84 B7 38 FC ... # BIOS
PCR-01: 11 40 C1 7D 0D 25 ... # BIOS 설정
PCR-02: A3 82 9A 64 61 85 ... # 옵션 ROM
PCR-03: B2 A8 3B 0E BF 2F ... # 옵션 ROM 설정
PCR-04: 78 93 CF 58 0E E1 ... # MBR
PCR-05: 72 A7 A9 6C 96 39 ... # MBR 설정
```

PCR을 사용하면 시스템이 미리 정해진 상태에 있을 때에만 데이터를 복호하도록 강제할 수 있다. 즉, 소프트웨어가 데이터를 복호해도 되는 안전한 상태를 미리 정의하는 것이다. TPM을 사용해 데이터를 암호화할 때 검증된 PCR 값을 사용한다. 이 과정을 데이터를 "봉인"한다고도 한다. 데이터를 봉인한 TPM만이 PCR 값이 일치할 때만 데이터를 복호할 수 있다.

PCR 값은 변경할 수 없다. 따라서 TPM 봉인을 사용해 특정 디바이스와 소프트웨어의 특정 설정에서만 데이터를 복호화하도록 만들 수 있다. 검증된 소프트웨어만 데이터를 복호화할 수 있기 때문에 디바이스에 침입한 해커가 비밀키를 빼가는 걸 막을 수 있다.

원격 무결성 검증

비밀키를 특정 디바이스에서만 복호할 수 있도록 제한하고, 이를 통해 다른 민감한 데이터를 보호하는 많은 방법을 알아봤다. 하지만 안타깝게도 복호된 비밀키가 TPM 밖에 있다면 유출의 가능성은 부인할 수 없다. 우리가 지금까지 배운 내용은 비밀키를 복호화하기 위해 어떻게 TPM을 설득할 수 있는지에 대한 것이다. 현재 소프트웨어 설정이 검증된 상태라는 것을 TPM에게 증명하고 비밀키를 복호하도록 요청하면, TPM은 복호화된 키를 디바이스의 메모리에 복사한다.

다행히 TPM은 이 키의 유효성을 증명할 수 있는 방법도 제공한다. EK^Endorsement Key라 부르는 또다른 공개키/비밀키 조합이 등장한다. TPM마다 각기 유일한 EK가 존재한다. EK의 비밀키는 TPM 밖을 벗어나지 않기 때문에 운영체제 역시 비밀키에 접근할 수는 없다.

원격 무결성 검증은 TPM이 생성하는 코트^{quote}라는 값에 기반해 이뤄진다. TPM이 생성한 코트는 원격의 디바이스에 전송된다. 코트에는 현재 PCR 값들이 들어가고, 이를 EK로 사인한다. 그러면, 코트를 수신한 상대방 디바이스는 코트를 생성한 디바이스의 ID를 검증할 수 있다. 모든 TPM이 고유의 EK를 가지기 때문에 가능한 일이다. 또한 코트를 사용해 소프트웨어의 무결성도 검증할 수 있다. PCR 값은 바꿀 수 없기 때문에 가능한 일이다. 코트를 원격의 디바이스에 보내는 방법은 8장에서 살펴본다.

 TPM의 단점

이런 의문을 가지는 독자가 있을 수도 있겠다. TPM을 사용해 디바이스의 ID를 인증할 수 있다면, X.509는 왜 필요하지?

현재 TPM을 사용하는 절차는 번거롭고 성능이 좋지 못하다. X.509 인증서의 ID를 검증하는데 TPM을 사용할 수는 있지만, 비밀키 사용에 있어서는 제한적이다. 예를 들어, 원격 무결성 검증에 사용한 키로는 같은 TPM 안에서만 데이터를 서명할 수 있다. 치명적인 단점으로 TLS 프로토콜 같은 곳에는 사용할 수 없다.

TPM의 무결성 인증 프로토콜에 유연성을 더하기 위한 노력이 있었다. IETF의 draft-latze-tls-tpm-extns-02 초안이 그 예인데, 여기서는 TPM을 통한 디바이스 인증 기능을 TLS에 추가하기위해 TLS 확장 기능을 제안했다. 하지만 이 책을 집필하는 시점을 기준으로 아직 널리 사용되는 기술은 아직 없다.

원격 무결성 검증을 위한 오픈소스 프로그램들도 있다. IKE 데몬 중 하나인 strongSwan이 대표적인 소프트웨어다. TPM을 사용해 IPsec 연결을 인증하는 것부터 PCR 데이터를 이용해 원격 디바이스의 ID와 소프트웨어 상태를 검증하는 것까지, TPM 사용에 있어서 발전을 가져온 소프트웨어다.

TPM과 디바이스 인증

제로 트러스트 네트워크에서 TPM을 사용해 강력한 디바이스 인증 메커니즘을 구현할 수 있다는 것을 배웠다. 디바이스의 ID와 소프트웨어의 ID를 검증할 때 TPM이 매우 중요한 역할을 한다. 하지만 몇 가지 단점이 있다.

데이터 센터에서 다루는 워크로드는 다양하고 독립돼 있는 경우가 많다. 가상 머신을 사용한 워크로드도 있고 컨테이너를 사용한 워크로드도 있는데, 이 모두에서 디바이스 인증 기능을 사용하려면 TPM 가상화가 필요하다. vTPM이나 Xen과 같은 TPM 가상화 기술이 없는 것은 아니지만, 여기서 말하는 신뢰라는 것은 반드시 하드웨어 TPM에 바탕을 둬야 한다. 그런데, 라이브 마이그레이션을 지원하는 TPM을 디자인한다는 것은 여전히 어려운 문제다.

TPM의 강력한 기능과 유용성에도 불구하고 아직 TPM을 탑재하지 않은 디바이스도 많다. 제로 트러스트 네트워크에서 TPM을 사용하면 디바이스 인증에서 큰 효과를 거둘 수 있지만, TPM을 탑재한 디바이스만 고집하는 것은 피해야 할 것이다. TPM을 채택하는 것만이 능사는 아니다. 제로 트러스트 네트워크를 구현하는 데 다른 방법을 사용해도 괜찮다.

기존 디바이스를 위한 TPM 대체재

제로 트러스트 네트워크에서 (TPM이 없는) 기존 디바이스를 지원하는 방법 중에는 인증 프록시를 사용하는 방법이 가장 많이 쓰인다. 인증 프록시가 제로 트러스트 네트워크의 경계선 역할을 한다. 즉, 기존 디바이스와 제로 트러스트 네트워크 사이에 위치한 인증 프록시가 연결을 중계한다.

인증 프록시와 기존 디바이스 간에 보안 정책을 적용하는 것도 가능하다. 하지만 인증 프록시 밖은 경계 모델을 채택한 네트워크이기 때문에 기존 문제점이 존재하므로 안전한 방법은 아니다. 따라서 기존 디바이스를 제로 트러스트 네트워크에 연결해야 할 때는 제로 트러스트의 경계선을 최대한 기존 디바이스에 가깝게 설정하도록 네트워크를 디자인해야 한다.

이 책을 집필하는 시점을 기준으로 인증 프록시를 사용하는 방법이 가장 좋은 방법으로 알려져 있다. 하지만 특별한 하드웨어가 들어설 자리가 아예 없는 것은 아니다. TPM 칩을 탑재한 별도의 디바이스를 기존 디바이스의 이더넷 포트에 직접 연결해 제로 트러스트 네트워크와 기존 디바이스를 연결할 수 있다. 장치 목록에 이 특수 디바이스와 기존 디바이스를 함께 기록하면 기존 디바이스를 제로 트러스트 네트워크에서 사용할 수 있다.

이 특수 디바이스는 다른 시스템에서도 효과적으로 사용할 수 있다. SCADA나 HVAC 시스템이 대표적인 예다. 하지만 이 디바이스는 상용화 단계까지 아직 발전하지 못했으며 아직은 실험실에서 사용하는 수준이다.

디바이스 목록 관리

디바이스 ID 인증과 무결성 검증이 제로 트러스트 네트워크의 보안에 큰 부분을 차지하는 것은 사실이다. 하지만 한 디바이스가 조직에 속한 디바이스라는 것을 확인하는 절차는 제로 트러스트 네트워크의 첫 관문에 불과하다. 보안 정책을 만들고 이를 바탕으로 접근 허가에 대한 결정을 하려면 아직 더 많은 정보가 필요하다.

디바이스의 목록을 관리한다는 것은 어떤 디바이스가 조직에 속해 있는지 정리하고 이 디바이스들의 속성을 정리하는 것을 뜻한다. 정보를 관리하는 것은 서버 디바이스와 클라이언트 디바이스 모두에게 중요한 일이다. 때에 따라서는 디바이스를 하나의 물리적 디바이스 보다는 네트워크 주체로 생각하는 것이 도움이 되기도 한다. 종국에는 물리적인 디바이스지만, 네트워크 관점에서 보면 논리적인 네트워크 주체로 볼 수도 있기 때문이다.

예를 들어, 가상 머신이나 컨테이너를 "디바이스"로 생각하는 것도 필요에 따라서는 가능한 일이다. 실제 서버가 가지는 속성을 가상 머신이나 컨테이너도 똑같이 가지고 있기 때문이다. 한 디바이스에 있는 모든 가상 머신에서 발생한 트래픽에 동일한 보안 정책을 적용한다는 것은 기존의 경계 모델을 채택한 네트워크로 회귀하는 것과 다를 바 없다. 따라서 제로 트러스트 네트워크에서는 각 워크로드에 맞는 보안 정책을 적용한다. 이 경우, 새롭게 생성되고 사라지는 가상 머신과 컨테이너 환경을 반영할 수 있도록 디바이스 (또는 워크로드) 목록 데이터베이스를 빠르게 바꿀 수 있도록 설계해야 한다. 따라서 디바이스 목록 관리 시스템과 워크로드 스케줄러가 분리된 상태라 하더라도 이 둘은 항상 밀접하게 움직일 수 있어야 한다. 그림 5-3에서 보는 바와 같이 이 책에서는 스케줄러 시스템과 디바이스 목록 관리 시스템을 특별히 분리하지 않는다.

하나 이상의 디바이스 목록 관리 시스템이 존재하는 경우도 많다. 예를 들어, 많은 회사가 자산 관리 소프트웨어와 형상 관리 소프트웨어를 사용한다. 이 소프트웨어 모두 목록 관리 시스템으로 간주할 수 있다. 디바이스와 관련된 유용한 정보가 들어있기 때문이다. 다른 방식으로 수집된 다른 종류의 데이터가 저장돼 있을 뿐이다.

 형상 관리와 디바이스 목록 데이터베이스

셰프(Chef)나 퍼핏(Puppet) 같은 형상 관리 시스템은 노드에 대한 데이터를 데이터베이스에 기록할 수 있다. 이름, IP 주소, 서버 종류 등이 형상 관리 데이터베이스에 저장된다. 아직 디바이스 목록 데이터베이스가 없다면, 이를 활용하는 것도 좋은 방법이다.

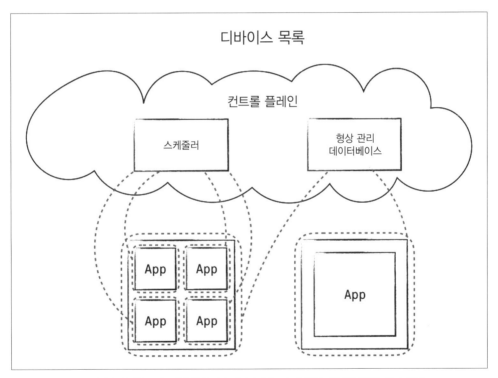

그림 5-3 컨트롤 플레인에 위치한 스케줄러와 형상 관리 데이터베이스가 디바이스 목록의 역할을 할 수 있다.

트래픽의 예상 가능성

제로 트러스트 네트워크의 강력한 파워 중 하나는 무슨 일이 발생할 지 예상 가능하다는 점이다. 네트워크에서는 기본적으로 모든 접근을 금하고, 오직 예상된 접근 허가 요청만 승인한다.

디바이스 목록 데이터베이스가 이 부분에서 중요한 역할을 담당한다. 이 데이터베이스를 기반으로 어떤 네트워크 접근 요청이 있을 것인지 미리 예상할 수 있다. 발생 가능한 방대한 시나리오를 사전에 생성하는 것이다. 어떤 사용자나 애플리케이션이 어떤 디바이스를 사용할 것인지, 어느 곳에서 디바이스가 동작할 것인지, 어떤 운영체제를 사용하는 디바이스인지 등의 정보를 미리 생성한다.

이 정보를 데이터 센터에서 매우 유용하게 사용할 수 있다. 예를 들어, 새로운 서버를 추가할 때 이 서버에 어떤 IP 주소를 할당하고 어떤 목적으로 이 서버를 사용할 지 미리 예상할 수 있을 것이다. 이 정보를 이용해 네트워크 ACL[1], 디바이스 기반 방화벽, 필요한 IP 주소만 허용하기 등의 조치를 취할 수 있다. 이런 방식으로 모든 트래픽을 기본적으로 차단하고, 사전에 예상한 트래픽만 선별적으로 허용하는 것이다. 이 예상의 정도가 상세할수록 보안의 수준은 높아진다.

일반 고객에게 서비스를 제공하는 시스템의 경우에는 이 방법을 적용하기 힘들다. 일반 고객이 네트워크에 접근하는 방법은 매번 다르고 언제 무엇을 할지 예상하기가 매우 힘들기 때문이다. 데이터 센터에 위치한 서버는 잘 정의된 서비스 또는 디바이스와 상대적으로 오래 지속되는 연결을 하는 경우가 많다. 하지만 일반 고객은 다양한 서비스에 짧지만 많은 연결을 하는 경향이 있고, 이들이 언제 얼마나 자주 그리고 어떤 패턴으로 연결을 시도할 지는 예상하기 어렵다.

고객에 서비스를 제공하는 시스템이 가진 어려움을 해소하기 위해서는 약간 다른 접근 방식이 필요하다. 모든 접근을 허용하는 대신 mTLS를 사용하는 간단한 방법도 있다. 클라이언트가 통신을 시작할 때 디바이스 인증서를 제공하게 만드는 것이다. 디바이스 목록 데이터베이스에서 해당 인증서를 갖는 디바이스를 찾고, 이 정보를 바탕으로 이 디

---

1   Access Control List: 접근 제어 리스트 – 옮긴이

바이스의 연결 요청을 허가할 것인지 결정한다. 이미 많은 시스템에서 mTLS를 지원하고 있고, 클라이언트에 특별한 소프트웨어를 설치할 필요가 없다는 장점이 있다. 사용성이나 접근성을 크게 저해하지 않으면서도 보안을 강화할 수 있는 방법이다.

하지만 서비스가 완전히 노출된다는 치명적인 단점이 있다. 클라이언트의 인증서를 검사하는 방법이 이 위험을 어느정도 상쇄할 수는 있다. 하지만 하트블리드^{Heartbleed}와 같은 취약점을 이미 경험했다. 즉, TLS 서버가 가진 모든 취약점에 서버를 노출시킬 수 있다는 문제는 여전히 존재한다. 디바이스의 인증을 시작하려면 TCP를 이용해 먼저 무언가를 주고받아야 하기 때문에, 해커가 네트워크의 자원을 발견할 수 있다는 문제도 존재한다.

그렇다면, 어떻게 신뢰하는 클라이언트하고만 통신을 시작할 수 있을까? 결국, 어느 정도의 통신은 신뢰하지 않은 상태에서 진행해야 한다. 인증 전에 할 수 있는 일은 없을까?

시큐어 인트로덕션

새로운 디바이스가 보낸 첫 패킷은 의심의 눈초리로 지켜봐야 한다. 결국 누군가는 이 패킷을 처리해야 하는데, 만약 강력한 인증 메커니즘을 적용하지 않는다면 위험할 수 있기 때문이다. 따라서 새로운 디바이스의 패킷을 처리하는 시스템은 새로운 디바이스의 첫 패킷을 인증하고 처리할 수 있는 메커니즘을 갖추고 있어야 한다.

이 과정을 **시큐어 인트로덕션**이라고 부른다. 새로운 네트워크 주체를 기존 네트워크에 연결하고 이를 인증하는 과정이다. 구현 방법은 여러가지가 있다. 관리자가 TOTP코드를 인증서 주입 시스템에 전송해 인증서 요청을 허가하는 절차도 시큐어 인트로덕션의 일종이다.

시큐어 인트로덕션을 구현하는 최선의 방법 역시 트래픽을 예상하는 방법이라고 저자들은 생각한다. 실전에서는 시큐어 인트로덕션에 신뢰하는 제 3의 시스템이 반드시 등장한다. 이미 네트워크에 연결된 시스템이다. 새로운 시스템을 네트워크에 연결하는 일을 이 시스템이 담당한다. 이 시스템이 새로운 디바이스의 스펙을 확인하고, 새로운 디바이스가 수행할 트래픽 시나리오를 설정한다.

클라이언트 시스템의 시큐어 인트로덕션

일반 고객의 서비스를 담당하는 시스템을 시큐어 인트로덕션하는 과정은 쉽지 않다. 일반 클라이언트가 언제 어디서 어떤 행동을 할 것인지 예측하기 힘들기 때문이다. 클라이언트에 서비스를 제공하는 시스템을 인터넷에 노출시키는 것이 너무 위험하다고 판단되는 경우에는 복잡한 과정을 거쳐야 할 수도 있다. 현재 많이 사용하는 방법에는 사전 인증이라 부르는 특수한 시그널을 사용하는 방법이 있다. 이 시그널은 클라이언트가 실제 행동을 취하기 전 클라이언트의 의도를 상대 시스템에 알리는 기능을 한다. 8장에서 사전 승인에 대해 더 이야기하기로 한다.

시큐어 인트로덕션 시스템의 조건

일회성

네트워크 연결에 사용한 크리덴셜^{credential}과 권한은 한 번만 사용할 수 있도록 제한해야 한다. 공격자가 같은 키를 이용해 네트워크를 공격하는 것을 막기 위함이다.

짧은 수명

네트워크 연결에 사용된 크리덴셜과 권한은 비교적 짧은 시간이 지나면 무효로 만들어야 한다. 유효하지만 사용하지 않은 키를 축적해 공격에 사용하는 것을 막기 위함이다.

제 3의 시스템

제 3의 시스템을 활용해 새로운 디바이스를 네트워크에 연결하는 과정을 수행하면 시큐어 인트로덕션을 수행하는 시스템의 권한을 제한할 수 있다는 장점이 있다.

위 조건이 너무 엄격한 것은 아닌가하는 생각이 들 수도 있겠지만, 비교적 간단한 방법으로 이 조건을 충족할 수 있다. 셰프^{Chef}가 새로운 디바이스를 네트워크에 연결하는 과정이 대표적인 예다. 처음에는 셰프도 하나의 비밀번호("인증서"라고 이해해도 무방하다)만 사용했다. 이 비밀번호를 가지고 있는 디바이스는 네트워크에 연결할 수 있었다. 따라서 네트워크에 새로운 디바이스를 연결하는 과정은 이 비밀번호를 타깃 디바이스에 복사하거나 이미지에 주입하는 걸 의미했다. 새로운 디바이스는 이 비밀번호를 사용해 네트워크에 연결하고 이를 삭제했다.

하지만 이 방법은 일회성과 짧은 수명의 조건을 충족하지 못한다. 이 비밀번호가 해커에게 노출된다면 트래픽을 조작해 해커의 디바이스로 흘러오게 만들 수도 있고, DoS 공격을 하는 것도 가능해진다.

셰프 최신 버전은 다른 방식을 취한다. 정적인 비밀번호를 사용하는 대신, 셰프 클라이언트 유틸리티인 "나이프"가 셰프 서버와 통신해 새로운 클라이언트에 주입할 인증서를 생성해 이를 클라이언트에 전달한다. 이 방법을 사용하면 새로운 클라이언트가 어떤 트래픽을 만들어낼 것인지 예상할 수 있다. 아직 짧은 수명 조건을 충족시키지는 못했지만 정적인 비밀번호를 사용하는 방법에 비해선 월등히 좋은 방법이다.

디바이스 신뢰 갱신

완벽한 보안은 존재할 수 없다는 점을 받아들여야 한다. 일단 이 점을 이해하면, 위험을 컨트롤 하는 단계로 넘어갈 수 있다. 한 디바이스를 오랫동안 사용하면, 이 디바이스가 적에게 공격당할 가능성도 높아지는 것이 당연하다. 디바이스의 연령이 보안에 있어서 중요한 시그널이 되는 이유다.

이 때문에, 갱신이 매우 중요한 절차로 부상한다. 앞서 키를 갱신하는 것이 왜 중요한지 길게 설명했다. 디바이스도 다를 바 없다. 물론 "갱신"이라는 말을 "디바이스"에 적용하면 의미하는 바가 약간은 달라질 수 있다. 인프라가 클라우드에 있는 상태라면, "디바이스"는 호스트 인스턴스다. 이 경우 "갱신"은 쉽다. 단순히 (형상 관리 시스템을 사용해) 인스턴스를 파괴하고 새로운 인스턴스를 생성하면 끝이다. 물리적인 하드웨어를 사용하고 있다면, 갱신이 조금 어려워질 수 있다.

디바이스에 이미지를 다시 설치하는 것도 논리적으로 디바이스를 갱신하는 좋은 방법이다. 이미지를 재설치 하는 것은 하위 계층까지 내려가는 작업이다. 소프트웨어를 처음부터 새로 설치하는 과정을 통해 현존하는 위험 대부분을 시스템에서 제거하는 효과를 얻을 수 있다. 1년간 동작한 시스템보다, 이미지를 새롭게 설치한 디바이스가 더 높은 신뢰를 받는 것은 당연하다. 이미지를 다시 설치한다고 해서 하드웨어 공격이나, 그림 5-4에서 볼 수 있는 더 하위 계층에서 수행하는 공격까지 방어할 수는 없다. 하지만 물리적인 디바이스 갱신이 어려운 상황에서는 합리적인 대체 방법이라 할 수 있다. 데이터 센터 보안과 서플라이 체인 보안으로 어느 정도 이 위험을 상쇄할 수 있다.

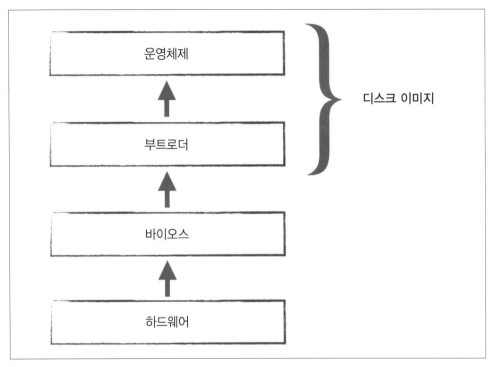

그림 5-4 대부분의 악성코드를 디스크 이미지를 재설치 함으로써 해결할 수 있다. 하지만 이 방법으로 모든 공격을 막을 수 있는 것은 아니다.

클라이언트 디바이스를 관리하는 문제로 넘어오면, 상황이 많이 달라진다. 클라이언트 디바이스에 이미지를 다시 설치하는 것은 사용자에게 굉장히 큰 불편을 끼치기 때문이다. 사용자는 자기 디바이스를 오랜 시간 커스터마이징 했을 것이고, 이를 효과적으로 보존하기란 쉽지 않다. 심지어 사용자가 새로운 디바이스에 오래된 이미지를 설치하는 경우까지 있다! 클라이언트 디바이스를 안전하게 보호하려는 사람들에게는 좋은 소식일 리가 없다.

이에 대한 대응책은 경우에 따라 크게 달라진다. 보안과 편의성에서 사이에서 타협해야 하는데, 경우에 따라서 이 타협점이 크게 달라질 수 있기 때문이다. 클라이언트 디바이스도 반드시 갱신해야 하고 자주 이미지를 새로 설치해야 한다는 데에는 모두 동의한다. 하지만 얼마나 자주 할 지는 조직 사정에 달렸다. 이 점은 반드시 기억하기 바란다. 디바이스 갱신이나 이미지를 새로 설치하는 주기가 길수록, 클라이언트에 서비스를 제공하는 시스템의 보안은 더욱 철저해야 한다.

디바이스 갱신 과정을 통해 얻을 수 있는 디바이스 보안의 효과는 상당한 수준이다. 이를 달성할 수 없다면, 오랫동안 동작한 디바이스의 신뢰를 갱신할 수 있는 다른 방법을 찾아야 한다. 크게 보면 두 가지 방법이 있다. 로컬 보안 성능 평가와 원격 보안 성능 평가이다.

로컬 보안 성능 평가

로컬 보안 성능 평가는 다시 두 종류로 나뉜다. 하드웨어를 사용한 방식과 소프트웨어를 사용한 방식이다. 하드웨어를 사용한 보안 성능 평가가 더 안전하고 믿을 만하지만 제한적으로 사용할 수밖에 없다. 반대로, 소프트웨어를 사용한 보안 성능 평가는 널 안전하고 신뢰도도 떨어지지만, 사용도에 있어서 무제한이라 할 수 있다.

하드웨어를 사용한 로컬 보안 성능 평가는 TPM을 사용해 구현할 수도 있다. TPM의 원격 무결성 검증 기능을 활용하는 것이다. 원격 무결성 검증은 머신에서 현재 동작하는 소프트웨어의 해시를 하드웨어를 사용해 서명해 제공하는 방식을 사용한다. 이렇게 서명한 데이터는 믿을 수 있으며, 여기에 포함된 해시를 다른 소프트웨어로 만들기란 매우 힘들다. 하지만 이 방법은 하위 계층에서 동작하는 소프트웨어에 대한 해시만 포함하는 경우가 대부분이다. 만약, 해커가 사용자 영역에서 동작하는 프로세스를 손에 넣었다면 TPM으로 이를 찾아내기는 쉽지 않기 때문에 이 방법의 사용은 제한적이다. 이 장의 앞부분 "원격 무결성 검증" 절에서 더 자세한 설명을 했다.

소프트웨어를 사용한 로컬 보안 성능 평가는 디바이스에 일종의 에이전트를 설치해야 한다. 이 에이전트로 디바이스의 상태와 보안 성능을 측정한다. 다양한 소프트웨어가 이 에이전트 역할을 할 수 있다. 조직에서 디바이스에 설치해 관리하는 안티바이러스 소프트웨어 클라이언트부터 보안 정책 적용 지점에 설치한 에이전트까지 다양한 방법으로 이를 구현할 수 있다. 에이전트가 생성한 보안 성능 평가를 어디까지 신뢰할 수 있을 지에 대해서는 논란의 여지가 있다. 하지만 이 방법의 신뢰도가 많이 떨어질 수 있다는 점은 쉽게 공감할 수 있을 것이다. 하드웨어를 사용한 방식이 보장하는 신뢰도를 소프트웨어를 사용한 로컬 보안 성능 평가가 달성하기는 힘들다. 해커가 충분한 권한 상승을 한 상태라면 쉽게 보안 성능 평가를 조작할 수 있기 때문이다.

원격 보안 성능 평가

원격 보안 성능 평가가 로컬 보안 성능 평가보다 더 뛰어나다고 생각하는 것이 일반적이다. 시스템의 권한을 분리한다는 간단한 이유 때문이다. 해커 손에 완전히 넘어간 디바이스에게 신뢰도 여부를 묻는다면, 당연히 조작된 정보를 사용해 공격당했다는 사실을 숨길 것이다. 그런데, 원격 보안 성능 평가에서는 이것이 불가능하다. 디바이스의 신뢰도를 전혀 다른 시스템에서 점검하기 때문이다.

지금까지의 원격 보안 성능 평가는 간단한 취약점 검사가 대부분이었다. 스캐닝 디바이스에서 해당 시스템을 주기적으로 검사하는 것이다. 해당 디바이스에 설치된 운영체제, 활성화된 서비스, 서비스 버전 등의 정보를 알 수 있다.

소프트웨어의 지문이라 할 수 있는 시그니처를 사용해 악성 코드나 소프트웨어의 취약점 등을 확인한 다음 그림 5-5와 같은 보고서를 만드는 것도 가능하다. 악성코드나 취약점이 있는 것으로 알려진 시그니처가 어떤 디바이스에서 발견된다면, 이 디바이스의 신뢰도에 영향을 미칠 것이다.

취약점 스캔 분야에는 다양한 오픈 소스 소프트웨어와 상업용 소프트웨어가 존재한다. OpenVAS, 네서스^{Nesus}, 메타스플로이트^{Metasploit} 등이 여기에 포함된다. 이 소프트웨어는 상당히 안정적인 성능을 보여주고 있으며, 많은 조직에서 사용하고 있다.

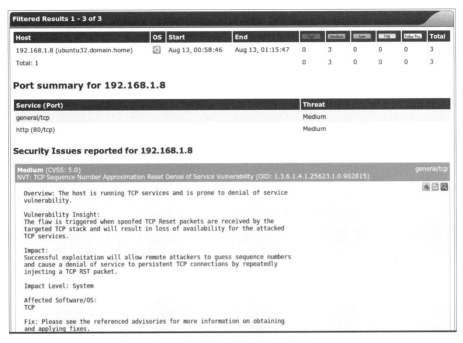

그림 5-5 타깃 머신이 "중간(Medium)" 등급의 취약성을 가지고 있다고 판단한 OpenVAS

하지만 취약점 스캔에는 로컬 보안 성능 평가와 같은 문제점이 존재한다. 디바이스가 스스로 행한 보안 성능 평가에 의존한다는 점이다. 누군가에게 은행을 털었냐고 말로 물어보는 것과 이들이 은행을 터는지 감시하는 것의 차이와 비슷하다. 자신이 은행을 털었다고 자백하는 은행강도도 있겠지만, 일반적인 은행강도라면 그렇게 말하지는 않을 것이다. 은행강도를 현장에서 잡는 것이 더 현명한 방법이다. 이 장의 "네트워크 통신 패턴"절에서 이 딜레마를 어떻게 다룰 수 있는지 알아보자.

소프트웨어 형상 관리

형상 관리는 소프트웨어의 변경 하나하나를 문서화하고 제어하는 과정을 말한다. 소프트웨어가 가져야할 설정은 보통 코드나 데이터로 만들어 버전 컨트롤 시스템으로 관리한다. 버전 컨트롤 시스템을 통해 누가 왜 설정을 변경했는지 확인하거나, 잘못될 설정을 되돌리기도 한다. 다양한 오픈소스 프로젝트와 상용 제품을 사용할 수 있다. 셰프^{Chef}, 퍼핏^{Puppet}, 앤서블^{Ansible}, CF엔진^{CFEngine} 등이 많이 사용된다.

데이터 센터와 클라이언트 관리 모두 형상 관리 소프트웨어를 유용하게 사용할 수 있다. 어느 정도 규모 이상이 되면 반드시 사용해야 하는 소프트웨어이기도 하다. 여러 측면에서 보안에 이로운 소프트웨어다. 취약점이 공개되면 빠르게 업그레이드를 진행할 수도 있고, 취약점이 있는 소프트웨어를 설치한 디바이스가 있는지도 빠르게 찾을 수 있다.

디바이스의 보안 성능을 점검하고 소프트웨어의 설정 변경을 관리하는 것 외에도, 동적으로 보안 정책을 정의하는 데 형상 관리를 사용할 수 있다. 네트워크의 한 노드가 전체 또는 일부 네트워크의 신뢰도를 점검할 수 있다면, 이 노드가 보안 정책을 정의하고 적용하는 데 도움이 되기 때문이다. 데이터 센터에만 제한적으로 적용할 수 있는 대목이다. 새로운 디바이스를 데이터 센터에 연결할 때 데이터 센터의 네트워크상태가 변경되기는 하지만 여전히 클라이언트 시스템에 비하면 훨씬 정적이고 예상이 가능한 곳이기 때문이다. 이 부분에 대해선 잠시 뒤 다시 언급하도록 한다.

형상 관리를 활용한 디바이스 목록

디바이스 목록 관리에 형상 관리 데이터베이스를 사용할 수 있다는 이야기를 앞서 몇 번 언급했다. 성숙한 디바이스 목록 관리 시스템을 갖추기 전 사용할 수 있는 좋은 방법이다. 인프라에서 동작하는 다양한 디바이스와 소프트웨어에 대한 상세 정보를 형상 관리 데이터베이스를 통해 관리할 수 있다.

형상 관리를 사용해 디바이스 목록을 구현하는 것은 "공짜"나 다름없다. 이미 존재하는 형상 관리 시스템의 데이터를 소비하기만 하면 되기 때문이다. 때문에, 이 편리한 방법을 활용해 디바이스 목록을 구현하는 경우가 많다.

하지만 잊으면 안 되는 사실이 있다. 형상 관리 시스템은 디바이스 목록 시스템이 아니다. 형상 관리 시스템은 자기의 고유 역할을 하기 위해 디자인됐다! 이 시스템을 디바이스 목록 시스템으로 전용하면 예외 상황이 발생할 수밖에 없으며, 이 예외 상황은 점점 늘어만 갈 것이다. 형상 관리 시스템을 디바이스 목록 구현에 사용하지 말라는 말이 아니다. 제로 트러스트 네트워크를 구현하기 위해서 기존 시스템을 가능한 많이 활용해

진입 장벽을 낮추는 일은 여전히 좋은 방법이다.

이 사실을 염두에 두고, 형상 관리 시스템 에이전트가 주는 방대한 데이터를 마음껏 사용하면 된다. 예를 들어 셰프를 사용한다면, 1,500개가 넘는 디바이스 속성을 활용해 디바이스의 신뢰도를 산출하고 보안 정책을 수립할 수 있다. 아래는 셰프 에이전트가 수집해 저장한 정보의 일부다.

```
languages:
  c:
    gcc:
      description:  gcc version 4.8.4 (Ubuntu 4.8.4-2ubuntu1~14.04)
      version:      4.8.4
  java:
    hotspot:
      build:  24.71-b01, mixed mode
      name:   Java HotSpot(TM) 64-Bit Server VM
    runtime:
      build:  1.7.0_71-b14
      name:   Java(TM) SE Runtime Environment
    version:  1.7.0_71
  perl:
... <생략> ...
dmi:
  bios:
    address:  0xE8000
    all_records:
      Address:                0xE8000
      BIOS Revision:          4.2
      ROM Size:               64 kB
      Release Date:           12/03/2014
      Runtime Size:           96 kB
      Vendor:                 Xen
      Version:                4.2.amazon
        application_identifier: BIOS Information
  chassis:
    all_records:
      Asset Tag:              Not Specified
      Boot-up State:          Safe
... <생략> ...
```

```
fqdn: foo.bar
hostname:          foo
idletime:          2 days 09 hours 48 minutes 37 seconds
idletime_seconds:  208117
init_package:      init
ipaddress:         192.168.1.1
kernel:
  machine: x86_64
  modules:
    ablk_helper:
      refcount: 6
      size:      13597
... <생략> ...
network:
  default_gateway:    192.168.1.254
  default_interface:  eth0
  interfaces:
    eth0:
    addresses:
      192.168.1.1:
        broadcast:  192.168.1.255
        family:     inet
        netmask:    255.255.255.0
        prefixlen:  24
        scope:      Global
    22:00:0A:1E:55:AD:
      family: lladdr
    arp:
      192.168.1.2:    fe:ff:ff:ff:ff:ff
      192.168.1.3:    fe:ff:ff:ff:ff:ff
      192.168.1.254:  fe:ff:ff:ff:ff:ff
    encapsulation: Ethernet
```

검색 가능한 디바이스 목록

형상 관리 에이전트가 수집한 데이터를 한 곳에 모아 저장하는 시스템도 있다. 데이터를 한 곳에 모으면 데이터를 검색하는 것이 가능하기 때문에 제로 트러스트 네트워크를 처음 시작할 때 활용도가 아주 높다. 예를 들어, 데이터 센터 A에 있는 모든 웹서버의 IP

주소를 검색해 호스트 기반 방화벽을 설치하는 것도 가능하다.

검색이 가능한 디바이스 목록이 있으면 네트워크 이벤트를 모니터 하거나 리포트를 생성하는 작업도 질을 높일 수 있다. 데이터 센터에만 한정된 장점이 아니다. 클라이언트 디바이스에서도 마찬가지다. 형상 관리 에이전트가 수집한 데이터를 검색할 수 있으면, 형상 관리 시스템을 사용해 취약점이 있는 소프트웨어를 업그레이드하도록 설정했을 때, 과연 취약점이 존재하는 소프트웨어를 디바이스에서 실제로 업그레이드했는지 확인하는 것도 가능하다.

디바이스 정보의 신뢰도

제로 트러스트 네트워크의 컨트롤 플레인에서 형상 관리 시스템을 사용할 때 반드시 기억해야 하는 점이 있다. 형상 관리 시스템에 수집된 정보의 대부분은 디바이스가 스스로 수집한 정보라는 점이다. 공격당한 디바이스에서 잘못된 정보를 보내올 수 있으므로, 이 점에 반드시 주의해야 한다. 제로 트러스트 네트워크를 디자인할 때, 이 점을 간과하면 제로 트러스트 네트워크 전체가 위험에 빠질 수도 있다.

새로운 디바이스의 신뢰도를 계산할 때를 떠올려보자. 이때 우리가 신뢰하는 시스템은 인증서 주입 시스템이다. 인간이 하든 자동화된 시스템이 하든 아래와 같은 정보가 사실인지 인증서 주입 시스템이 검증할 수 있을 것이다.

- 디바이스 종류

- 담당 기능

- IP 주소 (데이터 센터 시스템의 경우)

- 공개키

위 정보는 디바이스 인증이나 접근 허가 여부를 결정하는 데 중요한 역할을 한다. 때문에 위 정보는 매우 중요한 디바이스 속성이다. 예를 들어 해커가 디바이스의 담당 기능을 업데이트 할 수 있다면, 해당 디바이스가 인터넷 트래픽을 직접 받게 만드는 것도 가능할 것이다.

이 때문에 디바이스 속성을 변경할 수 있는 권한을 제한할 필요가 있다. 매우 중요한 문제다. 물론, 디바이스가 스스로 수집한 정보를 사용해 이 디바이스의 신뢰도를 결정할 수도 있다. 하지만 이 정보를 아무런 의심 없이 사실로 받아들여서는 안 된다. 디바이스가 스스로 수집한 정보는 어디까지나 힌트이지 진실로 생각해서는 안된다.

디바이스 데이터에 기반한 사용자 접근 허가

제로 트러스트 모델에서는 디바이스, 사용자, 애플리케이션 모두에 인증과 허가가 필요하다. 보통 사용자 인증 과정 전에 디바이스 인증을 선행한다. 따라서 디바이스 인증에서는 사용자 인증에 필요한 정보를 사용해서는 안 된다. 사용자 인증과 디바이스 인증을 반드시 구별해야 한다.

디바이스 인증이 이미 성공한 상태에서 사용자 인증을 진행한다. 따라서 이 단계에서 네트워크는 이미 디바이스 ID에 대한 정보를 가지고 있다. 디바이스 정보를 적극적으로 활용해 이전과는 다른 더 강력한 사용자 인증을 진행하는 것이 가능한 단계다.

과연 해당 사용자가 해당 디바이스를 사용해 네트워크에 접근하는 것이 예상된 시나리오인지 확인하는 것도 많이 사용하는 방법 중 하나다. 예를 들어, 엔지니어가 인사 팀의 모바일 디바이스를 사용해 시스템에 접근하는 것은 예상 밖의 일일 것이다. 인사 팀 직원이 자신의 크리덴셜을 사용해 인사 팀 자원에 접근하는 것은 허용해야 하겠지만, 다른 직무를 담당하는 사용자가 인사 팀 소유 디바이스에서 접근하는 것은 막아야 할 것이다.

사용자 인증 빈도를 고려하는 것도 좋은 방법이다. 어떤 사용자가 자신에게 부여된 디바이스들 중 하나를 1년 넘게 사용하지 않았다고 해보자. 그런데, 갑자기 이 디바이스에서 해당 사용자가 접속한다면? 분실된 디바이스는 아닌지 의심의 눈초리로 바라보게 될 것이다.

물론 이 접근 요청이 정당한 사용자에 의한 올바른 요청일 수도 있다. 이 경우 신뢰도 점수를 낮춰 뭔가 의심스러운 일이 벌어지고 있다는 것을 암시하는 것이 필요하다. 낮은 신뢰도 점수는 그에 맞는 대우를 받는다. 내부 위키에 접근하는 등의 작업은 할 수 있지만, 재무 시스템에 접근하려는 요청은 거부하는 식이다.

이렇게 신뢰도에 기반해 접근 요청의 허가 여부를 결정하는 전략은 제로 트러스트 네트워크 구조의 큰 장점 중 하나다. 디바이스 목록 관리 데이터베이스를 견고하게 만들어야 하는 중요한 이유이기도 하다. 디바이스 인증에 디바이스 목록 관리가 꼭 필요하지만 사용자 인증에 디바이스 정보를 사용함으로써 얻는 장점은 훨씬 더 크다.

신뢰 지표

이 절에서는 어떤 신뢰 지표를 사용해 디바이스의 신뢰도 점수를 계산하고, 보안 정책 정의에 사용할 수 있을 지 알아보자.

이미지 설치 시점

시간의 흐름에 따라 한 디바이스가 공격을 당할 확률은 급격히 증가한다. 오랫동안 운영한 디바이스가 가진 위험을 줄이는 것이 엔드포인트endpoint 보안이 추구하는 궁극적인 목표다. 하지만 이것 만으로 디바이스의 보안을 유지하기란 역부족이다.

디바이스에 이미지를 새로 설치하는 것은 하드 드라이브에 설치된 내용을 검증된 상태로 만드는 작업이다. 운영체제보다 낮은 계층에서 벌어지는 공격까지 방어할 수는 없겠지만, 이것만으로도 디바이스의 신뢰를 높이는 데 큰 도움이 된다. 이미지를 새로 설치한 직후의 디바이스는 비교적 높은 신뢰도를 유지한다. 오직 하드웨어 자체 또는 이미지를 설치하는 시스템만 이 절차에 관여하기 때문이다. 하지만 시간이 흐름에 따라 이 신뢰도는 점점 떨어진다. 디바이스가 노출되는 시간이 증가하기 때문이다.

네트워크 접근 히스토리

사용자 인증 패턴과 비슷하게 디바이스 인증 패턴 역시 중요하다. 디바이스가 지닌 위험을 파악하고 디바이스의 행동에 기반한 필터링을 하는 데 중요한 기준이 된다. 주기적으로 네트워크에 접속하는 디바이스와 아주 오랜만에 네트워크에 접속한 디바이스를 비교하면, 후자가 더 많은 의심을 받는다. 의심이라는 말이 지나친 말일 수도 있다. 하지만 평소와는 다른 패턴인 것만큼은 확실하다.

접근 요청이 어떤 자원에 대한 것인지 역시 고려 대상이다. 접근 요청과 네트워크 자원을 동시에 생각하는 것이다. 예를 들어, 일주일에 한 번씩 어떤 네트워크 자원에 접근을 요청하는 디바이스와 네트워크에 연결된 지 한 달이 지난 디바이스가 동일한 자원에 접속하는 것을 비교한다면, 후자가 더 의심스럽다. 특정 자원에 대해 최초의 접근 요청이 들어오는 경우, 이 요청을 좀 더 깐깐하게 살펴봐야 한다는 이야기다.

이와 마찬가지로 얼마나 자주 접근을 요청하는지, 그 빈도 역시 고려의 대상이 될 수 있다. 지난 달을 통틀어 104번만 접근을 요청한 디바이스에서 어제는 접근 요청을 100번 했다고 하자. 또 다른 디바이스는 지난 달 4번의 접근 요청을 했지만, 어제는 접근 요청을 하나도 하지 않았다고 하자. 이 경우 갑자기 접근 요청이 증가한 전자를 더 주의 깊게 살펴야 할 것이다.

위치

제로 트러스트 네트워크 모델에 있어서 무언가를 결정할 때 위치 정보는 보통 큰 영향을 미치지 않는다. 하지만 많은 경우에 있어서 좋은 지표가 될 수 있다.

갑자기 위치가 바뀌는 경우가 대표적이다. 이 장은 디바이스 인증에 관한 이야기를 하고 있으므로 디바이스 인증에 관해서 생각해보자. 디바이스가 어디서 접근 요청을 보낼 것인지에 대한 대략적인 기대치가 있을 것이다. 예를 들어, 몇 시간 전에 미국 오피스에서 네트워크에 접속한 디바이스가 갑자기 유럽에서 접근을 시도한다면 당연히 의심스러울 것이다.

제로 트러스트 네트워크와 위치 정보는 다소 잘 어울리지 않는다. 디바이스의 위치에 따라 네트워크 접근 여부를 결정하는 데 따른 문제점을 해결하고자 제로 트러스트 네트워크가 시작됐기 때문이다. 그런데, 위치 정보를 사용해 접근 여부를 결정하다니, 모순으로 보인다.

저자들도 위치 기반 데이터가 접근 요청 허가를 결정하는 데 있어 유용하게 사용될 수 있다는 점은 인정한다. 하지만 위치 정보가 접근 요청 허가를 결정하는 유일한 요소는 아니라는 것에 의견을 모은다. 디바이스 위치 정보의 패턴을 분석해 최종 결정에 반영할 수는 있겠지만, 이것이 유일한 요소가 돼서는 안 된다는 뜻이다. 예를 들어, 어떤 애플리케이션이 반드시 특정 빌딩에서만 사용돼야 한다는 보안 정책이 있다면 이는 제로 트러스트 모델을 전면으로 위반하는 정책이다.

네트워크 통신 패턴

네트워크에 연결된 디바이스의 통신 패턴을 분석하면 디바이스의 일반적인 통신 패턴을 파악할 수 있다. 이 일반적인 통신 패턴에서 벗어난 행동을 한다면, 이 디바이스에 대한 신뢰도에 영향을 미칠 것이다.

네트워크 장비에 흐르는 트래픽을 분석하면 침입자를 빠르게 감지할 수 있다. 이 기술을 활용해 접근 요청의 허가 여부를 결정하면 매우 강력한 보안을 유지할 수 있다. 예를 들어 어떤 웹서버가 전혀 다른 대륙에 위치한 디바이스에 연결하기 위해 DNS 요청을 보냈다고 하자. 예상 밖의 상황이 발생했으므로, 이 서버에게 허용했던 데이터베이스 접근 권한을 취소해야 한다.

네트워크 통신 패턴 분석을 클라이언트 디바이스에도 적용할 수 있다. 인터넷에 위치한 호스트에 한 번도 SSH 연결을 시도한 적이 없는 데스크탑이 갑자기 많은 SSH 접속을 시도한다고 가정하자. 이 경우, 이런 행동을 수상하게 여기고 디바이스의 신뢰도를 낮추는 것이 합리적이라 할 수 있다.

요약

이 장에서는 한 디바이스를 신뢰할 수 있는지를 다뤘다. 한 디바이스를 신뢰한다는 것은 예상 밖으로 매우 어려운 일이다. 따라서 많은 기술을 동원해 디바이스의 신뢰를 검증해야 한다.

인간 관리자로부터 한 디바이스로 신뢰를 주입하는 방법을 먼저 살펴봤다. 비교적 정적인 시스템에서는 인간이 이 작업에 관여하는 것이 가능하다. 하지만 동적인 인프라에서는 인간을 대신할 별도의 시스템이 필요하다. 디바이스 크리덴셜은 제로 트러스트 네트워크에 있어서 매우 중요한 요소이기 때문에, 어떻게 이를 안전하게 관리할 수 있는지 이야기했다.

언젠가는 디바이스를 네트워크에 연결해야 한다. 처음 연결을 시도하는 디바이스를 네트워크에서 인증하는 것은 매우 중요한 문제다. 네크워크상에서 디바이스를 인증하는 데 사용할 수 있는 X.509와 TPM와 같은 몇 가지 기술을 이 장에서 살펴봤다. 디바이스의 예상 가능한 시나리오를 담은 데이터베이스와 디바이스에서 보내오는 데이터를 교차 체크해 디바이스의 신뢰도를 계산할 수 있다는 것을 배웠다.

디바이스의 신뢰도는 시시각각 변하며, 시간이 지날수록 신뢰도는 점점 떨어진다. 따라서 이 장에서는 디바이스의 신뢰도를 갱신하는 메커니즘도 다뤘다. 추가적으로, 시간의 흐름에 따라 디바이스의 신뢰도를 측정하는 데 사용할 수 있는 여러 지표에 대해서도 알아봤다. 이미지를 새로 설치한 디바이스는 상당한 수준의 신뢰도를 부여받지만, 시간이 지남에 따라 신뢰도가 점점 떨어진다는 것이 핵심이다. 보안의 관점에서는 본다면 신뢰도가 하락하는 기울기를 완만하게 만드는 것이 관건이다.

6장에서는 시스템 사용자의 신뢰도에 대해 다룬다.

사용자에 대한 신뢰

사용자에 대한 신뢰를 디바이스에 대한 신뢰와 동일하게 생각하고 싶을 수도 있다. 보안이 잘 갖춰진 조직에서 X.509 인증서를 사용자의 디바이스에 설치했다면, 단순히 암호를 사용하는 것보다는 강력한 방식으로 사용자의 디바이스를 인증할 수 있을 것이다. 그렇다면 디바이스 인증서로 사용자까지 인증할 수 있지 않을까? 디바이스 사용자가 네트워크에서 예상한 사용자라는 것을 어떻게 알 수 있을까? 디바이스를 잠그지 않고 잠시 자리를 비운 경우라면 어쩌지?

사용자 ID를 디바이스 ID와 동일시하면 사용자가 여러 디바이스를 가지고 있는 경우에 문제가 된다. 한 사용자가 여러 디바이스를 사용하는 것은 지극히 일반적이다. 사용자의 ID를 여러 디바이스에 복사해야 한다. 당연히 노출될 가능성이 높아진다. 디바이스가 가진 역량에 따라 다른 인증서가 필요할 수도 있다. 누구나 사용할 수 있는 키오스크가 있는 네트워크에서 사용자 ID와 디바이스 ID를 동일시하면 문제는 더 복잡해진다.

제로 트러스트 네트워크는 디바이스와 사용자를 분리해 인증하고 신뢰한다. 디바이스 인증에 사용하는 동일한 기술을 사용자 인증에 사용하는 경우도 있다. 하지만 사용자 ID와 디바이스 ID는 다르다는 점을 분명히 하고 싶다.

6장에서는 사용자 인증의 의미와 사용자 ID 저장의 뜻을 알아보고, 언제 어떻게 사용자를 인증해야 하는지 배운다. 한 사용자를 신뢰할 때 여러 사람이 참여하면 더 강력한 인증을 수행할 수 있다. 따라서 이 장에서는 그룹 신뢰를 형성하고 어떻게 보안을 중시하는 문화를 만들 것인지에 대해서도 다룬다.

비공식 ID와 공식 ID

모든 사용자는 ID를 갖는다. 여기서 ID는 한 사용자를 대신하는 신분증의 역할을 한다. 네트워크에서는 시스템이 ID에 의존해 한 사용자를 인식하는데, 세상에는 많은 사람이 있기 때문에 사용자를 인식하는 것은 매우 어려운 문제다. 두 종류의 ID를 살펴보자.

- 비공식 ID

- 공식 ID

비공식 ID는 시스템 스스로 누군가를 인증하는 것을 말한다. 실제 생활을 예로 들어보자. 누군가를 만나서 이 사람의 외모와 행동에 기반해 ID를 만든다. 그리고 나중에 다시 이 사람을 만나면 외모와 행동을 보고 같은 사람으로 인식할 것이다. 직접 만나지 않고도 원격에서 인식할 수도 있다. 전화로 이 사람의 목소리를 듣고 말이다.

비공식 ID는 컴퓨터 시스템에서도 사용된다. 온라인 상에서 자신의 실제 이름과 전혀 관련이 없는 계정을 많은 사람이 사용한다. 이 사람의 실제 ID가 온라인상에서 필요 없다 하더라도, 반복해서 하는 행동을 통해 비공식 ID가 만들어진다.

작은 그룹에서는 비공식 ID가 제 역할을 할 수 있다. 개인간의 신뢰도가 높고 위험도가 비교적 낮기 때문이다. 하지만 그룹이 커지면 문제가 드러나기 시작한다.

- 누군가 허구의 ID를 만들어 낼 수 있다.

- 누군가 다른 사람의 ID를 흉내 낼 수 있다.

- 한 사람이 여러 ID를 만들 수 있다.

- 여러 사람이 하나의 ID를 공유할 수 있다.

보다 강력한 ID 시스템이 필요한 경우 관리 기관에서 개인의 **공식 ID**를 만든다. 실제 세계에서 이 기관은 보통 정부다. 정부가 ID(운전면허증, 여권 등)를 발급해 개인에게 배포하면 개인은 이를 다른 사람에게 보여줌으로써 자신의 ID를 증명한다. 위험도가 낮은 상태에서는 정부가 발급한 ID를 제시하는 것만으로 한 사람의 신원을 증명하는 것이 가능하다. 하지만 위험도가 높은 상태에서는 정부 데이터베이스에 들어가 제시한 ID가 진짜인지 검사하기도 한다.

컴퓨터 시스템에도 중앙집중식 ID 관리 기관이 필요할 때가 있다. 실제 세계처럼 사용자에게 시스템에서 사용할 ID를 발급한다. 그리고 위험도에 따라 중앙집중식 데이터베이스에 접속해 ID의 진위 여부를 따질 것인지를 결정한다. 이게 어떻게 가능한지는 나중에 설명할 것이다.

ID 관리 기관이 발급한 ID는 분실되거나 도난당할 수 있다. 따라서 사용자가 다시 ID를 회복할 수 있는 절차를 ID 발급 기관에서 제공해야 한다. 정부가 발급한 ID의 경우 출생증명서나 지문 같은 다른 종류의 ID를 정부 기관에 제시해 ID를 재발급 받는다. 컴퓨터 시스템에서도 이와 비슷하게 사용자가 자신의 ID를 잃어버리거나 도난당했을 때 이를 회복할 수 있어야 한다. 컴퓨터 시스템의 경우에도 복구 코드나 다른 인증용 ID와 같이 다른 형태의 인증 방법을 요구한다. 어떤 방법을 사용해 사용자의 신원을 재확인할 것인지가 보안에 미치는 영향은 매우 큰데 이 주제는 이후에 다룰 것이다.

최초 ID 발급

사용자 ID를 저장하고 사용자를 인증하는 것은 중요한 문제다. 하지만 더 근본적인 문제는 어떻게 ID를 생성할 것인가다. 컴퓨터 시스템을 사용하는 인간은 디지털 방식으로 ID를 시스템에 제시해야 한다. 그리고 이 디지털 ID를 가능한 한 실제 세계와 연결하려고 노력한다.

디지털 ID를 처음 생성해 인간과 연결하는 과정은 매우 민감한 작업이다. 공격자가 신입 사원으로 위장하는 것을 막으려면, 디지털 시스템 외부에서 인간을 인증하는 것부터 확실한 방법을 사용해야 한다. 사용자가 자신의 현재 ID를 제시할 수 없을 때 해당 사용자의 ID를 복구하는 절차 역시 민감한 절차이므로 신중히 이뤄져야 한다.

ID 복구 시스템에 대한 공격

암호를 잊거나 스마트 카드를 분실하는 사용자들이 발생한다. 암호를 초기화 하는 것과 같이 분실한 인증 요소를 회복하기 위해서는 사용자를 다른 방식으로 인증해야 한다. 경우에 따라서는 창의적인 방법이 요구되기도 한다. ID 복구 시스템에 대한 공격은 자주 있어왔고, 성공한 경우도 있다. 그 예로 2012년 한 유명 기자의 아마존 계정이 공격당했다. 이 기자가 가장 최근 사용한 신용카드의 끝 4자리 번호를 알아낸 해커가 애플에 전화해 이 번호로 자신을 "증명"한 사건이 있었다. "비밀" 정보를 사용해 사용자의 ID를 복구하도록 신중히 만들어져야 하는 시스템이 실제로는 비밀이 아닌 정보를 사용한 사건이다.

ID 발급과 발급한 ID를 사용자에 연결하는 작업은 신중히 설계하고, 강력한 보안 정책을 사용해 보호해야 한다. 사실상 처음으로 한 인간을 네트워크에 연결하는 과정이기 때문이다. 다행인 것은 이미 이 과정을 이미 잘 알고 있다는 점이다.

정부 발급 ID

인간을 인증하는 데 정부가 발급한 ID를 사용하라는 권고는 전혀 놀랍지 않다. 결국 인간의 ID를 처음 디자인한 곳이 정부이기 때문이다.

잠재적인 공격자에 대응하기 위해 여러 형태의 ID를 동시에 요구하는 시스템도 있을 수 있다. 인간의 ID를 인증하는 과정을 우회하는 경우가 발생하지 않도록 ID를 인증하는 직원을 철저히 교육해야 하는 것은 물론이다.

실세계 우선주의

완벽한 시스템을 만들기 위해 많은 노력을 했음에도 불구하고, 디지털로 인간을 인증하는 것보다는 인간이 인간을 통해 인증하는 것, 즉 직접 만나 한 사람의 디지털 ID를 발급하는 것이 보안에 있어서 좋은 방법이다. 이메일처럼 대면하지 않고 한 사람의 ID를 발급하는 것은 절대 해서는 안 되는 일이다. 예를 들어, 사용자가 처음 디바이스를 사용할 때 이 사용자를 신뢰하도록^{TOFU, Trust On First User} 디바이스를 설정해 디바이스를 사용자에게 보내는 방법을 흔히 사용한다. 하지만 디바이스가 중간에 도난당하거나 다른 곳으로 보내질 수 있다는 위험이 있어 이 방법은 물리적인 공격에 취약하다.

디지털 ID 발급을 긴 과정을 거쳐 하는 경우도 있다. 여러 인터뷰나 상업적 계약을 거쳐 ID를 발급하는 식이다. 이 경우, 다른 사람이 ID를 발급받는 사람의 신원을 인증할 수 있다. 그림 6-1에서 보는 것과 마찬가지로 새로운 사용자에 대한 정보를 다음 사람에게 전달해 다중 인증이 가능하다는 장점이 있다.

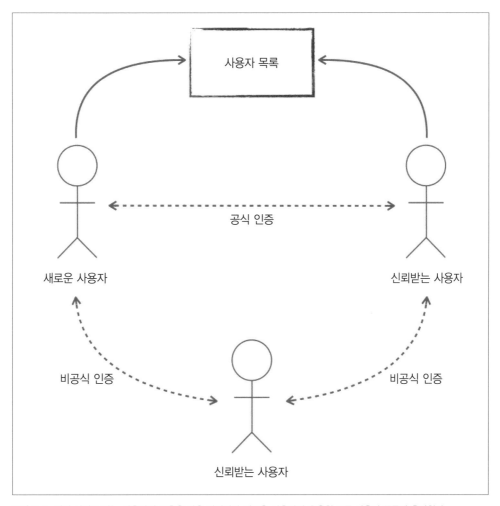

그림 6-1 이미 신뢰를 받는 사용자의 도움을 받은 관리자가 새로운 사용자의 유용한 ID를 사용자 목록에 추가한다.

예를 들어, 채용을 진행하는 관리자가 신입 직원의 인증을 위해 헬프 데스크에 데리고 가는 것을 상상해보자. 채용을 진행하는 관리자는 이 신입 직원에 대해 잘 알 것이고, 이 직원의 신원을 검증할 수 있을 것이다. 좋은 방법이기는 하지만 제로 트러스트 네트워크의 모든 부분이 그리하듯, 이 방법만이 사용자 인증에 있어 유일한 방법이 돼서는 안 된다.

사용자에 대한 예상

한 사람에게 디지털 ID를 최초로 발급하기 전에 이 사람의 신원을 점검할 수 있는 다양한 정보가 있다. 가능한 많은 정보를 활용해 이 사람의 신원을 확인하는 것이 바람직하다. 디바이스가 네트워크에 어떻게 접근할 것인지 예상 시나리오를 작성했었다. 사용자의 신원을 점검할 때도 마찬가지다. 이번엔 시스템이 아니라 사람이 인증을 대신한다는 차이만 있을 뿐이다.

사용자에 대한 예상은 다양한 형태가 될 수 있다. 사용자가 사용하는 언어에서부터 ID에 적힌 집 주소까지 다양한 창의적인 방법을 사용할 수 있다. 직원 채용시 수행한 백그라운드 체크의 정보를 활용해 이 사람의 인증 시나리오를 만드는 조직도 있을 것이다. 모든 사람은 공식적이든 비공식적이든 매일 서로를 인증한다. 그 결과 신뢰할 수 있는 방법이 다양하게 존재한다.

ID 저장

물리적인 세계와 가상 세계를 연결할 수 있는 ID가 필요하기 때문에 ID는 디지털로 표현할 수 있어야 한다. 이 디지털 ID는 매우 민감한 정보다. 경우에 따라서는 평생 보관해야 할 수도 있다. 따라서 안전하게 ID를 저장하는 방법에 대해 알아보자.

사용자 목록

시스템이 사용자를 인증하기 위해서는 사용자의 정보를 중앙집중식으로 관리하는 것이 일반적이다. 이 목록에 사용자가 있다는 것은 모든 사용자 인증이 이를 기반으로 진행된다는 뜻이다. 사용자 정보라는 매우 민감한 데이터가 한 곳에 몰려 있는 것은 좋지 않지만, 안타깝게도 이를 피할 수는 없다.

제로 트러스트 네트워크는 사용자 정보의 세세한 부분까지 사용해 사용자를 인증한다. 유저네임, 전화번호, 조직 내 역할과 같은 기존 네트워크에서 사용하는 정보가 사용자 목록에 들어간다. 뿐만 아니라 예상되는 사용자 위치나 네트워크에서 발급한 X.509 인증서의 공개키 같은 추가적인 정보도 여기에 들어간다.

사용자의 민감한 정보가 사용자 목록에 저장되기 때문에, 모든 정보를 하나의 데이터베이스에 저장하지 않는 것이 좋다. 사용자 정보는 보통 기밀로 분류되지 않는다. 하지만 접근 허가에 이 정보를 사용한다면 이야기가 달라진다. 예를 들어 모든 사용자의 마지막 접속 위치를 저장하는 시스템이 있다면 이 시스템은 사용자를 감시하는 데 사용될 수 있다. 사용자 정보를 악용해 다른 시스템을 공격할 수 있기 때문에, 사용자 데이터를 저장한다는 것 자체가 보안상 위험한 일이다. 사용자의 ID를 검증하기 위해 사용자에게 사용자 자신의 정보를 물어보는 시스템이 있다. 그런데 그 대답이 바로 다른 시스템에 저장돼 있다면, 그 시스템을 먼저 공격하면 필요한 정보를 얻을 수 있기 때문이다.

사용자의 모든 정보를 하나의 데이터베이스에 저장하는 대신 데이터를 여러 독립적인 데이터베이스에 저장하는 것도 좋은 방법이다. 각 데이터베이스는 제한된 API만 제공해야 한다. 혹시 발생할 수 있는 정보의 유출을 최소화해야 하기 때문이다. 가공하지 않은 데이터는 내보내지 않는 것이 가장 좋다. 예를 들어, 사용자의 마지막 접속 장소를 저장하고 있는 시스템이라면 다음과 같은 API로 가공하지 않은 데이터를 감출 수 있을 것이다.

- 해당 사용자가 현재 특정 위치에 있을 가능성이 있나?
- 얼마나 자주 해당 사용자가 위치를 바꾸나?

사용자 목록 관리

제로 트러스트 네트워크 보안에서 사용자 목록의 정확도를 유지하는 것은 매우 중요한 과제다. 시간의 흐름에 따라 새로운 사용자가 네트워크에 등장하고 기존 사용자는 네트워크에서 사라진다. 따라서 사용자를 네트워크에 연결하고 네트워크에서 제거하는 절차를 신중히 설계해 사용자 목록의 정확도를 높여야 한다.

기술적인 ID 시스템(LDAP이나 로컬 사용자 계정)을 가능한 많이 통합해야 한다. 예를 들어, 직원들의 입사와 퇴사를 추적하는 인사 시스템이 있을 것이다. 입사한 직원의 목록을 관리하는 시스템과 퇴사한 직원의 목록을 관리하는 시스템은 서로 일관된 데이터를 보여줘야 한다. 하지만 이 두 시스템을 통합하거나 내용을 교차해 검사하는 시스템이 없다면 이 두 시스템의 일관성은 쉽게 무너질 수 있다. 이 경우 이 두 시스템을 통합해 관리하는 별도의 시스템을 만들면 큰 효과를 볼 수 있다.

ID 시스템이 일관되지 못한 상황이라면 큰 문제가 발생한다. 어떤 시스템이 진실일까? 이 상황에서는 둘 중 한 시스템을 선택해야 한다. 하지만 이 선택에는 타당한 이유가 있어야 한다. 선택된 시스템이 어떤 시스템이든, 이 시스템이 가진 사용자 정보만이 공식적인 사용자 목록이다. 다른 ID 시스템은 이 시스템에서 데이터를 가져와 사용해야 한다.

데이터 저장의 최소화

ID 정보를 기록하는 시스템이 ID에 대한 모든 정보를 가지고 있을 필요는 없다. 앞서 설명한 대로 사용자 데이터를 목적에 맞게 분리해 저장하는 것이 도움이 될 때가 있다. ID 정보를 기록하는 시스템은 사용자를 인증하는 데 반드시 필요한 정보만 가지고 있으면 된다. 유저네임과 사용자 ID 회복에 필요한 정보처럼 간단한 정보만으로 이 조건을 충족시킬 수 있는 경우도 있다. 추가적인 사용자 정보는 이 시스템을 사용하는 하위 시스템에서 저장하면 된다.

ID 인증 시점

사용자 인증이 필수인 제로 트러스트 네트워크에서 사용자 인증은 효율적인 방법으로 이뤄져야 한다. 네트워크의 보안을 향상하는 동시에 사용자의 불편을 최소화하는 방향으로 말이다.

"보안을 위해서는 사용자의 편의를 희생해야 한다."라고 말하고 싶겠지만, 제로 트러스트 네트워크를 설계하는 데 있어서 사용자 편의성 또한 빠질 수 없는 요소다. 사용하기 어려운 보안 기술은 사용자가 꺼려할 것이고, 결국에는 시스템의 보안 향상에 도움이 되지 못한다. 사용이 어려우면 사용자들은 이를 대체할 안전하지 못한 방법을 찾게 된다.

인증으로 얻을 수 있는 신뢰도

사용자를 인증하는 행위는 사용자가 주장하는 신원의 유효성을 검증하는 행위다. 다음 절에서 다룰 내용이지만 인증 방법에 따라 다양한 보안 수준이 보장된다. 여러 방법을 병행해 강력한 인증을 만드는 것도 가능하지만 절대적인 인증 메커니즘은 없다. 따라서 인증의 결과를 얼마나 신뢰할지 결정해야 한다.

예를 들어 음악 서비스를 제공하는 시스템에는 암호만 입력해도 로그인할 수 있다. 하지만 금융 투자 계정에 로그인하려면 암호와 추가적인 코드도 입력해야 로그인을 허용하는 식이다. 투자가 민감한 행동이기 때문에 투자 시스템에서 사용자 인증에 신중을 기한다. 하지만 음악 시스템의 경우 그 정도까지 민감하지 않기 때문에 추가적인 코드를 요구하지는 않는다. 음악 시스템 로그인을 위해 추가적인 코드를 입력해야 한다면 사용자가 감수해야 할 불편함의 정도를 넘어서기 때문이다.

같은 맥락에서 사용자가 더 높은 신뢰도가 필요한 작업을 할 때는 추가적인 인증을 요구하기도 한다. 이런 추가적인 인증은 꼭 필요한 때만 하는 것이 일반적이다. 특정 요청을 하는데, 필요한 신뢰도가 많이 부족한 사용자의 경우 추가적인 ID 증명을 해야 하는 경우도 있다. 이 추가 ID 증명에 성공하면 사용자에게 부여된 신뢰도 역시 상승한다.

이는 흔히 볼 수 있는 상황이다. 민감한 작업을 수행하기 전 사용자에게 암호를 다시 입력하라고 요구하는 것이 대표적인 예다. 하지만 인증 절차를 통해 사용자가 얻을 수 있는 신뢰도에는 반드시 한계가 있어야 한다는 점을 명심해야 한다. 그렇지 않다면 디바이스 신뢰도와 같은 다른 지표를 인증 과정이 덮어쓸 수 있기 때문이다.

신뢰도를 활용한 인증

인증을 바탕으로 신뢰도를 체크할 수 있다고 해서 너무 자주 사용자에게 인증을 요구해서는 안 된다. 신뢰도 점수를 사용해 언제 추가 인증을 요구할 것인지 정해야 할 필요가 있다. 다시 말해 사용자의 신뢰도 점수가 이미 충분히 높은 상태라면, 추가적인 인증을 요구해서는 안 된다는 뜻이다. 반대로 신뢰도 점수가 낮다면 사용자에게 추가적인 인증을 요구해야 한다. 이렇게 이해해도 무방할 것이다. 행위를 기준으로 추가 인증을 요구할 것인지 정하는 것이 아니라, 신뢰도 점수를 기준으로 추가적인 인증을 요구하도록 시스템을 만들어야 한다. 이 방식을 사용하면 시스템이 어떤 방법으로 사용자의 신뢰도를 검증할 것인지 결정할 수 있다. 작업의 민감도와 어떤 인증 방법이 얼마의 신뢰도를 보장할 것인지 시스템이 이해한 상태라면 더 효과적일 것이다.

이는 기존 인증 시스템이 사용하는 방법과는 근본적으로 다른 방식이다. 기존 시스템은 가장 민감한 작업과 영역을 지정해 가장 강력한 인증 시스템을 도입하는 방식이다. 직전까지 사용자가 행했던 모든 인증을 무시하는 경우도 많았다. 이 점에서 보면 경계 모델을 채택한 네트워크에는 기존 방식이 잘 어울린다. 민감한 작업을 하기 전에는 반드시 특정 테스트를 통과해야 하고, 이를 통과한 후에는 별다른 보안 메커니즘이 존재하지 않기 때문이다. 반면 제로 트러스트 네트워크는 신뢰도 점수를 사용해 추가적인 인증을 요구할 것인지를 결정한다. 이를 통해 필요할 때만 추가적인 인증과 추가적인 접근 요청 허가를 요구하는 적응형 시스템이 됐다.

다양한 채널의 활용

인증과 허가에 있어 다양한 채널을 활용해 사용자에게 다가갈 수 있다면 매우 효과적이다. 이를 위해 일회용 코드를 사용할 수도 있다. 특히 일회용 코드를 생성하는 시스템이 다른 디바이스에 있는 경우라면 더 좋다. 모바일 디바이스를 통한 푸시 알림 역시 사용할 수 있다. 제2의 채널을 사용해 사용자를 인증하는 방법은 무궁무진하다.

상황에 따라 다양한 채널을 사용해 디지털 인증의 완성도를 높일 수 있다. 인증이 아닌 접근 요청 허가를 결정하는 데 이 채널을 사용할 수도 있다. 위험한 작업을 수행하기 전 사용자에게 다시 확인하는 것이다. 제2의 채널을 인증과 허가 모두에 요긴하게 사용할 수 있다. 하지만 너무 많이 사용하면 사용자의 편의를 저해할 수 있으므로 때와 장소를 가려야 한다.

채널 보안

각 통신 채널이 보장하는 보안 수준은 각기 다르다. 다양한 채널을 활용할 때는 각 채널을 얼마나 신뢰할 것인지 결정할 필요가 있다. 언제 어떤 채널을 사용할 것인지 결정하는 척도가 되기 때문이다. 예를 들어, 사용자가 별도의 일회용 코드 디바이스를 사용한다고 하자. 이 경우 일회용 코드를 사용하는 채널의 신뢰도는 이 디바이스를 배포하는 시스템을 능가하지 못한다. 만일 이 디바이스를 직접 누군가에게 가져왔다면 이 디바이스를 가져올 때 보여줬던 신분증의 신뢰도보다 이 디바이스의 신뢰도가 뛰어날 수는 없다. 마찬가지로 사내 채팅 시스템을 제2의 채널로 사용한다면 이 채널의 신뢰도는 사내 채팅 시스템 로그인에 필요한 ID의 신뢰도를 능가할 수 없다. 따라서 제2의 채널을 선택할 때에는 인증하려는 것이 무엇인지 먼저 생각해보고, 인증 대상과 관련이 없는 채널을 선택해야 의미가 있다.

여러 채널을 활용하는 것이 효과적인 이유는 여러 채널을 동시에 공격하는 것이 어렵기 때문이다. 이 내용은 다음 절에서 다룬다.

ID과 신뢰도 캐시

세션을 캐시cache하는 것은 비교적 성숙한 기술이다. 관련 문서도 많이 있기 때문에 여기에 지면을 많이 할애하지는 않겠지만, 제로 트러스트 네트워크 관점에서 중요한 부분을 몇 개만 강조하고자 한다.

클라이언트의 접근 허가는 주기적으로 상태를 점검해야 한다. 신뢰도 변화에 따라 컨트롤 플레인이 데이터 플레인의 설정을 변경하는 몇 안 되는 경우 중 하나다. 접근 허가에 대한 상태 점검은 자주 할수록 좋다. 접근 요청이 들어올 때마다 컨트롤 플레인과 협력해 허가 여부를 결정하는 것이 가장 이상적이지만 경우에 따라서는 여러가지 이유로 비현실적일 수도 있다.

많은 애플리케이션이 세션을 처음 시작할 때만 SSO 토큰을 검사하고, 그 후로는 애플리케이션 자체의 토큰을 사용한다. 컨트롤 플레인을 세션 컨트롤에서 제거하는 효과가 있으므로 바람직한 방법은 아니다. 컨트롤 플레인을 통해 접근 요청의 허가 여부를 확인하는 것은 나중에 사용자의 신뢰도가 떨어졌을 때 허가를 번복하기에도 용이하다.

사용자 ID 인증

인증이 필요한 시점에 대해 배웠으므로, 이제 인증 방법을 알아보자. 제로 트러스트 네트워크를 비롯한 모든 네트워크에 적용되는 사용자 인증 가이드라인에는 크게 3가지가 있다.

- 사용자가 아는 것: 사용자만 아는 지식 (예, 암호)

- 사용자가 소유한 것: 사용자가 제시할 수 있는 신분 (예, 유효 기간이 정해진 토큰)

- 사용자 자신: 사용자만의 특징 (예, 지문이나 망막)

여러 방법을 사용해 사용자를 인식하는 것도 가능하다. 어떤 방법을 사용할 것인지는 요구되는 신뢰도에 따라 달라진다. 위험도가 높은 작업의 경우 다요소 인증이 필요할 것이다. 다요소 인증시에는 위 세 가지 중 동일한 그룹에 들어가지 않는 요소를 선택해야 한다. 동일 그룹에 속하는 인증 요소는 비슷한 취약점을 갖기 때문이다. 예를 들어 물리적인 토큰을 사용한다고 하자. 물리적인 토큰을 도난당하면 아무나 이를 사용할 수 있다. 이 토큰을 사용할 때 다른 토큰으로 인증을 한다고 하면, 사용자가 이 두 토큰을 가까이 둘 확률이 높기 때문에 이 둘을 함께 도난당할 확률도 높다.

어떤 요소를 사용할 것인지는 사용자가 사용하는 디바이스에 따라 달라질 수 있다. 예를 들어, 데스크탑 사용자라면 암호(사용자가 아는 것)와 하드웨어 토큰(사용자가 소유한 것)을 사용하면 훌륭한 조합이 된다. 모바일 사용자라면, 지문(사용자 자신)과 암호(사용자가 아는 것)를 함께 사용하는 것이 좋다.

사용자 인증과 사용자의 안전

이 절은 사용자 ID 인증에 필요한 기술에 초점을 맞췄다. 하지만 사용하는 기술에 따라 사용자가 위험에 처할 수 있다는 점을 간과해서는 안 된다. 공격자가 물리적으로 사용자를 위협해 인증 요소를 강탈해 가거나, 다른 사람의 인증에 협조하라고 협박할 수도 있다. 사용자의 행동 분석 등을 통해 어느정도 이를 감지할 수는 있지만, 여전히 이런 위협은 도사리고 있다.

사용자가 아는 것: 암호

오늘날 컴퓨터 시스템에서 암호만큼 사용자 인증에 많이 사용되는 수단은 없다. 너무 쉬운 암호를 선택한 사용자들 때문에 자주 공격을 받기는 하지만 암호를 이용한 인증은 아주 큰 장점이 있다. 제대로만 사용한다면, 사용자를 인증하는 데 아주 효과적인 방법이라는 점이다.

좋은 암호에는 다음과 같은 특징이 있다.

길어야 한다.

최근 NIST 암호 표준에 따르면 8글자가 최소 길이다. 보안에 각별히 신경을 쓰는 사용자라면 20자 이상의 암호를 설정하는 경우도 많다. 긴 암호를 기억하기 위해 암호문을 사용하기도 한다.

추측하기 어려워야 한다.

많은 사용자가 자신이 선택한 암호를 추측하기란 어려울 것이라고 잘못 생각하는 경향이 있다. 암호 추측을 어렵게 하기 위해 난수 발생기를 사용해 암호를 생성하는 것도 좋은 방법이다. 다만, 기억하기 너무 어려우면 사용상의 문제가 발생할 수 있다.

재사용하지 말아야 한다.

사용자가 암호를 입력하면 시스템은 이 암호가 올바른 암호인지 검증하는데, 이때 어딘가에 저장된 데이터를 사용해야 한다. 이 의존성 때문에 암호를 저장한 곳의 취약점이 암호의 비밀성을 해칠 수 있다. 즉 암호를 재사용하면 암호의 비밀성이 시스템의 취약점에 의해 제한을 받는다는 한계가 발생한다.

사용자가 접근하는 모든 서비스와 애플리케이션에 길면서도 추측하기 어려운 암호를 사용한다는 것은 매우 힘든 일이다. 직접 암호를 선택하고 암기하는 대신, 암호를 저장해주는 암호 관리자를 사용하면 좋은 결과를 얻을 수 있다. 암호 관리자를 사용하면 추측하기 어려운 암호를 선택할 수 있고, 데이터 손실의 위험을 줄일 수 있다.

암호를 사용해 사용자를 인증하는 시스템을 만들 때는 현존하는 가이드라인을 모두 따라야 한다. 암호는 절대 그 상태로 저장하거나 로그에 남겨서는 안 되며 암호의 해시값을 저장해야 한다. 브루트 포스^{brute force} 암호 공격의 난이도(보통 시간과 메모리로 표현)는 해시 알고리듬의 수준에 달렸다. NIST에서 주기적으로 암호와 관련된 표준 문서를 공개한다. 컴퓨터의 연산 능력이 빠르게 증가함에 따라 암호와 관련된 가이드라인도 빠르게 변한다. 따라서 해시 알고리듬을 선택할 때에는 최신 산업 가이드라인을 따르는 것이 최선의 방법이다.

사용자가 소유한 것: TOTP

일회용 암호[TOTP]는 계속 변하는 암호에 대한 인증 표준이다. RFC 6238에서 정의하고 있는 이 표준은 하드웨어로 구현할 수도 있고 소프트웨어로 구현할 수도 있다. 사용자들이 항상 전화기를 근처에 두기 때문에 모바일 애플리케이션으로 일회용 암호를 생성하는 방법도 많이 사용한다.

애플리케이션을 사용하든 별도의 하드웨어를 사용하든, TOTP를 사용하려면 사용자와 서비스가 비밀번호를 공유해야 한다. 이 비밀번호와 현재 시각을 해시한 값을 짧은 코드로 만들고 이를 사용자가 입력한다. 사용자 디바이스의 시계와 서비스의 시계가 약간의 오차만 갖는다는 전제 하에, 서비스와 사용자가 동일한 비밀번호와 현재 시각을 사용해 짧은 코드를 만들고 이 둘을 비교해 사용자가 이 비밀번호를 알고 있다는 것을 증명하는 것이다.

사용자 디바이스와 인증 서버 모두가 이 비밀번호를 잘 관리해야 한다. 이 비밀번호가 유출되면 사용자 TOTP를 이용한 사용자 인증은 의미가 없다. 이 때문에 RFC 문서는 TPM과 같은 하드웨어를 사용해 비밀번호를 암호화하고, 암호화된 데이터에 대한 접근도 제한적으로 허용하라고 권장하고 있다.

모바일 디바이스에 비밀번호를 저장해야 하는 경우에는 더 큰 주의가 필요하다. 디바이스가 악성 서비스에 노출될 확률이 더 높고, 이 때문에 비밀번호가 해커의 손에 들어갈 확률도 높아지기 때문이다. 이런 상황에 대비하고자 TOTP를 사용하는 대신 암호화된 채널을 통해 사용자의 휴대폰에 임의의 코드를 보내는 방법도 있다. 이 코드를 사용자가 입력함으로써 사용자가 해당 휴대폰을 소유하고 있음을 인증하는 것이다.

SMS의 보안성

사용자에게 비밀 코드를 보내는 방법을 사용하려면 이 코드를 안전하게 사용자의 디바이스에 전달할 수 있어야 한다. 이 번호가 노출되면 안 된다. 비밀 코드를 SMS 메시지로 보내는 방식을 많이 사용해왔지만, SMS 시스템은 비밀 코드를 보내는 데 적합한 보안 통신 채널이 아니다. 따라서 SMS를 사용해 비밀 코드를 보내는 방법은 지양해야 한다.

사용자가 소유한 것: 인증서

사용자에게 X.509 인증서를 발급해 사용자를 인증하는 방법도 있다. 강력한 비밀키를 사용해 만든 인증서는 조직의 비밀키로 서명한다. 인증서를 조작하면 서명이 달라지므로 조직의 서명을 신뢰하는 서비스라면 이 인증서를 사용자의 ID로 인식할 수 있다.

X.509 인증서는 인간이 아니라 컴퓨터가 이해하도록 만든 인증서다. 따라서 인증을 위해 서비스에 인증서를 제시할 때 다양하고도 상세한 정보를 함께 제공할 수 있다. 예를 들어, 사용자에 대한 추가정보를 인증서에 포함시킬 수도 있다. 이 인증서에 포함된 내용은 조직의 비밀키로 서명하기 때문에 신뢰할 수 있다. 사용자 목록이 지닌 보안의 위험성을 어느 정도 보완할 수 있는 방법이다.

사용자 인식을 인증서로 한다는 말은 인증서에 대한 의존도가 높다는 뜻이다. 따라서 인증서와 관련된 비밀키를 생성하고 저장하는 시스템을 별도의 하드웨어에 구축해 비밀키의 도난을 막아야 한다. 이 부분은 다음 절에서 더 자세히 다룬다.

사용자가 소유한 것: 보안 토큰

보안 토큰은 사용자 인증을 위해 특별히 제작된 하드웨어로 다른 곳에도 사용할 수 있다. 이 디바이스는 ID를 저장하는 저장 장치가 아니다. 이 디바이스는 비밀키를 직접 생성하는 장치다. 생성된 비밀키는 보안 토큰 디바이스를 떠나지 않는다. 사용자 디바이스가 이 보안 토큰이 제공하는 API를 사용해 암호화 작업을 수행한다. 사용자가 이 보안 토큰을 가지고 있다는 것을 증명하는 것이다.

보안 산업의 발달 덕분에 많은 조직에서 사용자 인증을 위해 보안 토큰을 도입했다. 스마트 카드나 유비키 같은 디바이스는 특정 ID와 1:1 관계를 갖는다. ID와 하드웨어가 1:1로 연결되기 때문에 사용자 몰래 ID가 복제 또는 분실되는 위험을 상당히 줄일 수 있다. 사용자 ID를 훔치려면 디바이스도 함께 훔쳐야 하기 때문이다.

비밀키를 보안 토큰에 저장하는 방식은 현존하는 기술 중 가장 안전한 방법이다. 보안 토큰에 저장된 비밀키를 사용해 다른 인증 절차를 수행할 수도 있다. 기존에는 X.509와 함께 많이 사용됐지만, U2F^{Universal 2nd Factor}라는 새로 등장한 프로토콜의 사용도 점점 늘고 있다. U2F는 PKI를 대체할 기술로 떠오르고 있다. 웹 서비스에서 사용할 수 있도록 디자인된 인증 프로토콜이다. 어떤 인증 방식을 사용하든지 비대칭 암호를 사용한다면 보안 토큰을 사용하는 방법이 최선이다.

당연한 이야기이지만, 보안 토큰의 물리적인 도난까지 막을 수는 없다. 보안 토큰을 사용하는 것이 보안 시스템을 만드는 데 있어서 중요한 요소이기는 하지만 자신의 ID를 직접 증명하는 사용자보다 보안 토큰이 우선시 될 수는 없다. 만약 어떤 사용자가 해당 ID의 사용자인 것을 더 확실히 체크해야 하는 경우라면, 추가적인 인증 요소(암호나 생체 정보)와 함께 사용해야 한다.

사용자 자신: 생체 인식

사용자의 물리적인 특징을 인식해 ID를 검사하는 방식을 생체 인식이라 부른다. 생체 정보를 인식할 수 있는 센서가 발달하면서 생체 인식 역시 널리 사용되기 시작했다. 다음과 같은 생체 정보를 잘 사용할 수 있다면, 사용자 입장에서는 편리하고 시스템 입장에서는 더 안전한 사용자 인증을 진행할 수 있다.

- 지문
- 손바닥
- 망막 스캔
- 음성 분석
- 안면 인식

생체 인식을 가장 이상적인 인증 방식으로 여기는 사람도 있다. 결국 사용자 인증이란 그 사용자가 본인이 맞는지 검증하는 일이기 때문이다. 한 사람의 물리적인 특징을 체크하는 것보다 더 좋은 방법이 어디 있을까? 생체 인식이 시스템 보안에 있어서 큰 도움을 주기는 하지만 간과해서는 안 되는 단점도 있다.

생체 인식을 통해 인증을 수행하면 사용자의 물리적 특징을 체크하는 기술의 정확도에 의지해야 한다. 만약 공격자가 생체 정보 수집 센서를 속일 수 있다면, 인증도 가능하다.

가장 많이 사용되는 지문은 사용자가 손댄 모든 물체에 남아있다. 다음과 같은 공격을 시연한 경우도 있었다. 공격자가 사용자의 지문이 드러난 사진을 구한 다음 3D 프린터로 가짜 지문을 만들고, 지문 스캐너를 속였다.

생체 정보는 사용자의 물리적인 특징이기 때문에 이를 사용한 ID는 갱신할 수 없다는 문제도 있다. 접근성 문제도 존재할 수 있다. 만약 사용자가 무지문증이라는 질환을 가지고 태어나 지문이 없거나, 사고로 손가락을 잃었다면 이 사용자의 지문은 사용할 수 없다.

마지막으로, 생체 정보의 사용에 법률적 문제를 고려해야할 필요도 있다. 다른 인증 메커니즘에는 거의 발생하지 않는 문제다. 예를 들어, 미국에서는 법원이 개인에게 지문을 사용해 디바이스를 인증하라고 명령할 수 있다. 하지만 암호를 말하도록 강요하는 것은 자신을 유죄에 이르게 하는 행동에 반대할 권리를 해할 수 있으므로 수정 헌법 제5조에 따라 법원이 명령할 수 없다.

아웃오브밴드 채널을 사용한 인증

아웃오브밴드OOB 인증은 사용자 인증을 하던 채널이 아닌 다른 통신 채널을 이용해 인증을 진행하는 것을 말한다. 예를 들어, 웹사이트에 처음 로그인한 사용자를 인터넷이 아닌 전화를 통해 인증하는 방식 등이다. 아웃오브밴드 채널을 채택한 인증 시스템은 공격하기 매우 어렵다. 공격자가 아웃오브밴드 채널까지 함께 공격해야 하기 때문이다.

아웃오브밴드 채널에는 다양한 형태가 있을 수 있다. 상황에 따라 필요한 방법을 선택해야 할 것이다.

- 인증에 이메일을 직접적으로 사용하지 않고, 민감한 작업을 했을 때 이를 알리는 용도로만 사용할 수 있다.
- 사용자 인증 요청을 보내기 전에 아웃오브밴드 채널을 먼저 사용하는 것도 가능한 방법이다. 간단히는 사용자의 의도를 재확인하는 방법이 있고, 사용자에게 TOTP 코드를 입력하도록 만드는 방법도 있다.
- 제3자를 인증 과정에 불러들이는 것도 가능하다.

적재적소에 사용한다면 아웃오브밴드 인증은 시스템의 보안을 한층 업그레이드할 수 있는 메커니즘이다. 다른 모든 인증 메커니즘에서와 마찬가지로, 아웃오브인증 역시 인증 요청이 발생한 상황에 따라 어떤 구체적인 인증 방법을 얼마나 자주 사용할지 결정해야 한다.

통합 인증

서비스 사용자가 증가함에 따라, 서비스 밖에서 사용자 인증을 진행하는 추세다. 인증을 별도로 진행하면 서비스와 사용자 모두에게 다음과 같은 이익이 있다.

- 사용자는 오직 한 번만 인증을 거치면 된다.

- 인증이 성공했을 때 인증의 증거는 별도의 서비스에 저장된다. 따라서 이 서비스에 더 엄격한 보안을 적용하면 인증에 대한 보안이 강화된다.

- 더 적은 곳에 사용자 ID가 노출된다는 말은 위험이 줄어들고 갱신도 더 쉬워진다는 것을 의미한다.

통합 인증SSO, Single Sign-On은 상당히 성숙한 개념이다. SSO를 사용한 네트워크에서는 단 하나의 인증 기관이 인증을 진행한다. 인증에 성공하면 보안 토큰과 같은 증표를 발급받는다. 이렇게 발급된 토큰을 서비스와 통신하는 데 사용한다. 접근 요청을 받은 서비스는 보안 채널을 통해 토큰을 발급한 인증 기관에 사용자가 제시한 토큰의 유효성 검사를 의뢰한다.

분산 인증 시스템과는 대조적이다. 분산 인증 시스템을 채택한 제로 트러스트 네트워크는 사용자 크리덴셜과 접근 보안 정책을 컨트롤 플레인을 경유해 데이터 플레인에 전달한다. 분산 인증 시스템에서는 데이터 플레인이 스스로 인증을 진행한다. 여전히 컨트롤 플레인이 이 과정을 제어하지만 실제 인증은 데이터 플레인 곳곳에서 이뤄진다. 인증에 추가적인 서비스가 필요없기 때문에, SSO 기반 인증보다 이 방법을 선호하는 경우도 있다. 하지만 데이터 플레인과 컨트롤 플레인 모두가 불필요하게 복잡해질 수 있다는 단점이 있기 때문에 추천하는 방법은 아니다.

인증 기관을 통해 가능한 자주 SSO 토큰의 유효성을 체크해야 한다. 컨트롤 플레인을 통해 SSO의 유효성을 체크해 필요하다면 접근 허가를 번복하거나 신뢰도 수준을 조절해야 한다.

하지만 일단 SSO 토큰의 유효성을 한 번 검사한 이후에는 많은 서비스가 자체적인 인증만 수행한다. 컨트롤 플레인과 협력해 접근 요청 허가를 결정한 이후에는 애플리케이션이 자체적인 결정을 하는 것이다. 하지만 신뢰도 변화와 접근 허가 번복이 제로 트러스트 네트워크의 큰 장점이기 때문에, 이런 방법이 꼭 필요한지는 신중히 검토해야 할 것이다.

SSO 지원 방법

SSO 개념은 상당히 오래된 개념이므로 많은 프로토콜이나 기술이 이를 지원한다. 대표적으로는 다음의 프로토콜과 기술들이 있다.

- SAML
- 커버로스(Kerberos)
- CAS

제로 트러스트 네트워크에서의 인증은 가능한 컨트롤 플레인에서 진행해야 한다. 즉, 제로 트러스트 네트워크에서 인증 시스템을 디자인할 때는 컨트롤 플레인을 적극 활용하고, 컨트롤 플레인을 통해 인증의 유효성을 적절히 검사해야 한다.

로컬 인증

로컬에서 사용자를 인증하고 이를 원격의 서비스까지 연장하는 인증 메커니즘도 최근 각광받고 있다. 사용자가 자신의 존재를 신뢰하는 디바이스를 통해 인증하고, 디바이스가 사용자의 ID를 원격 서비스에 증명하는 방식이다. FIDO 얼라이언스의 UAF 표준과 같은 공개 표준에서는 비대칭 암호와 로컬 디바이스 인증 시스템을 사용해 암호나 생체 정보 등으로 사용자를 인증한다.

어떤 측면에서 보면 UAF는 암호 관리자와 비슷하다. 로컬 디바이스가 암호를 저장하는 대신에 비밀키를 저장한다는 차이가 있다. 인증 서비스는 공개키를 사용해 사용자가 비밀키를 소유하고 있는지를 인증한다.

인증을 로컬의 스마트 디바이스로 전이함에 따라 다음과 같은 장점이 생겼다.

- 챌린지-리스폰스challenge-and-response 시스템을 통해 리플레이 공격에 대응할 수 있다.

- 인증 정보가 사용자가 위치한 곳의 도메인 정보와 결합되기 때문에 인증 서비스는 이를 확인해 정보가 불일치하면 챌린지에 서명을 하지 않는다. 따라서 중간자man-in-the-middle 공격을 막을 수 있다.

- 서비스별 ID 생성이 간편해지기 때문에 ID를 재사용할 필요가 없다.

그룹 인증과 허가

모든 시스템에는 비슷한 작업이나 요청이 있고, 애플리케이션마다 감수할 수 있는 위험의 정도도 다르다.

한 명의 사용자를 얼만큼 신뢰할 수 있는지 역시 위험의 정도라 할 수 있다. 실세계를 돌아보자. 매우 민감한 작업을 해야 한다면, 많은 사람의 동의를 얻으려 노력할 것이다. 디지털 세계에서도 마찬가지다. 디지털 세계에는 몇 가지 방법이 있는데, 암호학적으로 증명된 방법이라는 큰 장점이 있다.

샤미르의 비밀 공유

샤미르의 비밀 공유 Shamir's Secret Sharing란 비밀을 한 그룹에서 공유하는 방법이다. 이 알고리듬에서는 원래의 비밀을 n개의 조각으로 나눈 후, 이를 그림 6-2처럼 배포한다. 비밀을 조각으로 나눌 때 사용한 변수에 따라, 원래 비밀을 복구하는 데 필요한 조각의 수가 결정된다.

샤미르의 비밀 공유를 사용해 큰 데이터를 보호할 때는 데이터를 직접 나누기보다 대칭키를 나눠 배포하는 방식을 주로 사용한다. 조각으로 나눌 비밀의 크기가 비밀 공유 알고리듬에서 사용하는 데이터보다 작아야 하기 때문이다.

```
~ $ echo 'this is a secret' | ssss-split -n 5 -t 2
Generating shares using a (2,5) scheme with dynamic security level.
Enter the secret, at most 128 ASCII characters: Using a 128 bit security level.
1-4054162f42f328c2ecbff990e9e1996f
2-93285deac4d6406cde841b05b350f61f
3-22039b5646ca98093092ba897ac02cb0
4-35d0ca61c89c9130baf3de2f06322866
5-84fb0cdd4a80495554e57fa3cfa2f2c9
~ $ ssss-combine -t 2
Enter 2 shares separated by newlines:
Share [1/2]: 5-84fb0cdd4a80495554e57fa3cfa2f2c9
Share [2/2]: 4-35d0ca61c89c9130baf3de2f06322866
Resulting secret: this is a secret
```

그림 6-2 ssss 세션 예제

유닉스나 리눅스에서는 이 알고리듬을 ssss라고 부른다. 물론 다른 운영체제에서도 다양한 언어로 구현된 애플리케이션이나 라이브러리가 있다.

붉은 10월

클라우드플레어Cloudflare의 붉은 10월 프로젝트 역시 그룹 인증을 통해 공유 데이터의 접근을 제어하는 것을 목표로 하는 웹서비스다. 이 웹서비스에서는 여러 층의 비대칭 암호기술을 사용해 일정 수 이상의 사용자가 모여야 데이터의 암호를 해제할 수 있다. 암호화된 데이터가 서버에 저장되는 것은 아니다. 대신, 사용자의 공개키와 비밀키가 사용자의 암호로 암호화돼 저장된다.

데이터를 암호화하기 위해 데이터를 서버에 보내면, 임의의 키를 생성해 데이터를 암호화한다. 사용자가 설정한 암호해제 조건에 따라 이 키는 다른 키로 다시 암호화된다. 제일 간단한 시나리오는 어떤 그룹의 2명만 있으면 암호를 해제하도록 설정한 경우다. 이 경우 데이터를 암호화한 키를 두 개의 사용자 키로 암호화한다.

사용자의 신고의식

디바이스와 마찬가지로 사용자들 역시 시스템 보안에 적극적으로 협조해야 한다. 시스템의 보안 전담 팀을 꾸리는 것은 전통적인 방법이다. 조직의 보안을 홀로 담당한다는 책임과 소명을 이 팀이 모두 떠맡았다. 하지만 더 이상 보안은 한 팀에서 전담할 일이 아니다. 변화가 필요한 시기다.

시스템의 보안을 함께 지켜야 한다는 의식을 함양하고 협력하는 조직 문화를 만들어야 한다. 실수를 했거나, 이상 상황 또는 위험한 상황을 목격했을 때 사용자 스스로 이를 알리도록 장려해야 한다. 사건이 크든 작든 상관없다. 사용자가 가진 정보나 지식을 공유하는 것이 보안 팀이 위험에 더 잘 대응하는 데 도움이 되기 때문이다. 사용자가 피싱 메일에 당하지 않았더라도, 피싱 메일을 받았다는 사실을 보안 팀에 알려야 한다. 누군가가 네트워크에 접근하려고 시도하고 있다는 위험을 보안 팀에서 인지할 수 있기 때문이다.

디바이스를 분실하거나 도난당했다면 즉시 이를 알려야 한다. 디바이스 분실을 신고할 수 있는 채널을 24시간 만드는 것도 좋은 방법이다.

사용자의 신고에 보안 팀이 대응할 때는 이 대응이 전조직에 끼칠 영향도 고려해야 한다. 어떤 사용자가 디바이스를 분실했다는 이유로 망신을 당한다면, 디바이스를 분실한 다른 사용자도 즉각적으로 신고하기 꺼려할 것이기 때문이다. 비슷한 이유로 한밤중에 들어온 오인 신고도 신고자를 무안하게 해서는 안 된다. 최대한 보안 사고 신고를 장려하는 방향으로 조직 문화를 이끌어야 한다.

신뢰 지표

사용자의 네트워크 활동 내역은 사용자의 현재 네트워크 활동의 신뢰도를 산출하는 데 좋은 지표가 된다. 사용자 활동 내역을 분석해 사용자가 행할 것으로 기대되는 행동을 미리 계산한다. 그리고, 실제 사용자의 행위와 이 계산된 행동을 비교해 사용자의 신뢰도 점수를 산출한다.

인간은 예상 가능한 행동 패턴을 가지고 있다. 1초에 인증을 여러 번 하는 사람은 거의 없다. 수백 번 연달아 인증하는 사람도 없다. 만일 이런 행동을 하는 사용자가 있다면, 매우 의심스러운 사용자다. 이 경우 CAPTCHA(인간만 정답을 고를 수 있도록 만들어진 질문)를 이용해 위험에 대응하기도 한다. 아니면 사용자 계정을 잠그는 방법도 있다. 분석 오류를 줄여야 효과적으로 위협을 감지할 수 있는데, 여간 어려운 문제가 아니다. 신뢰도 점수를 사용해 종합적으로 사용자의 위험도를 산출하는 방법을 사용하면, 악의적이지는 않지만 의심스러운 행동을 검출하는 데 도움이 된다.

사용자의 접근 패턴에만 집중할 필요는 없다. 사용자의 애플리케이션 사용 패턴 역시 악의적인 의도를 감지하는 데 사용할 수 있다. 대부분의 사용자는 조직 내에서 제한된 권한만 갖는다. 이들이 접근하는 데이터 역시 접근할 수 있는 전체 데이터 중 일부에 지나지 않는다. 보안 관점에서 본다면, 사용자가 정말 필요로 하는 데이터가 아니라면 접근을 제한해야 한다. 하지만 이렇게 접근을 제한한다면 정작 급하게 데이터에 접근할 필요가 생겼을 때 빨리 대응할 수 없다는 문제가 발생할 수 있다. 시스템 관리자는 상당히 많은 접근 권한을 갖는 사용자다. 따라서 보안에 역행하는 측면이 있다. 권한을 엄격하게 제한할 것이냐 아니면 시스템 관리자처럼 풍부한 접근 권한을 줄 것인가를 결정하지 않고, 사용자의 행동을 분석해 신뢰도를 계산하는 방법을 취할 수 있다. 사용자의 행동을 종합적으로 분석해 신뢰도 점수를 산출한다. 민감한 특정 자원을 접근할 필요가 있을 때 사용자가 그에 합당한 신뢰도를 유지하고 있는지 체크하는 방식이다. 위험이 확실한 경우 접근을 엄격히 통제해야 한다. 하지만 사용자를 신뢰할 수 있을지 명확한 결정을 내리기 어려운 경우, 로그에 남아있는 사용자 행위를 분석해 신뢰도를 검사하는 방법을 사용할 수 있다.

스팸하우스Spamhaus 프로젝트 등이 제공하는 공개된 악성 트래픽을 사용하는 방법도 있다. 알려진 악성 트래픽은 사용자의 신뢰도를 검사하는 데 유용하게 사용할 수 있다. 악성 트래픽을 생성한다고 이미 알려진 곳에서 네트워크 사용자의 ID를 이용한다면 이 사용자가 공격당한 것은 아닌지 의심해볼 필요가 있다.

물리적인 위치 또한 사용자의 신뢰도를 결정하는 데 사용할 수 있다. 사용자의 현재 위치와 과거 위치를 비교해 평범한 접근인지 결정할 수 있다. 사용자가 주어진 시간 동안 상식적으로 이동할 수 없는 거리를 이동했나? 사용자가 여러 디바이스를 사용하고 있다면, 이들의 위치가 서로 다르지는 않나? 물리적 위치 정보는 분석이 흐리거나 정보가 틀릴 수 있기 때문에 위치 정보만 너무 맹신해서는 안 된다. 가끔은 사용자가 디바이스를 집에 놓고 왔을 수도 있고, 위치 정보 데이터베이스가 잘못됐을 수도 있다.

요약

6장에서는 시스템 사용자에 대한 신뢰 여부를 결정할 수 있는 방법을 다뤘다. ID가 무엇인지부터 배웠으며 시스템에서 사용자의 ID를 검증할 때 인증 기관이 중요한 이유도 살펴봤다. 일단은 사용자를 시스템에 등록해야 ID를 발급받을 수 있다. 따라서 사용자의 첫 ID를 발급하는 방법에 대해서도 다뤘다.

ID는 어딘가에 저장돼야 한다. 이 ID 저장 시스템이 공격자에게는 아주 매력적인 타깃이다. 어떻게 데이터를 안전하게 저장할 것인지, 한 장소에 왜 모든 데이터를 저장해서는 안 되는지, 신규 사용자와 사라지는 사용자가 있는 상황에서 저장된 ID를 최신 상태로 유지할 수 있는 방법도 배웠다.

ID가 무엇이고 어떻게 저장하는 것이 올바른 방법인지 먼저 살펴보고 사용자 인증에 대해 살펴봤다. 사용자 인증은 어떤 사용자가 특정 ID를 가지고 있다는 것을 검증하는 과정이다. 인증은 사용자에게 불편함을 줄 수 있기 때문에 사용자를 언제 인증하는 것이 좋은지 이야기했다. 반복되는 인증 요청으로 사용자를 불편하게 만들고 싶은 시스템은 없다. 인증 요청이 범람하면 사용자가 실수로 악성 서비스에 인증하는 불상사가 발생할 수도 있다. 따라서 너무 많지도 적지도 않은 적절한 인증이 필요하다.

사용자를 인증할 수 있는 방법은 많다. 이 장에서는 각 인증 방법을 하나씩 들여다보기보다는 이 방법들이 공통적으로 사용하는 기본 개념을 배우고, 현재 널리 사용되는 인증 메커니즘 몇 가지를 알아봤다. 시스템이 위협에 대응하는 데 있어서 유용하게 사용할 수 있는 인증 메커니즘도 함께 다뤘다.

시스템이 사용자에 대한 신뢰도를 높이는 방법 중에는 여러 사람을 통해 신뢰도를 증명하는 방법도 있다. 그룹을 통한 인증 및 허가 시스템이 여기에 해당한다. 극도로 민감한 시스템의 보안을 유지하는 데 사용할 수 있는 "두 사람 규칙" 등의 방법을 배웠다. 수상한 행동을 목격하면 이를 보안 팀에 신고하도록 장려해야 하며, 조직 구성원에게 보안에 대한 경각심을 심어야 한다는 이야기도 함께 했다.

마지막으로, 제로 트러스트 네트워크는 사용자의 활동 로그를 분석해 사용자의 프로파일을 만들고, 이를 사용자의 실제 행동과 비교해 사용자의 신뢰도를 측정하는 데 사용할 수 있다. 사용자 프로파일을 만드는 데 유용하게 사용할 수 있는 신뢰도 지표에 대해서도 알아봤다.

다음 장에서는 애플리케이션에 대한 신뢰를 다룬다.

7장

애플리케이션에 대한 신뢰

마크 앤드리슨이라는 유명한 실리콘밸리 투자가는 다음과 같이 말했다. "소프트웨어가 세상을 집어 삼키고 있다." 다양한 의미에서 이 말은 의문의 여지가 없다. 데이터 센터에서 온갖 마법을 부리는 주체가 바로 소프트웨어다. 따라서 우리가 소프트웨어를 신뢰한다는 것은 더 이상 비밀이 아니다.

신뢰받는 디바이스에서 동작하는 코드는 정직하게 동작할 것이다. 5장에서 다룬 것처럼 디바이스에 대한 신뢰는 코드 신뢰의 전제조건이다. 하지만 실행 환경의 보안이 보장되는 상황에서도 코드를 과연 신뢰할 수 있을 것인지는 다른 문제다. 선결해야 할 과제가 더 있다.

디바이스를 신뢰하는 것은 절반의 성공이다. 코드를 신뢰할 수 있어야 하고, 이 코드를 작성한 프로그래머를 신뢰할 수 있어야 한다. 동작하는 애플리케이션의 무결성을 보장하는 것이 목적이기 때문에, 인간에 대한 신뢰를 코드에서부터 실제 실행까지 확장해야 한다.

코드를 신뢰하기 위해선 다음과 같은 조건이 만족돼야 한다.

- 코드를 작성한 사람을 신뢰할 수 있어야 한다.

- 코드를 신뢰받는 애플리케이션으로 안전하게 변환할 수 있어야 한다.

- 신뢰받는 애플리케이션을 실행 환경에 안전하게 배포할 수 있어야 한다.

- 신뢰받는 애플리케이션이 공격을 당한 것은 아닌지 꾸준히 모니터해야 한다.

이 장에서는 위의 각 단계를 다룬다. 이와 함께 인간에 기반을 둔 신뢰가 애플리케이션까지 어떻게 전이되는지도 살펴보자.

애플리케이션 파이프라인

컴퓨터 시스템에서 코드를 생성, 배포, 실행하는 과정은 매우 민감한 과정이다. 각 단계가 코드에 미치는 영향이 크기 때문에, 공격자에게는 모든 시스템이 매력적인 타깃이다. 모든 과정이 공격에 노출될 수 있다. 여기서 뭔가 잘못되면 이를 찾아내기 매우 힘들다. 따라서 그림 7-1에 나온 이 모든 과정에서 오류가 발생한 경우 이를 감지할 수 있도록 시스템을 만들어야 한다.

전세계 각국 정부가 힘을 모아 하는 **공급망 보안**과 유사하다. 군대가 전쟁에서 효과적으로 전투를 하기 위해선 군이 사용하는 장비를 튼튼하게 제작해야 한다. 소프트웨어를 만들고 배포하는 것 역시 마찬가지다.

공급망의 중요성

시리아의 핵시설로 의심받는 곳을 이스라엘 정부가 2007년 공습한 적이 있다. 이 공습과 관련해 풀리지 않은 수수께끼는 시리아의 레이더 시스템이 갑자기 먹통이 됐다는 점이다. 덕분에 이스라엘 군은 들키지 않고 공습을 진행할 수 있었다. 사람들은 이 레이더 시스템의 다운을 최첨단 공격으로 받아들이고 있다. 레이더 장비의 상용 칩에 숨겨진 하드웨어 킬스위치가 시스템을 다운시킨 것으로 사람들은 믿고 있다. 정확히 검증된 것은 아니지만, 공급망의 중요성이 다시금 강조된 사건이었다. 소프트웨어, 하드웨어나 다를 바 없다.

안전한 소프트웨어 배포를 위해서는 주요 배포 과정을 완전히 감시할 수 있어야 하고, 암호학적인 방법으로 이를 검증할 수 있어야 한다. 소프트웨어 공급은 일반적으로 다음과 같은 단계로 이뤄진다.

- 소스 코드
- 빌드 / 컴파일

- 배포

- 실행

안전한 소프트웨어 배포는 소스 코드 자체를 신뢰하는 것부터 시작한다.

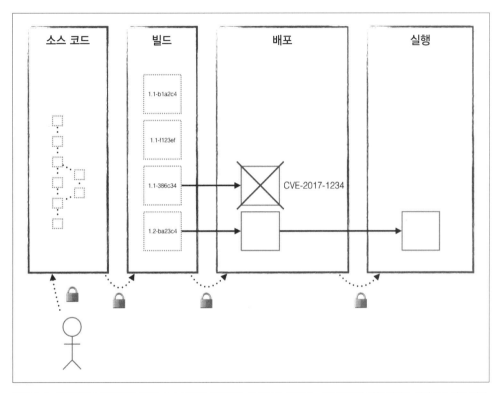

그림 7-1 애플리케이션 파이프라인은 소스 코드를 작성하고 시스템을 설정하는 엔지니어에 대한 신뢰를 바탕으로 하고 있다. 각 단계의 보안 역시 파이프라인 전체의 신뢰도를 결정한다.

소스 코드에 대한 신뢰

소프트웨어 구동의 시작은 소스 코드다. 간단히 말해 신뢰할 수 없는 사람이 작성한 소스 코드는 신뢰할 수 없다. 코드를 조심스럽게 리뷰한 경우라도 악의적인 개발자가 의도적으로 취약점을 숨겨놓을 수 있기 때문이다. 이와 관련된 유명한 경진대회도 있다. 선의의 개발자도 부주의로 인해 애플리케이션에 취약점을 넣을 수도 있다. 하지만 제로 트러스트 네트워크가 추구하는 바는 개발자의 실수를 찾아내는 것이 아니라 애플리케이션을 악의적으로 사용하는 것을 탐지하는 데 있다.

개발자를 어떻게 신뢰할 것인지에 대한 문제는 차치하더라도, 여전히 소스 코드를 어떻게 안전하게 저장하고 배포할 것인지에 대한 문제가 남아 있다. 소스 코드는 중앙집중식 코드 저장소에 저장하는 것이 일반적이다. 여러 개발자들은 이 저장소에서 코드를 꺼내오고 커밋하면서 개발을 진행한다. 코드 저장소는 엄격히 관리해야 한다. 특히, 소스 코드를 컴파일하는 시스템이 코드 저장소에 직접 접근하는 경우라면 더욱 관리에 신경 써야 한다.

코드 저장소 보안

코드 저장소의 보안을 강화하는 데 기존 방법을 그대로 유지해도 무방하다. 기존 방법을 쓴다고 새로운 보안 기술을 적용할 수 없는 것은 아니다. 코드 저장소 보안에는 최소 권한의 원칙도 적용해야 한다. 사용자가 작업을 하는 데 있어서 필요한 최소한의 접근 권한만 허가하면 된다. 실전에서는 보통 쓰기 권한을 제한하는 것으로 이를 구현한다.

최소 권한의 원칙 같은 기존 보안 규정을 계속해서 적용해야 하지만 분산 버전 컨트롤 시스템이 등장하면서 상황이 조금 달라졌다. 코드를 저장하는 곳이 여러 군데로 분산돼 있기 때문에, 하나의 중앙집중식 서버만 보호하는 방식은 부적합하다. 하지만 분산 버전 컨트롤 시스템과 중앙집중식 코드 저장소에는 아직도 커다란 공통점이 존재한다. 모두 빌드 시스템에 코드를 제공한다는 점이다.

이런 측면에서 본다면 여전히 기존 방법으로 코드 저장소를 보호하는 것이 가능해 보인다. 하지만 분산 코드 저장소로 인해 코드를 커밋할 수 있는 방법이 다양해졌기 때문에 기존 기술을 적용하는 것이 쉽지만은 않다. 코드 커밋의 방법이 다양해졌다는 말은 코드 저장소 자체만 보호해서는 보안을 유지할 수 없다는 것을 의미한다.

진짜 코드와 모니터링

암호화 방법을 사용해 소스 코드의 변경 내역을 저장하는 버전 컨트롤 시스템^{VCS}이 많이 있다. 특히, 코드를 분산해 저장하는 경우에는 암호화 방법을 도입한 경우가 더 많다. 데이터가 저장된 장소를 데이터의 해시값을 사용해 식별하는 방식을 사용한다. 이 방법을 컨텐트 어드레서블 스토리지[CAS, Content Addressable Storage]라고 부른다. 데이터베이스에 저장된 컨텐츠의 해시값이 식별자로 동작하는 방식이다. 소스 파일이 어떻게 해시되고, 데이터베이스에 어떻게 저장되는지 확인하는 것도 가능하다. 소스 코드를 변경하면 새로운 해시값이 생성된다. 해시값을 바꾸지 않고 파일을 수정하는 것이 불가능하다. 일단 해시값을 할당받고 저장된 후에는 파일의 내용만 별도로 수정하는 것 역시 불가능하다.

소스 코드 변경 내역 자체를 CAS 데이터베이스에 저장하는 한 단계 진보된 VCS 시스템도 있다. 많이 사용되는 대표적인 VCS인 Git은 커밋 내역을 DAG[Directed Acyclic Graph](한 방향으로만 연결돼 반복이 없는 그래프)로 구성해 저장소에 저장한다. 커밋은 데이터베이스에 저장된 객체다. 여기에는 커밋 시간, 작성자, 상위 커밋 ID가 함께 저장된다. 커밋을 저장하면서 상위 커밋의 해시값을 함께 저장함으로써 머클[Merkle] 트리가 구성된다. 이 트리를 이용하면 누구나 커밋 내역의 무결성을 검증할 수 있다(그림 7-2).

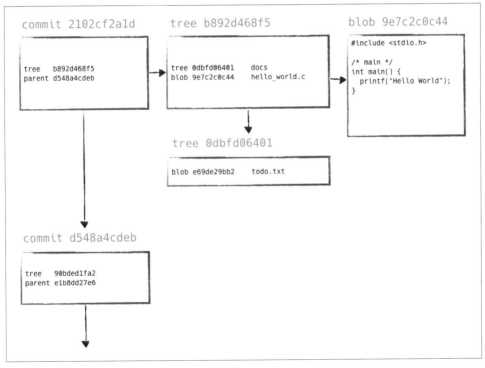

그림 7-2 Git 데이터베이스는 변경 내역의 해시값을 ID로 사용하기 때문에, 원치 않는 변경을 막을 수 있다.

만약 DAG에 연결된 커밋이 변경되면 이 커밋 아래에 연결된 모든 커밋에 영향이 미친다. 커밋 하나를 변경하면 하위 모든 커밋의 내용이 변경되고 이를 해시한 ID 역시 바뀐다. 소스 변경 내역이 사슬처럼 엮여 관리되기 때문에 커밋 내용을 몰래 조작하는 것은 불가능하다.

이런 방식으로 DAG를 저장하면 변경 내역의 조작을 막을 수 있다. 저장소가 코드 변경 내용의 조작을 막기는 하지만 잘못된 커밋이 들어오는 것까지는 막을 수는 없다. 승인된 개발자가 악의적인 커밋을 자신의 로컬 코드 저장소로 가져온 다음에 메인 코드 저장소에 집어넣는 상황을 가정해보자. 코드 저장소 접근이 승인된 개발자이기 때문에 잘못된 코드를 저장소에 집어넣는 행위 역시 적법한 것으로 간주되고, 성공할 것이다. 변경과 관련된 메타데이터는 암호화되지 않은 상태다. 따라서 악의적인 개발자가 자신이 원하는 대로 메타데이터를 변경하거나 자신의 커밋을 리누즈 토발즈가 한 것처럼 꾸며 깃허브GitHub에 올리는 것도 가능하다.[1]

이런 공격을 막고자 Git에서는 승인된 개발자의 GPG 키를 사용해 커밋과 태그를 서명할 수 있는 방법을 제공한다. Git에서 태그는 특정 변경 내역을 가리킬 때 사용하는데, 이 태그를 서명함으로써 소스 코드 릴리즈의 무결성을 보장할 수 있다. 커밋을 서명한다는 말은 Git 전체의 변경 내역을 검증한다는 것을 뜻한다. 커밋한 개발자의 GPG 키를 훔치지 않는 이상 이 개발자를 흉내 낼 수는 없다.

소스 코드 서명이 가져오는 이점을 이해했을 것이다. 가능한 많은 곳에서 서명을 사용하도록 하자. 사람뿐만 아니라 기계에게도 서명은 소스 코드의 무결성을 검증할 수 있는 중요한 수단이 된다. CI/CD 시스템이 자동으로 소스 코드를 빌드해 배포하는 상황이라면 특히 더 요긴하게 사용할 수 있다. 빌드 시스템이 코드를 컴파일하고 배포하기 전 코드 변경 내역의 서명을 확인해 코드의 무결성을 검증할 수 있기 때문이다.

---

1   커밋의 메타데이터를 변경할 수 있다는 것이 아무 repo에나 커밋을 올릴 수 있다는 것을 의미하는 것은 아니다. 커밋을 올리기 위해선 repo에 쓰기 권한이 있어야 한다. - 옮긴이

코드 리뷰

6장에서 한 사용자의 뛰어난 능력에 많은 것을 걸면 안 된다고 배웠다. 소스 코드 개발 과정에서도 마찬가지다. 커밋이 서명됐다는 것은 이 코드가 개발자가 커밋한 코드가 맞다는 것을 증명할 뿐이다. 이 코드가 정확하고 안전한 코드라는 보장은 서명이 할 수 있는 일이 아니다. 물론 개발자를 신뢰해야 하지만 한 개발자가 독단적으로 민감한 프로젝트에 코드를 커밋하는 것을 허락해야 한다는 것은 아니다.

잘못된 코드로 인한 위험을 상쇄하고자 대부분의 성숙한 개발 조직에서는 코드 리뷰 과정을 의무화하고 있다. 코드 리뷰 과정을 통해 동료 개발자의 승인을 받은 코드만 커밋할 수 있다. 간단한 과정이지만 소프트웨어 품질을 높이는 것은 물론, 의도적이든 우연이든 발생할 수 있는 소프트웨어 취약점도 줄일 수 있다.

빌드에 대한 신뢰

공격을 지속적으로 유지하고 싶은 공격자들에게 소프트웨어 빌드 시스템은 좋은 타깃이 된다. 다른 시스템에 비해 허용된 접근 권한도 높고, 프로덕션 시스템에서 직접 사용하는 소프트웨어를 생산하기 때문이다. 더욱이 소프트웨어 빌드 단계에서 발생한 공격을 감지하기란 정말 어렵다. 따라서 빌드 시스템은 강력히 보호해야 한다.

위험

보통 다음의 3가지 조건을 만족해야 빌드 시스템을 신뢰할 수 있다.

- 정확한 코드를 빌드해야 한다.

- 빌드 과정 및 설정은 의도된 상태를 유지해야 한다.

- 빌드 과정은 별도의 조작이 없이도 신뢰할 수 있는 과정이어야 한다.

서명된 코드만 받아들이도록 빌드 시스템을 설정한다. 빌드 시스템이 만들어내는 결과물도 서명하도록 만든다. 하지만 입력과 출력 사이의 실질적인 빌드 과정은 암호학적인 방법으로 보호할 수 없는 것이 일반적이다. 이 때문에 큰 문제가 발생할 수 있다.

그림 7-3에 나온 것과 마찬가지로 이는 아주 큰 문제가 될 수 있다. 올바른 과정과 검증이 없이는 이 공격을 탐지하기란 매우 어렵다. 불가능할 수도 있다. 예를 들어, 공격을 받은 CI/CD 시스템이 서명이 완료된 C 코드를 읽어 들여 컴파일한 후 바이너리 서명까지 마치고, 프로덕션 시스템에 새로운 바이너리를 배포했다고 하자. 프로덕션 시스템이 바이너리의 서명 여부를 확인할 수는 있지만, 이 바이너리가 컴파일될 때 다른 악의적인 내용이 추가된 것은 아닌지 알 수 있는 방법은 전혀 없다. 이 공격이 성공적이라면 악성 코드는 자신을 감추고 아무런 문제없이 동작할 수 있다. 빌드 시스템 밖에서는 빌드 시스템의 서명된 결과물을 믿을 수밖에 없다.

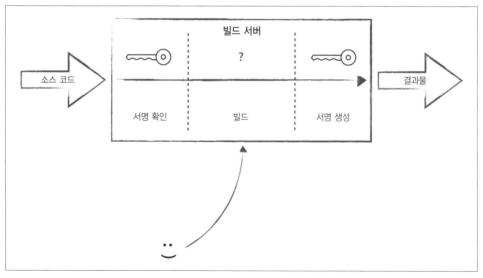

그림 7-3 암호학적인 방법으로 서명된 소스 코드와 결과물은 무결성을 검증할 수 있지만 빌드 설정과 빌드 과정 자체를 보호할 수는 없다. 이 틈이 큰 위험이 될 수 있고 공격자에게는 매력적인 약점이 될 수 있다.

빌드 과정은 민감한 과정이기 때문에, 이를 외부에 위탁하는 것은 조심스럽게 검토해야 한다. 재생산 가능한 빌드와 같은 기술을 이용하면 시스템의 어느 부분이 공격을 받았는지 확인할 수 있다. 하지만 이것만으로 배포를 막을 수는 없다. 정말 이 빌드 과정을 위탁할 필요가 있을까? 수탁 기관을 얼마나 신뢰하는가? 외부의 빌드 시스템이 갖춘 보안 능력에 따라 여러분의 시스템의 안전이 좌우될 수 있다.

호스트 보안의 중요성

이 장은 소프트웨어 빌드 과정의 여러 단계에 초점을 맞추고 있다. 하지만 빌드 서버 자체를 보호하는 것도 간과해서는 안 된다. 빌드 시스템이 읽어오는 소스 코드를 보호하고, 빌드 시스템의 설정을 확인하고, 결과물 역시 보호했더라도 빌드 서버가 공격당한 상태라면 모든 노력이 허사로 돌아간다. 재생산 가능한 빌드, 조작 불가능한 호스트 그리고 제로 트러스트 모델이 모여 이 부족한 부분을 보완할 수 있다.

빌드 시스템의 입출력 보안

빌드 시스템이 안전하다고 가정하면 빌드 시스템에 들어가는 소스 코드와 빌드 시스템에서 나오는 결과물을 어떻게 신뢰할 수 있을 것인지가 문제가 된다.

빌드 시스템의 입력 부분을 먼저 살펴보자. 버전 컨트롤 시스템을 통해 소스 코드의 보안을 유지하는 방법을 앞서 살펴봤다. 빌드 시스템은 버전 컨트롤 시스템의 소비자이자 소스 코드의 정확도를 검증해야 할 책임이 있다. 버전 컨트롤 시스템은 반드시 TLS와 같은 인증된 채널로만 접근이 가능해야 한다. 추가적인 보안을 위해 태그와 커밋을 서명하고 빌드 시스템에서 빌드를 시작하기 전 이 서명도 함께 확인해야 한다.

빌드 설정 역시 빌드 시스템의 중요한 입력에 해당한다. 공격자가 빌드 설정을 바꿀 수 있으면 빌드 시스템이 소스 코드를 컴파일할 때 악성 라이브러리에 링크하도록 만들 수도 있다. 안전에 문제가 없을 것으로 보이는 최적화 옵션도 보안 측면에서 보면 문제가 될 수 있다. 소프트웨어의 실행 시간을 활용한 공격을 막기 위해 추가한 코드가 설정에 따라 최적화돼서 최종 바이너리에 빠질 수도 있기 때문이다. 빌드 설정을 버전 컨트롤 시스템을 이용해 관리하면, 설정을 버전별로 관리할 수 있고 커밋 역시 서명할 수 있기 때문에 빌드 설정의 보안을 유지하는 데 도움이 된다.

입력의 보안이 충분히 보장된 상태라면 이제 빌드 과정의 결과물에 눈을 돌릴 차례다. 빌드 시스템은 빌드 과정에서 발생한 결과물을 서명해 이를 사용하는 시스템이 그 정확도를 검증할 수 있도록 해야 한다. 빌드 시스템이 각 결과물의 해시값을 함께 생성해 생성된 바이너리의 악의적인 변경이나 교체 등을 탐지할 수 있도록 해야 한다. 빌드 결과물과 해시에 서명하고, 이를 다른 시스템에 배포함으로써 결과물에 대한 신뢰를 보증할 수 있다.

재생산 가능한 빌드

빌드 파이프라인의 조작을 막는 데 있어서 **재생산 가능한 빌드**가 최고의 방법이다. 간단히 말해 재생산 가능한 빌드를 지원하는 소프트웨어는 항상 같은 방식으로 컴파일된다. 즉, 누가 빌드하든 같은 소스 코드에서는 항상 같은 바이너리만 생산된다. 누구든 소스 코드를 확인해 동일한 결과를 얻을 수 있다는 것은 매우 중요한 내용이다. 빌드 시스템으로서는 빌드 과정이 조작되지 않았다는 신뢰를 얻을 수 있기 때문이다.

재생산 가능한 빌드를 만드는 데에는 다양한 방법이 있다. 빌드 과정을 코드화해 개발자들이 자신의 빌드 환경을 일치시킬 수 있게 만드는 것이 그 핵심이다. 재생산 가능한 빌드를 사용하면, 개발자가 CI/CD 시스템의 결과물을 직접 보고 이를 자신의 개발 환경에서 빌드한 결과물과 비교하는 것이 가능하다. 이를 통해 악의적인 개입이나 코드 삽입 공격을 쉽게 감지할 수 있다. 소스 코드 서명과 병행하면, 소스 코드와 결과물의 정확도를 검증할 수 있는 강력한 빌드 과정을 완성할 수 있다.

가상 빌드 환경을 통한 재생산 가능한 빌드

글로 읽을 때는 재생산 가능한 빌드가 쉬워 보인다. 하지만 바이트 수준까지 바이너리를 재생산한다는 것은 매우 어려운 문제다. 일반적으로는 chroot 등을 사용한 가상 파일시스템을 사용해 모든 동일한 의존성을 갖는 빌드 시스템을 사용한다. 가상 머신이나 컨테이너도 훌륭한 도구가 될 수 있다. 가상 머신이나 컨테이너를 사용하면 빌드 환경을 호스트 환경에서 완전히 독립된 상태로 만들 수 있다.

릴리즈와 버전의 분리

조작이 불가능한 빌드는 빌드 및 릴리즈 시스템의 보안을 유지하는 데 있어서 중요한 요소다. 조작이 불가능한 빌드가 불가능하다면, 검증된 버전을 갈아치우는 것도 가능하다는 이야기다. 빌드 결과물을 공격하는 것이 가능해지기 때문이다. 문제가 있는 "나쁜" 버전을 검증된 "좋은" 버전인 것처럼 만드는 것도 가능하다. 이 때문에 빌드 시스템이 생산한 결과물은 WORM^{Write Once Read Many, 한 번 쓰고 많이 읽음} 속성을 가져야 한다.

조작이 불가능한 결과물이라는 요구사항 때문에, 결과물 버전 관리라는 문제가 등장한다. 많은 프로젝트에서 각 릴리즈의 버전 번호에 의미를 부여하길 선호한다. 소프트웨어 업그레이드에 문제가 발생할 경우 어떤 릴리즈인지 파악하기 위해서다. 빌드 시스템에서는 모든 버전을 변경 불가능하도록 막아야 하는데, 버전 번호에 의미를 부여한다는 것은 이를 방해하는 일이다.

예를 들어, 큰 변화가 있는 릴리즈를 준비하고 있다고 하자. 그런데 빌드 설정을 잘못해 만족할 수 없는 결과물을 빌드 시스템이 만들어냈다. 관리자는 둘 중 하나를 선택할 수 있다. 패치라는 딱지를 붙여 릴리즈를 다시 배포하거나, 편법이지만 빌드 설정을 바꿔 새로운 결과물을 같은 버전으로 재배포하는 방법이 있다. 많은 프로젝트에서는 후자를 선택한다. 버전 번호를 정확히 하는 것보다는 마케팅에 유리한 방법을 선호하기 때문이다. 이는 고쳐야 할 잘못된 선택이다.

어떤 방법을 선택하든 빌드 시스템은 두 개의 독립된 결과물을 만들어낸다. 빌드 결과물에 어떤 버전 번호를 부여할 지는 빌드 시스템과는 무관한 선택이다. 즉, 빌드 시스템은 변경이 불가능한 버전을 생산하도록 설정해야 한다. 이 버전은 대외 버전과는 분리해야 한다. 최근 시스템들은 릴리즈 버전과 빌드 결과물 버전을 연결할 수 있는 기능이 있다. 대외적인 혼란을 일으킬 필요 없이 보안을 해치지 않고도 조작 불가능한 빌드 결과물을 관리할 수 있는 방법이라 할 수 있다.

배포에 대한 신뢰

빌드 시스템의 결과물 중 프로덕션 시스템에 보낼 결과물을 선택하는 과정을 배포라고 부른다. 빌드 시스템이 생산하는 많은 결과물 중 일부만 프로덕션 시스템으로 전달된다. 따라서 배포 시스템만 프로덕션 시스템에 전달할 결과물을 선택할 수 있어야 한다.

결과물 프로모션

빌드 시스템의 결과물은 조작이 불가능하다고 앞서 이야기했다. 결과물의 내용은 전혀 바꾸지 않고 해당 결과물을 다른 시스템이 사용할 수 있도록 준비하는 과정을 프로모션 이라고 부른다. 프로모션 행위 자체 역시 변경할 수 없어야 한다. 결과물에 일단 버전 번호가 부여된 이상 이를 바꿔서는 안 된다. 새로운 결과물이 필요하다면 새롭게 생성해 새로운 버전 번호를 부여해야 한다. 버전 번호를 재사용해서는 안 되며, 버전 번호는 항상 증가하도록 만들어야 한다.

닭이 먼저냐 달걀이 먼저냐 하는 상황이 발생할 수도 있는데, 일반적으로 소프트웨어는 자신의 버전 번호를 사용자에게 보여줄 수 있어야 한다. 하지만 빌드 과정이 끝난 후에 버전 번호가 부여된다면, 빌드 시스템 결과물의 내용을 수정하지 않고 어떻게 버전 번호를 소프트웨어에 부여한다는 말인가?

프로모션 과정에서 결과물을 수정하는 방법이 가장 먼저 떠오를 것이다. 버전 번호를 쉽게 바꿀 수 있는 곳에 놓고, 추후에 버전 번호만 변경하는 것이다. 간단하지만 문제가 많은 방법이다. 따라서 외부용 버전 번호와 빌드 번호를 분리하는 방법을 사용해야 한다. 릴리즈 시스템에서 빌드 결과물에 추가적인 정보를 덧붙이는 것이다. 이 방법을 사용하면, 동일한 공개 릴리즈 버전 번호를 부여받는 여러 빌드 결과물이 발생할 수 있다. 하지만 각 결과물의 빌드 번호는 서로 다르므로(그림 7-4) 릴리즈 버전을 결정한다는 말은 빌드 결과물 중 배포할 결과물 하나를 선택하는 과정으로 귀결된다. 릴리즈 버전이 결정되면 이후의 빌드는 다음 릴리즈를 목표로 하는 것이 이상적이다.

그림 7-4 파이어폭스의 공개 릴리즈 버전은 51.0.1이다. 하지만 패키지 내부에 빌드 ID가 추가로 포함돼 있다.

프로모션이 있으면 이를 사용자에게 알려야 한다. 사용자들이 최신 버전을 사용할 수 있도록 만들기 위함이다. 많은 방법이 있으며, 이미 해결된 문제라 할 수 있다. 프로모션을 거친 결과물을 릴리즈 전용 키로 서명하고, 사용자에게 새로운 릴리즈가 있다고 알리는 방법이 있다. 사용자에게 개별적으로 연락하지 않고 결과물을 서명한 다음 공개하는 방법도 있다. 이때 릴리즈 버전 번호와 해시도 함께 제공한다. 이는 APT^{Advanced} Packaging Tool와 같은 많은 패키지 배포 시스템에서 사용하는 방법이다.

배포 과정의 보안

소프트웨어 배포는 전기를 공급하는 과정과 비슷하다. 발전소에서 전기를 생산해 전력 공급망으로 소비자에게 전기를 공급한다. 하지만 전력 공급과는 다르게 소프트웨어를 배포에서는 소프트웨어의 무결성을 보장해야 한다. 사용자가 소프트웨어의 무결성을 독립적으로 검증할 수 있어야 함은 물론이다. 패키지 배포 및 관리를 위한 시스템은 많다. 거의 모든 시스템이 배포 과정에서 소프트웨어가 조작되지 않도록 보호하며, 소프트웨어 무결성을 검증할 수 있는 방법을 제공한다. 이 절에서는 많이 사용되는 패키지 관리 소프트웨어 **APT**를 예로 들어, 앞서 말한 보호와 무결성 검증이 어떻게 구현됐는지 살펴보도록 하겠다. 많은 패키지 시스템이 존재하기는 하지만 그 중에서도 APT가 독보적이다.

무결성과 정품 인증

소프트웨어의 무결성을 확인하고, 신뢰하는 개발자가 개발한 정품임을 인증하기 위해 소프트웨어 배포 시스템은 크게 두 가지 방법을 사용한다. 해시와 서명이다. 소프트웨어를 해시하면, 해당 바이너리의 ID인 해시값을 만들 수 있다. 개발자의 손을 떠난 소프트웨어가 변경되지 않았다는 것을 이 해시값을 사용해 검증할 수 있다. 서명은 소프트웨어 개발자가 가진 비밀키로 해시값을 암호화하는 것을 말한다. 사용자는 이 서명을 확인해 어떤 개발자가 이 소프트웨어를 개발했는지 알 수 있다. 이 두 방법 모두 효과적이다. 둘 중 한 방법만 사용해야 하는 것도 아니다. 배포 시스템에서 어떻게 이 방법을 구현했는지 더 자세히 알고 싶다면, APT 저장소의 구조와 보안 방법을 들여다보기 바란다.

APT 저장소에는 세 종류의 파일이 담겨 있다. Release 파일, Packages 파일, 패키지 자체 이렇게 세 가지다. Packages 파일은 APT 저장소에서 패키지를 찾을 수 있는 인덱스와 같은 역할을 한다. 여기에는 파일 이름, 패키지 설명, 체크섬^{checksum} 등 패키지에 대한 메타데이터가 들어간다. 패키지를 디바이스에 설치하기 전, 이 체크섬을 사용해 다운로드한 패키지의 무결성을 검사한다. 패키지가 개발자의 손을 떠난 이후 패키지가 변경된 것은 아닌지 검증하는 과정이다. 하지만 이 과정은 패키지를 다운로드받을 때 손상된 것은 아닌지 확인하는 용도로 밖에 사용하지 못한다. 공격자의 목표가 변경된 소프트웨어를 배포하는 것이라면, 공격자가 해시값을 바꾸면 그만이다. Release 파일이 필요한 이유가 여기에 있다.

Release 파일에는 저장소와 관련된 메타데이터가 들어간다. Packages 파일에는 패키지 자체에 대한 메타데이터가 들어가는 것과는 대조적이다. 타깃 OS 버전 정보와 이름 등이 Release 파일에 포함된다. Packages 파일의 체크섬도 여기에 들어있다. 사용자가 Packages의 무결성을 검증하는 데 사용할 수 있다. 즉, Release 파일을 통해 Packages 파일의 무결성을 검증하고, Packages 파일을 이용해 패키지 자체의 무결성은 검증하는 멋진 방법이다. 하지만 공격자가 Release 파일에 있는 Packages 파일의 체크섬까지 조작하면 되는 것 아닌가?

이를 막기 위해 암호학적인 서명(그림 7-5)을 사용한다. 서명이 보장하는 것은 패키지의 무결성에 그치지 않는다. 누가 이 패키지를 만들었는지까지 보장할 수 있다. 개발자의 비밀키를 사용해 서명을 했기 때문에, 암호학적으로 출처를 보장할 수 있다.

소프트웨어 관리자가 Release 파일을 비밀키로 서명하면, 사용자들은 이를 공개키로 확인할 수 있다. 소스 코드의 변경이 발생하면, Packages 파일에 있는 패키지 해시가 변경되고, Release 파일에 있는 체크섬까지 영향을 미친다. 소프트웨어 설치전 사용자는 이 해시 사슬을 사용해 소프트웨어의 무결성을 검증하고, 신뢰하는 개발자가 개발한 것인지 확인할 수 있다.

어떤 이유에서든 소프트웨어에 서명이 불가능한 경우라면 기본적인 보안 수칙을 준수하는 것으로 이를 대신해야 한다. 모든 통신 채널에 상호 인증 메커니즘을 적용해야 한다. 소프트웨어 배포와 관련된 모든 채널에 해당하는 말이다. 저장소가 사용하는 스토리지의 보안 역시 필요하기 때문에 AWS S3에 상응하는 보안이 필수적이다.

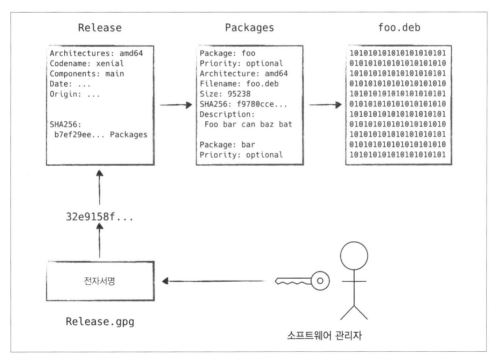

그림 7-5 소프트웨어 관리자가 Release 파일을 서명한다. 이 파일에는 Packages 파일의 해시값이 포함돼 있고, 다시 이 안에는 패키지 자체에 대한 해시가 포함돼 있다.

배포망에 대한 신뢰

많은 사용자나 지리적으로 널리 퍼진 사용자들에게 소프트웨어를 배포할 때에는 소프트웨어를 여러 곳에 복사해 스케일, 가용성, 성능 등의 문제를 해결하는 것이 일반적이다. 이렇게 복사된 곳을 미러^{mirror}라고 부른다. 소프트웨어가 공개된 경우에는 미러 서버가 소프트웨어 개발 조직의 제어에서 벗어난 경우가 많다. 소프트웨어 제작자를 인증하는 데 있어 문제가 발생할 소지가 있다.

APT의 해시 및 서명 방식을 되새겨 보자. 소프트웨어 제작자가 서명한 Release 파일을 이용해 소프트웨어가 조작된 소프트웨어가 아닌지 증명할 수 있었다. 다시 말해, 미러 서버를 통해 다운받은 패키지의 Release 서명을 통해 이 패키지가 조작된 것은 아닌지 확인할 수 있다는 뜻이다.

Release 파일을 서명할 수만 있다면 임의의 미러 서버를 사용해도 소프트웨어 배포를 안전하게 할 수 있을 것이라 생각하는 독자도 있을 것이다. 심지어 TLS를 사용하지 않아도 서명을 사용하면 소프트웨어를 안전하게 배포하는 데 문제가 없을 거라 생각할 지도 모르겠다. 하지만 모두 사실이 아니다.

다운받은 패키지가 서명된 것이라 하더라도 미러 서버에 접속할 때 발생할 수 있는 문제가 여러 가지 있다. 예를 들어, 최신 버전을 제공하는 대신 오래됐지만 유효한 서명이 있는 패키지를 제공할 수도 있다. 최신 버전이 아닐 뿐, 서명 자체는 유효하며 패키지 클라이언트를 공격하는 것도 가능하다. 패키지 클라이언트를 보호하고 싶다면 임의의 미러 서버가 아닌, 검증된 미러 서버에 접속해야 할 것이다.

TLS로 통신 채널을 보호하지 않는 배포 서버 역시 문제가 된다. 공격자가 마치 미러 서버처럼 행세하며 모든 통신 내역을 조작할 수 있으므로 최선의 방법은 TLS 채널을 통해 패키지를 배포하는 것이다. TLS를 사용하면 클라이언트가 누구와 통신하고 있는지 확인할 수 있고 통신 채널의 보안을 확보할 수 있다.

인간의 개입

소프트웨어 공급 과정의 안전이 보장됐다. 인간을 이 과정에 개입시킬 것인지 결정할 차례다. 소프트웨어 배포 파이프라인에는 인간의 개입을 가능한 제한해야 파이프라인의 안전을 지킬 수 있다. 자동화된 파이프라인에 공격자가 개입해 악성코드를 배포할 여지를 줄이는 역할도 한다.

버전 컨트롤 시스템에 소스 코드를 커밋하는 것은 분명 인간의 몫이다. 프로젝트가 얼마나 민감한 것인지에 따라, 서명한 커밋만 허용하는 것도 가능하다. 신뢰하는 개발자가 커밋한 소스 코드라는 것을 보장할 수 있기 때문이다.

일단 코드가 커밋된 후에는 인간이 소프트웨어 빌드 과정에 개입할 필요는 없다. 빌드 결과물은 보안이 확보된 시스템에서 자동으로 생산되는 것이 가장 이상적이다. 하지만 어떤 결과물을 배포할 것인지는 인간이 결정해야 한다. 이는 다양한 방법으로 구현될 수 있다. 빌드 데이터베이스에서 릴리즈 데이터베이스로 결과물을 복사하거나, 버전 컨트롤 시스템의 특정 커밋에 태그를 붙이는 방식 등을 사용할 수 있다. 어떤 방식을 사용하든 보안이 확보되기만 했다면 릴리즈할 버전을 인간이 선택하는 방식 자체는 그리 중요하지 않다.

안전한 시스템을 만들 욕심으로 모든 위험을 막을 수 있도록 가능한 한 많은 방법을 도입하려는 마음이 들 수도 있다. 하지만 기술 도입에 따라 인간에게 부과되는 오버헤드와 잠재적 위험 사이에서 균형을 맞출 필요가 있다. 널리 배포된 소프트웨어라면 비밀키 노출에 따른 문제가 크기 때문에 비밀키 보안에 많은 노력이 필요하다. 이런 소프트웨어를 배포하는 조직에서는 "코드 서명 행사"를 갖는 것이 보통이다. 서명에 사용하는 키는 하드웨어 보안 모듈HSM에 저장하고, 여러 이해관계자들이 모여 이 키를 사용하기 위해 보안을 해제하는 행위가 "코드 서명 행사"의 중요한 단계에 해당한다. 극도로 민감한 키의 도난을 막으려는 노력이다. 내부에서만 사용하는 소프트웨어라면 비밀키 보안에 들이는 노력을 조금 줄일 수 있다. 신용 카드 정보를 저장하는 소프트웨어의 경우 신중을 기해야 하기 때문에 특별히 민감한 내부용 소프트웨어라도 코드 서명 행사를 진행하는 조직도 있다.

코드 서명 키와 인간

애플리케이션 화이트리스트를 관리하는 애플리케이션을 만드는 Bit9라는 보안 회사가 있다. 고객들 중에는 정부 기관부터 포춘 100대 기업까지 세간의 이목을 끄는 고객들이 많이 있다. 2013년 사건이 발생했다. 기업 네트워크를 공격한 해커들이 Bit9가 코드 서명에 사용하는 비밀키를 복구하는 데 성공했다. 공격자들은 이 키를 사용해 주요 고객에 악성코드를 심는 데 성공했다. Bit9 소프트웨어가 제공하는 강력한 보안 기능을 우회하기 위해 행해진 공격으로 보인다. 이는 Bit9이 코드 서명에 사용하는 비밀키의 중요성을 과소평가해 발생한 사건이다. Bit9처럼 중요한 작업을 수행하는 소프트웨어라면 코드 서명 행사를 도입하는 것도 좋은 전략이다.

실행 중인 소프트웨어에 대한 신뢰

제로 트러스트 네트워크를 디자인할 때 인프라에서 현재 동작 중인 소프트웨어를 반드시 잘 파악하고 있어야 한다. 호스트에서 어떤 일이 벌어질 지 예상하지 못하는 상황에서 네트워크상에서 무슨 일이 벌어질 지 예상하기란 힘들기 때문이다. 어떤 소프트웨어의 어떤 버전이 데이터 센터에서 동작하는지 잘 알고 있으면, 데이터 누출을 빨리 감지할 수 있고 취약점을 보완하는 데에도 큰 도움이 된다.

업그레이드만 허용하는 보안 정책

소프트웨어 버전은 어떤 코드가 시스템에서 동작하고 있고 얼마나 오래됐는지 파악하는 데 매우 중요한 척도다. 시스템에서 동작하는 소프트웨어가 취약점을 가지고 있는 것은 아닌지 확인하는 데 버전 정보를 많이 사용하기 때문이다.

소프트웨어 취약점을 발견하고 공고할 때 버전 번호를 언급하는 것이 일반적이다. 어떤 버전에서 이 취약점을 보완했는지 발표할 수도 있다. 발견된 소프트웨어 취약점을 치료하는 것은 다음 버전에서 일어나기 때문에 버전을 역행하는 것은 취약점에 노출될 수 있다는 것을 의미한다. 오래된 소프트웨어 버전이라도 정품 소프트웨어가 적절한 서명을 가지고 있다면 이 소프트웨어는 적법한 소프트웨어로 간주된다. 따라서 공격자 입장에서는 소프트웨어 버전을 취약점이 존재하는 버전으로 다운그레이드하는 것도 효과적인 공격 방법 중 하나다.

내부 배포용으로 개발한 소프트웨어라면, 배포 시스템이 가장 최신 버전만 공급하는 방법도 가능하다. 공격을 당했거나 설정 오류를 가진 시스템이 오래된 소프트웨어를 다운로드하는 것을 차단할 수 있는 방법이다. 업그레이드만 가능하도록 하드웨어에서 강제하는 방법도 있다. 애플의 iOS가 이 방법을 사용한다. 애플의 하드웨어 보안 칩이 소프트웨어 업데이트를 검증하고 현재 설치된 소프트웨어보다 나중에 만들어진 소프트웨어만 설치하게 만든다.

소프트웨어의 접근 허용

최신 배포 버전을 파악하는 것보다 디바이스에서 동작하고 있는 소프트웨어 버전을 알아내는 것이 더 어렵다. 네트워크상에서는 다양한 예외상황이 발생할 수 있기 때문이다. 배포 시스템과 연결이 끊긴 호스트가 있을 수도 있다. 접근이 허용된 소프트웨어를 사용했지만, 배포 시스템과 연결이 끊겨 더 이상 최신 업데이트를 설치하지 못한 "뒤쳐진" 호스트다. 다양한 예외 사항에 대응하기 위해서 각 호스트에서 동작하는 소프트웨어의 접근 허용은 개별적으로 이뤄져야 한다.

4장에서 다뤘던 기술을 사용하면 동적으로 네트워크 보안 정책을 만들고 각 애플리케이션 인스턴스의 접근을 승인하는 방법을 사용할 수 있다. 하지만 네트워크 보안 정책은 애플리케이션 위주가 아니라 호스트나 디바이스 위주로 결정되는 경우가 많다. 따라서 소프트웨어 인스턴스의 접근을 허용할 때는 애플리케이션 중심의 방법을 활용해야 하는데 그 방법이 바로 비밀번호다.

대부분의 애플리케이션에는 일종의 비밀번호가 사용된다. 이 비밀번호는 다양한 형태를 가질 수 있다. API 키, X.509 인증서, ID 등의 형태로 존재할 수 있다. 애플리케이션이 제대로 동작하려면 반드시 필요한 비밀번호를 가지고 있어야 하고, 이 비밀번호는 유효해야 한다. 당연한 이야기지만 비밀번호의 유효성은 애플리케이션의 접근 요청을 허가하는 데 있어서 매우 중요한 요소다.

소프트웨어 인스턴스 접근 허가에 있어서 신뢰하는 제3자의 역할

배포 시스템이 비밀번호에 직접 접근할 수 있도록 허용하는 대신 신뢰하는 제3자를 활용하는 방법도 있다. 배포 시스템이 하는 역할은 어떤 비밀번호를 어떤 소프트웨어 인스턴스가 사용할 수 있는지 결정하는 데에서 그친다. 예를 들어, 해시코프(HashiCorp)의 볼트(Vault) 소프트웨어는 **리스폰스 래핑**(response wrapping)이라는 기술을 사용한다. 접근이 허용된 주체가 비밀번호를 생성하면, 이를 다른 주체가 사용할 수 있게 해주는 기술이다. 배포 시스템에서는 배포를 하는 호스트가 볼트에 접근해 소프트웨어 인스턴스가 사용할 비밀번호를 생성한다. 그리고, 소프트웨어 인스턴스가 다른 서비스에 접근하기 위해 비밀번호가 필요할 때, 비밀번호 대신 일회용 토큰을 서비스에 전달한다. 이를 그림 7-6에 설명했다.

애플리케이션을 업그레이드할 때는 배포 서비스가 비밀번호 관리 시스템에 새로운 애플리케이션 인스턴스를 위한 비밀번호를 다시 만들라고 요청한다. 배포가 시작되면 배포 서비스는 애플리케이션에 새로운 키를 삽입한다. 애플리케이션은 이 키를 비밀번호 관리 시스템에 제시해 자신의 존재를 증명하는 데 사용한다. 비밀번호 관리 시스템은 이미 배포 시스템으로부터 요청을 받았기 때문에 새로운 애플리케이션이 키를 제시할 것을 예상하고 있는 상태다. 요청을 받은 비밀번호 관리 시스템은 유효 기간이 설정된 유일한 ID를 애플리케이션에게 돌려주고 해당 ID의 유효 기간을 관리한다.

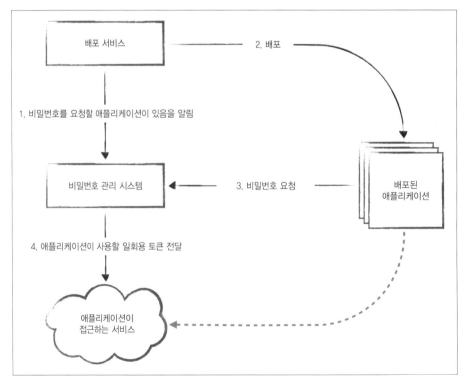

그림 7-6 각 배포마다 유일한 ID를 제공하는 시스템 흐름도

비밀번호의 남용을 막기 위해 비밀번호에 유효 기간을 설정하는 것도 효과적인 방법이다. 애플리케이션을 배포할 때마다 새로운 비밀번호를 만들고 비밀번호에 유효 기간까지 설정하면, 어떤 애플리케이션이 동작하고 있는지 정확히 알 수 있다. 비밀번호를 만드는 입장에서 얼마나 많은 비밀번호를 생성했고, 어떤 비밀번호를 누구에게 줬으며 유효 기간이 얼마나 남았는지 알기 때문에 가능한 일이다. 유효 기간이 있는 비밀번호를 사용하면 "뒤쳐진" 소프트웨어가 무한히 동작하는 것을 막을 수 있는 효과적인 방법이 된다.

물론 누군가가 비밀번호를 생성해 동작하는 소프트웨어에 주입해야 하는데, 이는 가볍게 볼 일이 아니다. 이 작업을 통해 시스템이 어떤 소프트웨어의 접근을 허용할 것인지 결정하는 것이 되기 때문이다. 소프트웨어 배포 시스템이 이미 비슷한 일을 담당하고 있기 때문에 이 작업은 배포 시스템이 담당하는 것이 합리적이다.

비밀번호를 생성하고 (잠재적으로) 유출할 수도 있는 시스템의 중요성은 설명하지 않아도 잘 이해하고 있을 것이다. 주어진 권한이 크면 책임도 큰 법이다. 비밀번호의 생성과 배포를 자동화 시스템이 담당하는 것이 문제가 될 것 같으면, 인간이 개입하도록 만드는 방법도 있다. 이 경우 TOTP 등의 인증 코드를 활용해 비밀번호의 생성과 배포를 인간이 승인하도록 만드는 것이 이상적이다. 배포 시스템에서 비밀번호의 생성과 배포를 승인하는 데 이 코드를 사용할 수 있을 것이다.

실행 환경 보안

애플리케이션 인스턴스의 접근이 인가됐다는 것은 절반의 성공일 뿐이다. 애플리케이션을 안전하게 동작하게 만들어야 한다는 또 다른 문제가 남아있다. 지금까지 애플리케이션을 안전하게 배포하는 방법 그리고 배포된 소프트웨어의 유효성을 검증하는 방법을 배웠다. 그런데, 이 소프트웨어가 동작하는 동안 또 다른 허가가 필요하다고?

완벽히 사용이 허가된 애플리케이션 인스턴스를 공격하는 방법은 셀 수 없이 많다. 사실 네트워크를 공격하는 데 가장 많이 사용되는 방법이다. 비유하자면 이미 존재하는 정부 요원을 매수하는 것이 쉽지, 정부 요원으로 위장하거나 정부 요원으로 침투하는 것은 어려운 일이다. 채무가 많은 사람에게 비밀정보 사용 허가$^{security\ clearance}$를 내주지 않는 이유도 이 때문이다. 허가를 받을 당시에는 한 사람을 믿었을 수도 있다. 하지만 채무가 증가한다면 이 사람이 얼마나 뇌물에 약한 모습을 보일까? 채무가 증가한 상태에서도 이 사람을 믿을 수 있을까?

보안 코딩 실무

애플리케이션에서 발생하는 대부분의 취약점은 숨겨진 버그에서 시작한다. 공격자는 이 버그를 공격해 애플리케이션이 의도하지 않은 행동을 하도록 만든다. 버그를 하나씩 고치는 과정은 두더지 잡기 게임에 비유할 수 있다. 개발자가 보안 관련 버그를 하나 고치는 이유는 다른 두 개의 버그를 찾기 위함이라는 우스갯소리도 있다. 이런 위험을 줄이려면 애플리케이션 개발자의 사고방식을 보안을 인식한 사고방식으로 전환해야 한다.

사용자가 입력한 데이터를 통해 애플리케이션이나 시스템의 약점을 노리는 인젝션 공격이 있다. 이 공격은 사용자가 입력한 데이터를 시스템이 충분히 검증하지 못한 데에 그 원인이 있다. 이런 공격은 여러 겹의 방어 기술을 도입해 막을 수 있다. 사용자가 입력한 데이터를 신뢰하지 않도록 애플리케이션 라이브러리를 잘 디자인해야 한다. 예를 들어 데이터베이스에 쿼리를 보내는 라이브러리라면 프로그래머가 정적인 쿼리와 사용자가 입력한 데이터가 들어있는 변수를 구별해서 사용할 수 있는 API를 제공해야 한다. 로직과 데이터를 뚜렷이 구분하면 인젝션 공격의 위험을 크게 줄일 수 있다.

깔끔한 API를 갖는 디자인은 애플리케이션 소프트웨어를 스캔하는 데에도 도움이 된다. 보안에 신경쓰는 조직은 자신들이 개발하는 소프트웨어의 소스 코드에 자동화된 분석 도구를 사용하는 것을 게을리하지 않는다. 안전하지 못한 코딩 방법을 발견해 애플리케이션 개발자에게 경고하기 위함이다. 예를 들어, 앞서 말한 API를 사용하지 않고 스트링 연결로 쿼리를 구성했다는 사실을 이 도구가 발견해 경고할 수도 있다. 안전하지 못한 API 사용에 따른 경고 외에도, 애플리케이션 로직에 필요한 체크가 없다는 것을 발견할 수도 있다. 예를 들어, 시스템 트랜잭션을 하기 전에 반드시 수행해야 할 체크가 있는데, 이를 이 도구가 발견해 경고할 수도 있다. 이는 애플리케이션이 접근해서는 안 되는 데이터에 접근한다는 점을 노리는 공격을 막을 수 있는 방법이다. 코드 분석을 통해 얻을 수 있는 많은 이익 중 일부일 뿐이다.

사전에 적극적으로 취약점을 파악하는 것은 분명 유용한 방법이다. 하지만 발견하기에는 너무 작은 취약점들도 존재한다. 이 점을 보완하기 위해 퍼징fuzzing이라는 기술을 사용하기도 한다. 이 방법은 임의의 데이터를 애플리케이션에 보낸 뒤 애플리케이션이 의도하지 않은 행동을 하는지 체크하는 방법이다. 의도하지 않은 행동, 즉 오류는 공격자에게 시스템에 침투할 수 있는 발판이 되기도 한다. 퍼징은 빌드 파이프라인 초기에 기능 테스트의 일환으로 수행할 수도 있고, 프로덕션 시스템에 직접 수행하는 것도 가능하다.

보안 코딩만 집중적으로 다루거나 애플리케이션 종류에 특화된 서적들은 많이 있다. 프로그래머라면 반드시 자신이 만드는 애플리케이션의 보안 성능을 높일 수 있는 방법을 사용해야 한다. 많은 조직에서 보안 컨설팅을 통해 애플리케이션을 검사하고 문제점을 찾기 위해 개발 방법론을 적용하는 이유도 이 때문이다.

애플리케이션 분리

애플리케이션이 접근할 수 있는 자원을 제한함으로써 각 애플리케이션을 분리된 환경에서 운영하는 것은 제로 트러스트 네트워크에 있어서 중요한 부분이다. 전통적으로 애플리케이션은 공유 환경에서 동작했다. 사용자의 애플리케이션이 동작할 때 약간의 제약사항만 있을 뿐이었다. 이 상황에서 애플리케이션이 공격받는다면 공유 환경이 큰 문제가 될 수 있다. 경계 모델과 유사한 문제가 한 시스템 내부에서도 발생한다.

애플리케이션이 접근할 수 있는 자원을 명확히 하면 애플리케이션이 공격받았을 때 발생할 수 있는 피해를 최소화할 수 있다. 애플리케이션을 고립된 환경에서 동작시키면 가능한 이야기다. 고립된 환경에서 애플리케이션을 실행한다는 이야기는 운영체제가 제공하는 자원을 한정적으로 사용한다는 뜻이다. 이 자원에는 다음의 것들이 포함된다.

- CPU 점유 시간
- 메모리 접근

- 네트워크 접근

- 파일시스템 접근

- 시스템 콜

제대로 구현했다면 모든 애플리케이션에게는 실행에 필요한 최소한의 접근 권한만 부여된다. 완벽히 고립된 환경에서 실행하는 애플리케이션을 공격했을 때 공격자가는 더 이상 이 시스템에서 얻을 수 있는 것이 없다고 느낄 것이다. 그 결과, 애플리케이션을 고립된 환경에서 동작하면 애플리케이션 이 공격받았을 때 발생할 수 있는 피해를 크게 줄일 수 있다. 하나의 서버가 여러 서비스를 실행하는 멀티프로세스 환경에서는 공격당한 애플리케이션에서 다른 서비스로 공격자가 이동하는 것을 막을 수 있다.

애플리케이션을 고립된 환경에서 실행하는 데에는 몇 가지 방법이 있다.

- SE 리눅스^{SELinux}와 AppAmor

- BSD 감옥^{jail}

- 가상화와 컨테이너

- 애플의 앱 샌드박스

- 윈도우의 애플리케이션 격리

고립된 환경이란 일반적으로 두 종류로 구분할 수 있다. 가상화와 공유 커널 환경이다. 애플리케이션이 가상의 하드웨어 환경에서 동작하기 때문에 가상화가 더 안전한 것으로 생각하는 것이 일반적이다. 가상의 하드웨어는 VM 실행환경 밖의 하이퍼바이저가 만든 환경이다. 하이퍼바이저와 가상 머신 간의 뚜렷한 경계를 만들어 이 둘이 겹치는 부분을 최소화했다.

컨테이너와 애플리케이션 보안 정책을 사용한 공유 커널 환경 역시 일정 수준의 고립된 환경을 제공한다. 하지만 가상화 시스템이 제공하는 것만큼의 고립된 환경은 아니다. 커널을 공유하는 실행환경에서는 동일한 수의 애플리케이션을 실행하는 데 필요한 자원이 적다. 따라서 비용에 민감한 조직에서 선호하는 모델이다. 가상화 역시 자원 효율성 문제를 해결하고자 많은 노력을 했다. 하드웨어에 직접 접근할 수 있는 방법도 제공하는 등 다양한 기술을 개발했다. 이 때문에 이 두 모델이 제공하는 보안 성능에 큰 차이가 없어 보인다. 위험 모델에 따라서는 하드웨어조차 공유하지 않는 방법도 있다.

능동적인 모니터링

조심스럽게 모니터링하고 로그를 남기는 것은 모든 시스템에서 매우 중요한 작업이다. 보안 측면에 있어서는 더 중요하다. 기존 보안 모델은 외부의 공격에 초점을 맞췄다. 제로 트러스트 네트워크는 내부와 외부의 경계를 허물었다. 공격이 발생했을 때 공격에 당하느냐 아니면 이를 방어하느냐는 공격을 얼마나 빨리 발견하는지에 달렸다.

로그인 성공이나 실패와 같은 인프라에서 발생하는 보안 이벤트에 대한 일반적인 로그는 수동적인 모니터링이라 할 수 있다. 이와 반대되는 능동적 모니터링 역시 존재한다. 예를 들어 앞서 말한 퍼징 스캔은 새로운 취약점을 찾기 위해 시간과 자원을 소비한다. 이 때문에 원래 예상했던 시간보다 많은 시간을 릴리즈 파이프라인이 소비할 수도 있다. 능동적 모니터링은 이런 스캔을 프로덕션 시스템에 쉬지 않고 적용하는 것이다.

프로덕션에서 시스템의 보안 스캔

프로덕션 시스템의 가용성과 안정성을 이유로 프로덕션 시스템에서 특정 행위를 금지하는 경우가 있다. 보안 스캔 역시 여기에 해당하는 경우가 많다. 하지만 사실은 이렇다. 만일 보안 스캔이 시스템을 불안정하게 만들 정도라면 이미 이 시스템에는 더 큰 문제가 있다고 봐도 된다. 이 자체만으로도 시스템은 이미 취약한 상태. 프로덕션 시스템에서 보안 스캔을 금지하기보다는 왜 이 작업이 위험할 수 있는지 그 이유를 따져보는 것이 우선이다. 이 이유를 반드시 해결하고 프로덕션 시스템에서 보안 스캔을 실행해야 한다.

물론 퍼징은 능동적인 모니터링의 한 가지 예시에 지나지 않는다. 자동화된 스캐닝을 통해 시스템의 일관성을 검사하는 방법도 있다. 예를 들어, 하나의 실행 환경에서 접속을 기다리는 서비스를 나열한 데이터베이스와 실제 동작하는 서비스를 비교해 차이가 있는지 발견하는 것도 자동화된 스캐닝의 역할이다. 하지만 모든 스캔이 뚜렷한 결과를 보여주는 것은 아니다. 설치된 소프트웨어를 스캔한 결과는 네트워크가 가진 위험에 대비하기 위해 어떤 소프트웨어를 먼저 업그레이드해야 하는지 우선순위를 결정하는 데 사용하는 경우가 많다. 설치된 소프트웨어를 스캔한다고 해서 당장 해야 할 일을 알려주지는 않는다.

효과적으로 시스템을 스캔하기 위해서는 여러 종류의 스캐너가 필요하다. 각 스캐너가 담당하는 일은 조금씩 다르다.

- 퍼징(afl-fuzz가 대표적이다)

- 인젝션 스캐닝(sqlmap이 대표적이다)

- 네트워크 포트 스캐닝(nmap이 대표적이다)

- 일반적인 취약점 스캐닝(nesus가 대표적이다)

위 모니터링 도구 모두 뭔가를 발견했다고 하자. 그러면, 그다음은 어떻게 해야 하는 거지? 이에 대한 대답은 중요도에 따라 다르다. 의심이 가는 이벤트를 보고서에 쏟아 넣고 주기적으로 리뷰하는 방법을 지금까지 많이 사용했다. 하지만 이는 가장 비효율적인 방법이다. 보고서의 늪에 빠질 위험이 있기 때문이다. 몇 주 동안이나 이 보고서를 리뷰하지 않는 상황도 쉽게 발생할 수 있다. 대신 중요한 이벤트가 발생했을 때 인간에게 직접 연락해 적극적으로 조사하도록 만드는 방법을 사용할 수도 있다. 자는 사람을 깨울 정도로 중요한 이벤트여야 한다. 대부분의 경우 이 방법이 더 잘 작동한다.

애플리케이션을 모니터하는 애플리케이션

하나의 클러스터나 서비스에 속한 여러 애플리케이션이 적극적으로 다른 애플리케이션의 활동을 모니터링하고, 그 모니터링 결과의 합의점을 도출하는 참신한 방법도 있다. TPM 쿼트(quote)와 네트워크 이벤트 분석 중간쯤에 있는 방법이다. 애플리케이션이 서로를 모니터링함으로써 모니터링의 책임을 인프라 내 여러 애플리케이션에게 전가할 수 있고, 잘못된 정보 역시 줄일 수 있다는 장점이 있는 방법이다. 사이드 채널 공격이 클러스터 전체에서 거쳐 발생하는 경우는 흔하지 않기 때문에, 사이드 채널 공격에 특히 효과가 큰 방법이다.

하지만 자동화가 많이 진행된 환경에서는 제3의 선택지도 있다. 능동적 대응이다. "무엇인가 잘못됐다"는 강한 시그널이 인프라의 대응을 촉발하는 것이다. 의심이 가는 인스턴스가 사용하는 키를 무효로 만들 수 있다. 클러스터에서 이 인스턴스를 제거하거나 데이터 센터 관리 소프트웨어에 시그널을 보내 이 인스턴스를 네트워크에서 분리하고 포렌식을 위해 고립시키는 것도 가능하다.

물론 능동적인 대응이 고도로 자동화된 시스템에 의해 이뤄지기 때문에 다른 큰 문제가 발생할 소지도 있다. 능동적 대응을 사용하는 시스템에서는 DoS 공격이 발생할 수도 있다. 에러가 발생했다고 서비스의 동작을 멈추게 만들 수 있기 때문이다. 능동적 대응 시스템을 디자인할 때는 시스템이 오작동을 할 때를 대비한 안전 설계를 함께 해야 한다. 예를 들어 클러스터에서 호스트를 분리하는 대응을 하는 시스템이 있다면 클러스터의 사이즈가 위험할 정도로 줄어들었을 때 더 이상 호스트를 분리하지 못하게 막는 안전 장치가 필요하다. 능동적 대응 시스템의 한계를 설정하는 일은 시스템 자체의 오동작을 막는 중요한 작업이다.

요약

이 장에서는 제로 트러스트 네트워크에서 애플리케이션의 보안을 유지할 수 있는 방법을 알아봤다. 제로 트러스트 네트워크에서 애플리케이션의 보안에 신경을 써야 하다니 약간은 예상 밖이라 생각할 수도 있겠다. 하지만 네트워크에 연결된 호스트에서 동작하는 애플리케이션을 신뢰할 수 없는 상황에서 네트워크의 신뢰를 구축할 수는 없는 노릇이다. 애플리케이션 배포 자체에 문제가 있을 때 악성 애플리케이션의 행위를 감지해 찾아낸다면, 이는 반쪽짜리 스캔이다. 반쪽짜리 스캔으로는 제로 트러스트 네트워크의 목표를 달성할 수 없다. 이런 이유로 이 장에서는 제로 트러스트 네트워크에서 애플리케이션을 안전하게 개발하고 빌드한 다음 배포하는 방법에 초점을 맞췄다. 그리고 실행 중인 애플리케이션 인스턴스가 올바른 애플리케이션인지 확인하는 방법도 다뤘다.

신뢰하는 애플리케이션 파이프라인의 개념을 이 장에서 다뤘다. 신뢰하는 개발자가 작성한 소스 코드를 애플리케이션으로 빌드해 인프라에 전달하는 파이프라인이다. 이 파이프라인은 공격자들의 타깃이 될 가능성이 높기 때문에 특별한 관리가 필요하다. 소스 코드를 어떻게 관리하는 것이 좋은 방법인지, 소스 코드를 안전하게 빌드하려면 어떻게 해야 하는지, 빌드 결과물을 최종 소비자에게 보낼 때 어떻게 선택하고 배포하는 것이 좋은 방법인지도 배웠다. 앞 파이프라인의 결과물을 입력으로 받아들여 이를 변경하는 단계들이 모여 애플리케이션 파이프라인을 구성한다. 이때 각 단계의 입력은 조작이 불가능해야 한다. 이 장에서는 어떻게 이런 요구사항을 만족시키는 파이프라인을 구현할 수 있을지도 다뤘다.

인간이 이 파이프라인에 개입할 필요는 거의 없지만 보안 시스템에 있어서 중요한 자원이 될 수 있다. 소프트웨어 릴리즈는 점점 빨라질 것이므로 인간이 개입할 시기를 신중히 결정해야 한다. 파이프라인의 보안을 저해하지 않으면서도 어디에 인간을 배치할 수 있을지에 대해 이 장에서 배웠다.

일단 애플리케이션이 빌드되면 프로덕션 시스템에서 동작하고 있던 애플리케이션의 위상도 변한다. 이전 버전의 애플리케이션에서 취약점이 발견됐다면, 프로덕션 시스템에서 동작하던 애플리케이션은 단번에 요주의 애플리케이션이 된다. 따라서 이 장에서는 업그레이드만 허용하는 보안 정책의 중요성에 대해 이야기했다. 보안 엔지니어들에게 비밀번호 관리란 쉬운 문제가 아니다. ID를 바꾼다는 것이 어려운 작업이기 때문이다. 하지만 일단 비밀번호 관리 시스템을 구축하면, 큰 이점이 생긴다. 크리덴셜을 주기적 갱신할 수 있다. 이 메커니즘을 활용하면, 오직 승인받은 크리덴셜을 가진 애플리케이션만 프로덕션 시스템에서 실행될 수 있도록 강제할 수 있다.

이 장의 마지막 부분에서는 안전한 애플리케이션을 위한 방법을 잠깐 이야기했다. 개발자들은 보안 코딩 방법을 배우고, 운영자는 애플리케이션을 독립된 환경에서 실행해야 한다. 동작 중인 애플리케이션은 적극적으로 모니터링해야 한다. 적극적인 애플리케이션 모니터링이 안전한 애플리케이션 구동의 종지부라 할 수 있다.

지금까지 제로 트러스트 네트워크의 각 주체에 대해 알아봤다. 다음 장에서는 네트워크 통신의 보안을 유지하는 방법을 다룬다.

8장

네트워크 트래픽에 대한 신뢰

네트워크 트래픽을 인증하고 허가하는 것은 제로 트러스트 네트워크에서 매우 중요한 과정이다. 이 장에서는 암호학의 적용 방법, 안전한 트래픽을 시작하는 방법, 보안 프로토콜을 네트워크에 적용하는 방법을 다룬다.

제로 트러스트는 갑자기 생겨난 개념이 아니다. 필터링을 다른 의도로 사용하고는 있지만 기존 네트워크에서 하던 필터링 역시 제로 트러스트에서 여전히 중요한 역할을 한다. 이 장에서는 제로 트러스트 네트워크에서 필터링이 갖는 의미도 다룰 예정이다.

암호화 vs. 인증

암호화와 인증은 종종 함께 사용되지만 이 둘이 해결하려는 문제는 다르다. 암호화는 데이터의 기밀성을 확보하기 위해 사용한다. 즉, 오직 적법한 수신자만 데이터를 읽을 수 있도록 만드는 것이 그 목적인 반면 인증은 이 메시지의 출처를 검증하는 것이 목적이다.

인증에는 다른 재미난 속성이 있다. 메시지가 원본이라는 것을 인증하기 위해서는 송신자를 검증하는 것은 물론 메시지가 조작되지 않았다는 것을 검증할 수 있어야 한다. 이를 **무결성**이라 부르며 메시지 인증의 목적이라 할 수 있다.

암호화는 인증 없이도 가능하다. 물론 보안 측면에서 봤을 때 좋은 방법은 아니다. 송신자를 검증하지 않는다면, 공격자는 원하는 대로 메시지를 만드는 것은 물론 이전의 "합법적인" 메시지를 재활용하는 것도 가능하다. 만약 공격자가 암호문을 바꾼다면 수신자가 이를 알 수 있는 방법은 전혀 없다. 인증이 없는 암호화는 공격할 방법이 많다. 따라서 우리가 추천하는 방법은 단 하나다. 인증과 암호화를 병행해서 사용하라.

암호화 없는 메시지 보호

제로 트러스트 네트워크의 조건 중 하나는 메시지가 조작되면 안 된다는 점이다. 메시지가 조작되지 않았다는 증명이 없이는 제로 트러스트 네트워크를 만들 수 없다. 그렇다면, 메시지 조작과 암호화는 무슨 관계일까?

암호화는 데이터의 기밀성을 보장한다. 하지만 때로는 암호화가 방해가 되는 경우가 있다. 캡처한 데이터 패킷의 데이터를 볼 수 없다면 네트워크에서 발생한 문제를 해결하기 어려운 경우가 있다. 네트워크 트래픽의 내용을 확인할 수 없다면, 침입자 감지가 어려워질 수 있다. 사실 암호화를 피해야 할 다양한 합법적인 이유들이 있다.

하지만 암호화를 하지 않겠다고 결정하면 데이터의 기밀성은 절대로 보장할 수 없다. 관리자 입장에서는 데이터가 암호화되지 않는 것이 좋겠지만, 데이터의 기밀성을 보장하기 위해서는 데이터 암호화를 피할 수 없다. 그림 8-1의 시나리오를 상상해보자.

매우 일반적인 데이터 센터 구조다. 트래픽이 암호화되는 구간은 정해져 있다. 나머지 구간에서는 데이터를 암호화하지 않는다. 시스템 관리자에게는 좋은 소식이다. 데이터 센터 사이를 오갈 때만 데이터를 암호화한다.

네트워크 내부에 신뢰를 바탕으로 영역을 만들었기 때문에, 제로 트러스트 네트워크 구조와 정반대다. 즉, 트래픽을 암호화하지 말아야 할 평계를 찾는 것 자체가 틀린 접근 방법이다. 트래픽을 암호화해서는 절대로 안 되는 경우는 사실 매우 드물다.

암호화와 마찬가지로 인증 역시 제로 트러스트 네트워크에 반드시 필요한 요소다. 강력한 인증은 지원하지만 암호화는 사용하지 않는 프로토콜은 없다. 지금껏 이 책에서 설명한 프로토콜도 인증과 암호화가 동시에 필요한 것들 뿐이었다. 이런 측면에서 보자면, 암호화는 공짜로 얻어지는 부산물이다. 암호화를 배제할 생각은 하지도 말자.

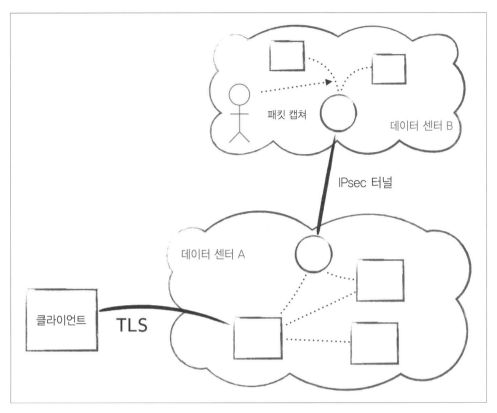

그림 8-1 데이터 기밀성은 데이터 센터 내부에서나 외부에서나 똑같이 중요하다.

신뢰의 시작: 첫 번째 패킷

네트워크 트래픽에 있어서 첫 번째 패킷은 상당히 부담이 가는 존재다. 어떤 연결인지에 따라 또는 디바이스의 상태에 따라 이 패킷에 약간의 신뢰가 전제돼야 하는 경우도 있다.

데이터 센터 내부에서는 보통 어떤 트래픽 흐름이 발생할지 예상이 가능하다..하지만 사용자에게 서비스를 하는 시스템의 경우, 트래픽 예상은 불가능에 가깝다. 사용자에게 서비스를 제공하는 시스템은 외부에서 접근이 가능해야 한다. 위험도가 급격히 증가하는 이유다. 물론 mTLS 같은 프로토콜을 사용해 디바이스의 서비스 접근을 허용하기 전 디바이스를 인증하는 것이 가능하다. 하지만 시스템이 외부에 공개된 이상 공격 시나리오는 급격히 증가한다.

그렇다면, 오직 신뢰하는 연결만 허용하고 나머지는 모두 조용히, 아무런 응답없이 무시할 수 있는 방법은 없을까? **첫 번째 패킷의 문제**라는 별명도 가지고 있는 문제로, 그림 8-2의 **사전 인증**이라는 방법을 통해 어느 정도 해결할 수 있다.

사전 인증은 어떤 인증 요청이 들어올 것인지 미리 예상함으로써 인증 요청을 서비스에 전달할 것인지 결정하는 방법이라 할 수 있다. 작은 데이터를 암호화해 서명한 다음 접근을 원하는 네트워크 자원에 UDP 패킷으로 보내는 방식을 많이 사용한다. UDP 패킷은 기본적으로 응답이 불필요한 패킷이기 때문에, 반드시 UDP를 사용해 사전 승인을 진행해야 한다. 이를 통해 오직 정확한 키로 암호화된 패킷을 받은 경우에만 서비스를 외부에 노출하고, 그렇지 않은 경우에는 서비스를 숨기는 것이 가능하다.

적절히 암호화된 사전 승인 패킷을 수동적으로 수신했다면 이 패킷의 송신자가 인증을 진행할 것이라 예상할 수 있다. 방화벽의 설정을 변경해 이 송신자의 패킷이 우리의 TLS 서버에 도착하도록 만들 차례다. 사전 승인을 사용하는 이 방법을 **SPA**^{Single Packet Authorization, 단일 패킷 권한 부여}라고 부른다.

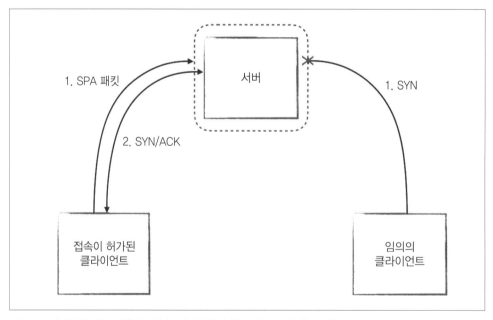

그림 8-2 사전 승인 키를 소유한 클라이언트가 서명한 패킷을 보내 TCP 연결을 곧 할 것이라고 서버에게 알린다. 사전승인 패킷을 전송하지 않은 클라이언트에게는 서버가 침묵을 유지한다.

SPA는 첫 번째 패킷의 문제를 해결하기 위한 수단일 뿐 완벽한 디바이스 인증 프로토콜은 아니다. 사전 승인이 가져오는 이점은 분명히 존재한다. 하지만 SPA가 TLS나 IKE같은 더 강력한 상호 인증 프로토콜을 대체할 수는 없다.

fwknop

오픈 소스 기반 SPA 중에서는 fwknop가 유명하다. 다양한 운영체제를 지원하며 호스트의 방화벽과 통합해 사전 승인 과정을 거친 디바이스의 접속만 허용을 짧게 제한하는 것이 가능하다.

짧은 허용

유효한 SPA 패킷이 fwknop에 도달하면, fwknop는 이 패킷을 복호화하고 내용을 검사한다. 여기에는 송신자가 접속하고 싶은 프로토콜과 포트 번호에 대한 정보가 담겨있다. fwknop는 이 정보를 이용해 해당 송신자가 해당 포트로 보내는 트래픽을 허용하도록 방화벽 규칙을 만들고 적용한다. 이 방화벽 규칙은 일정 시간이 지나면 제거된다. 기본 허용 시간은 30초지만 보통 몇 초면 충분하다.

앞서 말한 것처럼 fwknop가 만든 방화벽 규칙은 아주 제한적이다. 오직 해당 송신자의 IP 주소만 허용하고, 오직 요청한 포트만 허용한다. 어떤 포트를 허용할 것인지는 사용자에 따라 다르게 적용할 수도 있다. 또한 송신자가 자신의 포트를 명시하는 것도 가능하다. 이 경우 방화벽 규칙을 더 제한적으로 만들 수 있다.

SPA 페이로드

fwknop의 페이로드에는 7가지 필수 필드와 3개의 선택 필드를 규정하고 있다. 여기에는 사용자 이름, 접근 요청 자체(포트 번호 등), 시각, 체크섬 등이 있다.

- 16 바이트 길이의 랜덤 데이터

- 로컬 사용자이름

- 로컬 시각

- fwknop 버전

- SPA 메시지 종류

- 접근 요청

- SPA 메시지의 해시값(SHA-256이 기본으로 사용된다)

클라이언트가 페이로드를 생성해 암호화한다. 선택적으로 HMAC을 추가할 수도 있다. 이렇게 생성한 SPA 패킷을 전송하면 클라이언트의 임무는 끝난다.

페이로드 암호화

두 종류의 암호화 방식을 사용할 수 있다. AES와 GnuPG다. 전자는 대칭 암호화 방식이며, 후자는 비대칭 암호화 방식이다. 다양한 시나리오와 사용자 선호도를 위해 두 종류의 암호화 알고리듬을 지원한다.

개인용이나 소규모 네트워크에서는 AES를 선호하는 것이 보통이다. GnuPG 도구를 별도로 사용할 필요가 없기 때문이다. 대용량 데이터에서 AES가 더 좋은 성능을 보여주는 것도 한 가지 이유다. 하지만 단점도 있다. 대칭 암호화의 모든 단점을 갖는다고 생각하면 된다.

대칭 암호화는 키를 배포하는 것부터 문제다. 규모가 커지기 시작하면 키 배포에 관한 문제는 더욱 부각된다. GnuPG를 사용하면 대부분의 문제를 해결할 수 있다. AES에 비해 데이터 처리에 시간이 오래 걸리지만 GnuPG를 추천하는 이유다.

HMAC

fwknop 페이로드 끝에 HMAC를 추가하도록 설정할 수도 있다. HMAC[Hashed Message Authentication Code]는 메시지가 원본임을 증명하는 용도로 사용할 수 있다. 중요한 내용이다. 공격자가 암호문을 조작하는 것을 막을 수 있기 때문이다.

HMAC 외에 페이로드 내부에 메시지 해시값이 들어간다는 것을 눈치 챘을 수도 있다. 암호문이 변경되는 것을 막을 수 있는 방법이기는 하지만 AtE[Authenticate-then-Encrypt]라 불리는 이 방법은 몇 가지 취약점을 가지고 있다. 이 취약점을 보완하기 위해 HMAC을 암호화된 페이로드 뒤에 추가하는 방법을 사용한다.

HMAC과 비교하면 복호화 과정은 훨씬 복잡하다. 또다른 취약점이 존재할 수 있다는 뜻이다. HMAC을 추가하면, 수신측에서 가볍게 메시지 무결성 검사를 할 수 있기 때문에, 무결성이 보장된 데이터만 복호화할 수 있다.

복잡하게 들리겠지만 한 마디로 줄인다면, fwknop을 사용할 때는 반드시 HMAC을 함께 사용해라.

네트워크 모델

네트워크를 통해 데이터를 송신하는 데 있어서 네트워크 스택은 많은 일을 담당한다. 이 때문에 네트워크 스택 코드는 쉽게 엉망진창이 되기 쉽다. 이를 방지하고자, 오래 전 네트워크 인더스트리는 많은 노력을 통해 네트워크 스택을 여러 계층으로 표준화했다. 각 계층은 데이터 송신에 있어서 각기 다른 역할을 담당하며 하위 계층은 상위 계층이 사용할 수 있는 기능을 제공한다.

이런 계층 구조를 갖는 것은 코드를 깨끗하게 하기 위함만은 아니다. 어떤 기술이 네트워크 스택의 어디에서 동작하는지 언급할 때에도 계층을 언급한다. 예를 들어 계층 7 로드 밸런서 또는 계층 4 로드 밸런서라는 용어를 들어봤을 것이다. 로드 밸런서는 네트워크 트래픽을 여러 백엔드 머신에 분산하는 역할을 담당하는데, 동작하는 계층에서 따라 할 수 있는 일이 크게 달라진다. 예를 들어 계층 7 로드 밸런서는 HTTP 헤더 안에 포함된 요청 패스 등의 정보를 활용해 어떤 머신에 트래픽을 전달할 것인지 결정할 수 있다. HTTP가 계층 7에 존재하는 프로토콜이기에 가능한 이야기다. 반면, 계층 4 로드 밸런서는 계층 7에 존재하는 데이터를 고려하지 않는다. 따라서 송신자의 IP 주소나 포트 번호 등의 비교적 단순한 정보를 사용한다.

다양한 네트워크 모델이 존재한다. 한 네트워크 모델을 다른 네트워크 모델로 바꾸는 것이 가능한 경우가 대부분이지만, 경계선이 불분명한 경우도 존재한다. 이 책에서는 두 가지 네트워크 모델만 다룬다. OSI 네트워크 모델과 TCP/IP 네트워크 모델이다. 이 두 모델을 잘 이해하면 나중에 제로 트러스트의 책임을 어디서 담당해야 하는가를 이야기할 때 도움이 될 것으로 생각한다.

그림으로 보는 네트워크 계층

계층이라는 개념이 처음에는 이상해 보일 수도 있다. 하지만 러시아 마트료시카 인형과 비교하면 이해하기 쉬울 것이다. 그림 8-3에서 보는 것과 같이 각 계층이 다음 계층을 포함하는 것이 일반적이다. 이렇게 포함된 계층을 **페이로드**라고 부른다.

그림 8-3 하위 네트워크 계층에서 상위 계층의 트래픽을 페이로드 필드에 보관한다. 이로 인해 한 패킷이 중첩된 구조를 갖는다.

OSI 네트워크 모델

1984년 OSI 네트워크 모델이 탄생했다. 앞서 발표된 두 개의 다른 문서에 바탕을 둔 모델이다. 두 개의 다른 표준 단체에서 서로 다른 이름으로 동일한 모델을 발표했다. ISO^The International Organization for Standardization는 ISO 7498이라는 이름으로 이 표준을 발표했고,

ITU-T^{The Telecommunications Standardization Sector of the International Telecommunication Union}는 X.200이라는 이름으로 이 표준을 발표했다.

OSI 모델은 ARPANET을 비롯한 당시 존재하던 네트워크의 구축 경험을 토대로 탄생했다. 이 모델에서는 7개의 계층(다음 절에서 설명)을 정의하고 있으며, 각 계층은 데이터 송수신의 일정 부분을 담당한다.

계층 1 - 물리 계층

물리 계층은 네트워크 디바이스와 실제 데이터가 지나갈 물리적인 통신 매체의 인터페이스를 정의하는 계층이다. 핀의 배열, 선의 저항, 전압, 주파수 등의 내용이 여기에 포함된다. 파이^{PHY}라고 부르는 물리 계층에서 사용하는 파라미터는 어떤 매체를 사용하느냐에 따라 달라진다. 많이 사용되는 통신 매체에는 이중 나선 케이블, 동축 케이블, 무선 등이 있다.

계층 2 - 데이터 링크 계층

데이터 링크 계층은 물리 계층으로 데이터를 송수신하는 일을 담당한다. 이 계층에서는 직접 연결된 노드 간의 통신만 담당한다. 이 계층에서는 연결된 다른 네트워크에 데이터를 전송한다라는 개념이 없다. 이 계층에서 동작하는 프로토콜 중에서는 이더넷(802.3)이 가장 유명하다.

계층 3 - 네트워크 계층

네트워크 계층은 연결된 노드들간의 데이터 패킷 송수신을 담당한다. 이 계층에서는 패킷을 목적지에 보내기 위해 계층 2 영역을 여러 번 가로지르는 것이 가능하다. 따라서 이 계층에서는 목적지의 주소를 확인해 데이터를 라우팅한다는 개념이 존재한다. IP가 여기서 동작하는 프로토콜이기는 하지만 경계가 약간은 모호하다. 이 부분은 나중에 다룰 것이다.

계층 4 – 트랜스포트 계층

트랜스포트 계층은 계층 3의 간단한 패킷 송수신을 활용한다. 보통 계층 3의 부족한 점을 다음의 다양한 기능으로 보완하는 모습을 보인다.

- 스테이트풀^{stateful} 연결

- 다중화

- 순차적 전송

- 흐름 제어

- 재송신

위 기능들이 TCP가 제공하는 것처럼 보일 수도 있다. 사실, TCP도 계층 4 프로토콜이다. 하지만 IP와 마찬가지로 이 둘의 관계는 약간 이상하다.

이 계층에서 동작하는 프로토콜이 위 기능을 모두 제공할 필요는 없다. 예를 들어 UDP도 계층 4 프로토콜이지만, 위 기능들 중 오직 다중화 기능 하나만 지원한다. UDP가 이 계층에 있는 이유는 계층 3의 페이로드 필드에 존재하기 때문이다.

계층 5 – 세션 계층

세션 계층은 대부분의 네트워크에서 많이 다루지 않는 계층이다. 이 계층은 네트워크 연결 상태를 추가적으로 더하는 역할을 한다. 이 계층을 이용하면 통신이 끊겼을 때 통신을 재개하는 것이 가능하고, 다른 네트워크 노드를 통해 통신하는 것도 가능하다. PPTP나 L2TP같은 VPN 프로토콜과 SOCKS와 같은 프록시 프로토콜이 이 계층의 프로토콜이다.

계층 6 – 프레젠테이션 계층

애플리케이션 개발자들이 많이 다루는 계층이다. 데이터 스트림을 통해 애플리케이션 데이터를 송수신하는 일이 이 계층에서 벌어진다. 데이터 직렬화^{serialization}도 이 계층에서 일어나지만, 데이터 암호화와 압축도 이 계층에서 일어난다. 세션을 먼저 생성한 후의 일이기는 하지만 TLS 프로토콜이 이 계층에서 동작하는 프로토콜이다. TLS 세션은 계층 5에서 생성한다. 하위 계층에서 상위 계층으로 이동하는 행위를 업그레이드라고 부르기도 한다.

계층 7 – 애플리케이션 계층

OSI 모델의 최상위에 위치한 계층이다. 애플리케이션이 네트워크에서 통신하는 데 사용하는 상위 프로토콜이 동작하는 계층이다. DNS, HTTP, SSH 프로토콜이 여기에 해당한다.

TCP/IP 네트워크 모델

TCP/IP 네트워크 모델 역시 중요한 네트워크 모델이다. 이 모델에서는 오늘날 인터넷에서 제일 많이 사용하는 프로토콜을 다룬다.

OSI 모델과는 달리 TCP/IP 모델에서는 각 계층을 명확히 구분하지는 않는다. 사실 인터넷 설계자들이 "철학적 가이드라인"으로 사용하는 RFC 3439 문서를 보면, "계층을 나누는 것은 좋지 않다"라는 절이 존재한다. 하지만 이 모델에서도 다음의 계층은 정의하고 있다. 하위 계층부터 상위 계층의 순서다.

- 링크 계층

- 인터넷 계층

- 트랜스포트 계층

- 애플리케이션 계층

OSI 모델의 계층과 얼핏 비슷하다. 하지만 완전히 일치하지는 않는다. 애플리케이션 계층은 OSI 모델의 계층 5부터 7정도까지 해당한다. 포트라는 개념을 도입해 계층 5와 유사한 점이 조금 있기는 하지만 트랜스포트 계층은 계층 4와 비슷하다. 인터넷 계층은 계층 3에 해당한다. 각 계층의 경계선이 뚜렷하지는 않다. 예를 들어, 상위 프로토콜인 ICMP(IP 프로토콜로 전송됨)가 어떻게 인터넷에서 트래픽을 라우팅 할 것인지를 다루기도 한다.

제로 트러스트에 어울리는 네트워크 모델

네트워크 계층 모델을 배웠으니 제로 트러스트를 네트워크 스택 어디에 넣을 것인지 찾을 차례다.

두 개의 프로토콜이 물망에 오른다. TLS와 IPsec이다. TLS^{Transport Layer Security}(SSL의 후손)가 더 많이 사용된다. TLS는 많은 애플리케이션 계층 프로토콜에서 트래픽을 보호하기 위해 사용한다. IPsec은 대체제라 할 수 있으며, VPN에 많이 사용된다.

TLS의 T가 "트랜스포트"를 의미하지만 TCP/IP 모델에서 TLS는 트랜스포트 계층에 있는 프로토콜이 아니다. 애플리케이션 계층에 속하는 프로토콜(OSI 모델로 따지면, 계층 5와 6 중간쯤)이다.

인프라로써의 TLS

경계형 네트워크 모델에서는 애플리케이션에서 TLS를 제거하는 경우가 종종 있다. 애플리케이션의 책임을 인프라에 전가하는 모습이다. 이 경우 TLS는 경계형 모델의 경계에 있는 디바이스에서 끊어지고, 이후의 트래픽은 백엔드 서버에 암호화되지 않은 채 전달된다. 제로 트러스트 네트워크에서는 이런 방식이 불가능하기는 하지만 TLS를 인프라가 지원하는 기능으로 만들 수 있는 방법이 존재하기는 한다. 잠시 후 이야기하도록 하겠다.

반면 IPsec은 TCP/IP 모델에서 인터넷 계층에 해당한다고 보는 견해가 일반적이다. 해석에 따라 OSI 모델의 계층 3 또는 4에 해당한다. 네트워크 스택을 더 자세히 살펴보면 IPsec은 보통 호스트 커널의 일부분으로 구현되는 경우가 대부분이다. IPsec은 IPv6 표준의 일부로 개발됐으며, 원래는 필수 내용이었는데 최종적으로는 권장 표준으로 강등됐다.

둘 중 하나를 선택할 수 있다면 어떤 것이 더 좋을까? 제로 트러스트의 목표는 모든 트래픽에 대해 통신 보안을 유지하는 것이다. 이를 위한 최선의 방법은 기본적으로 모든 통신을 보호할 수 있는 시스템을 구축하는 것이다. 이 측면에서 보자면 IPsec이 더 낮은 계층에 있으므로 더 적절하다 할 수 있다.

IPsec을 사용하면 호스트 간 통신이 보호된다. 네트워크 스택 하부에 위치하기 때문에, 보안 통신 채널이 형성된 다음에만 패킷을 전송하도록 IPsec을 설정할 수도 있다. 수신측에서도 보안 채널을 통해 받은 패킷만 처리하도록 설정할 수 있다. 두 호스트 사이에 "가상 보안 연결"을 만들어 트래픽을 안전하게 주고받는 결과가 된다. 각각의 애플리케이션마다 통신 보안 기능을 넣어야 했던 기존의 보안 방식과 비교한다면 큰 이점이 아닐 수 없다.

단순히 두 디바이스 사이에 통신 보안 채널을 형성하는 것만으로 제로 트러스트 네트워크를 만들 수는 없다. 네트워크 트래픽 하나 하나에 대한 승인 여부를 결정할 수 있어야 한다. 이 조건은 다음의 기술들도 만족시킬 수 있다.

- IPsec에서 애플리케이션마다 유일한 SA^{Security Association}를 사용한다(RFC 4301의 4.4.1.1절 참고). 오직 승인된 네트워크 트래픽만 보안 정책을 구성할 수 있다.

- IPsec 위에 필터링 시스템(소프트웨어 방화벽)을 구축한다. 제로 트러스트 네트워크에서 필터링의 역할에 대해 이 장의 후반부에서 다루기로 한다.

- 애플리케이션 레벨에서 트래픽의 승인 여부를 결정한다. 접근 토큰이나 X.509 인증서 같은 접근 허가에 관한 표준 기술을 사용할 수 있다. 이 경우, 강력한 암호화와 인증을 IPsec 스택이 담당한다.

- 진정으로 "보수적인" 시스템에서는 상호 인증 TLS를 IPsec 계층 위에 놓을 수도 있다. mTLS와 IPsec을 사용해 이중으로 암호화하는 방법을 사용하면, 둘 중 하나의 암호화가 실패한 경우에도 트래픽을 지킬 수 있다. 물론, 호스트가 부담해야 하는 연산량과 복잡도는 늘어난다.

클라이언트와 서버의 분리

IPsec는 장점이 많지만 아직 널리 사용되지는 않는다는 점이 문제다. 이 문제는 다음과 같이 다시 세분화할 수 있을 것이다.

- 네트워크 지원 문제

- 디바이스 지원 문제

- 애플리케이션 지원 문제

네트워크 지원 문제

네트워크 지원 문제는 실제 IPsec을 사용하는 데 큰 문제가 될 수 있다. IPsec에는 몇 가지 새로운 프로토콜이 들어있다. 이 중 ESP와 AH 두 개는 새로운 IP 프로토콜이다. 작은 LAN 환경이나 몇몇 네트워크에서 이 프로토콜을 완벽히 구현했을 수도 있다. 하지만 이 패킷들을 전송하기가 쉽지만은 않다. 방화벽을 잘못 설정해서, NAT 때문에, 이 트래픽을 고의로 허용하지 않는 라우터를 만나서 등 이유는 다양하다. 예를 들어, 대형 클라우드 제공 업체인 아마존 웹서비스는 ESP나 AH 트래픽이 자신의 네트워크로 흘러들어 오는 것을 허용하지 않는다. 상점이나 도서관에 있는 핫스팟이 IPsec 트래픽을 지원하리라는 보장도 없다.

이 문제를 해결하기 위해 IPsec에는 그림 8-4와 같이 트래픽을 UDP 프레임으로 포장하는 방법이 있다. IPsec을 지원하지 않는 네트워크에서도 트래픽을 전송할 수 있는 방법이기는 하지만 시스템이 부담해야 하는 복잡도는 증가할 수밖에 없다.

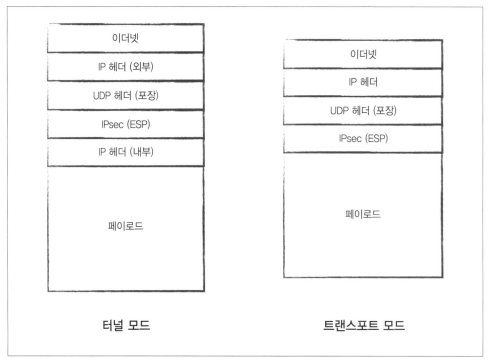

그림 8-4 IPsec에는 ESP 패킷을 UDP 패킷으로 포장하는 방법이 있다. ESP 패킷을 일반 UDP 패킷처럼 보이게 하는 방법이다.

디바이스 지원 문제

디바이스 지원 역시 IPsec으로 네트워크를 보호하는 데 있어서 큰 문제가 될 수 있다. IPsec 표준은 복잡하다. 다양한 설정과 암호화 알고리듬이 필요하다. 통신을 시작하기 전, 통신을 하는 양측에서 공통으로 사용할 수 있는 프로토콜과 암호 알고리듬에 동의 해야 한다. 암호 알고리듬은 지속적으로 진화해야 한다. 강력한 암호화 알고리듬을 사용 할 수 없는 경우에는 문제가 될 수 있기 때문이다. 정확히 말하면, TLS 역시 동일한 문제 가 있다. 하지만 IPsec이 보통 시스템의 커널에 존재한다는 점을 고려하면 새로운 프로 토콜이나 암호 알고리듬을 적용하는 것이 느릴 수밖에 없다.

IPsec에서는 디바이스의 설정을 동적으로 바꿀 수 있어야 한다. 다양한 디바이스가 존 재하는 클라이언트/서버 시스템에서 클라이언트 디바이스를 설정한다는 것은 어려운 일이다. 데스크탑 운영체제에서는 프로토콜이 제대로 구현된 경우가 많아 프로토콜을 제대로 설정하는 것이 비교적 쉽다. 하지만 모바일 운영체제에서 제로 트러스트 모델을 구현할 수 있을 정도로 IPsec을 완벽히 지원하기란 아직까지 기대하기 어렵다.

애플리케이션 지원 문제

TLS를 사용한 보안과 비교하자면 IPsec을 이용한 보안은 새로운 요구사항이 있다. IPsec을 사용하려는 시스템은 IPsec 보안 정책을 설정할 수 있어야 한다. 원하는 암호 알고리듬을 사용하도록 커널을 설정하고, IKE 데몬을 실행해 IPsec 보안 설정을 협상하 도록 해야 한다. TLS의 라이브러리 기반 방식과 비교하면 매우 복잡한 시나리오다. 많은 애플리케이션이 이미 TLS 지원을 하고 있다는 점을 고려한다면, IPsec 사용은 두 배로 복잡하게 느껴질 것이다.

라이브러리를 사용하는 방법이 더 좋아 보일 수도 있겠지만, 실제로는 숨겨진 단점도 존재한다. 라이브러리를 사용하려면 애플리케이션에서 설정 부분을 TLS 라이브러리에 서 호출할 수 있도록 인터페이스를 제공해야 한다. 많은 애플리케이션이 서버 TLS를 지 원한다. 하지만 상호 인증 TLS 연결에는 클라이언트 인증서가 필요하고 이를 TLS 라이 브러리가 사용할 수 있어야 하는데, 이 부분을 무시하는 애플리케이션이 많다. 또한 최근 발견된 취약점에 대비하기 위해 시스템 관리자가 설정을 변경해야 하는 경우가 있는데

TLS를 사용하는 수많은 애플리케이션의 설정을 모두 변경하기란 쉽지 않은 작업이다.

시스템에 접근하는 데 브라우저를 많이 사용한다. 최신 버전의 브라우저를 사용한다는 가정 하에, 브라우저가 지원하는 TLS는 일반적으로 품질이 좋은 편에 속한다. 따라서 시스템에 접속하는 공통의 클라이언트로서 브라우저를 사용하면 설정에 따른 이슈를 줄일 수 있다. 브라우저에서 할 수 없는 소수의 애플리케이션의 설정만 신경 써서 조절하면 된다.

서버를 살펴보자. 많은 조직에서 하나의 로컬 데몬이 네트워크 통신 보안을 담당하는 모델을 사용하고 있다. 하나의 애플리케이션이 보안 설정을 담당함으로써 시스템 관리자가 네트워크 보안을 쉽게 설정할 수 있는 모델이다. 하나의 스택이 보안을 담당한다는 면에서 보면 IPsec과 비슷한 면이 있지만, TLS를 사용한다는 점이 다르다.

실용적인 방법

위의 두 방법의 장단점을 따져 시스템 관리자 입장에서 실용적인 방법을 생각해보자.

클라이언트/서버 통신에서는 상호 인증 TLS가 네트워크 보안에 있어 가장 합리적인 방법으로 여겨진다. 브라우저가 클라이언트의 인증서를 서버 측의 프록시에 보내면 이 프록시가 네트워크 연결을 인증하고 허가하는 방식이다. 물론 이 방법은 브라우저 기반 애플리케이션에서만 제로 트러스트 네트워크 모델을 사용할 수 있다는 단점이 있다.

서버 간 통신에서는 IPsec이 더 적절해 보인다. 한 조직의 서버들은 일반적으로 설정을 관리하기가 용이하고 네트워크 환경 역시 조직 내에 잘 알려져 있기 때문이다. IPsec을 지원하지 않는 네트워크라면 UDP로 감싸는 방법을 사용할 수도 있다.

마이크로소프트의 서버 아이솔레이션(isolation)

마이크로소프트 윈도우와 액티브 디렉토리를 사용하는 환경이라면 **서버 아이솔레이션**이라는 기능을 사용할 수 있다. 윈도우 방화벽, 네트워크 보안 정책, 그룹 보안 정책을 활용해 IPsec 설정을 자동화할 수 있는 기능이다. 뿐만 아니라 액티브 디렉토리 보안 그룹과도 연결할 수 있어 IPsec 인증에 기반한 강력한 접근 제어도 가능하다.

여러 네트워크를 거쳐 IPsec 패킷을 보내려면 복잡도가 늘어나기는 하지만 윈도우 기반 환경에서 제로 트러스트 네트워크를 구현할 때는 서버 아이솔레이션 기술이 최적으로 보인다.

IPv6에 IPsec이 포함됐다. 이 책의 저자들은 IPsec을 지원하는 네트워크가 늘어나 클라이언트/서버 통신이나 서버 간 통신 모두에서 사용할 수 있길 희망한다.

프로토콜

상호 인증 TLS와 IPsec에 대해 배웠다. 둘 중 무엇을 사용해야 하는지 결정할 때 고려해야 할 사항도 함께 다뤘다. 이 절에서는 이 두 개의 프로토콜을 자세히 살펴보도록 한다. 설정할 수 있는 부분이 많은 프로토콜이기 때문에 프로토콜이 어떻게 동작하는지 이해하는 것이 필수다. 둘 다 상당히 복잡하므로 잘못된 설정으로 보안을 유지하는 경우도 흔하다.

IKE/IPsec

IKE$^{Internet Key Exchange}$는 IPsec의 인증과 키 교환을 수행하는 프로토콜이다. 보통 데몬으로 구현해 사전 공유키나 X.509 인증서로 상대방을 인증하고 보안 세션을 생성하는 데 사용한다. 이 보안 세션 내에서 키 교환을 한 번 더 한다. 두 번째에 교환한 키로 대용량 데이터를 전송하는 데 필요한 여러 파라미터를 설정한다. 이를 IPsec 보안 설정이라고 부르기도 한다. 이 과정을 좀 더 자세히 살펴보자.

IKEv1 vs. IKEv2

IKE에는 두 개의 버전이 있다. 대부분의 소프트웨어는 이 둘을 모두 지원한다. IPsec을 새로 도입하는 시스템이라면 IKEv2를 사용하는 것을 권장한다. 버전 1에 비해 더 유연하고 안정적인 프로토콜이다. 버전 1은 과도하게 복잡하면서도 성능은 떨어진다. 이 책에서는 IKEv2만 다룬다.

IKE와 IPsec

IKE와 IPsec을 혼동하는 경우가 많다. IPsec은 하나의 프로토콜이 아니다. 여러 프로토콜의 집합이다. IKE 디자인을 보다 보면 IPsec의 주요 부분이 아니라 부록처럼 보이지만, IKE는 엄연히 IPsec에 속하는 프로토콜 중 하나다. IKE를 IPsec의 컨트롤 플레인으로 이해하는 것도 무리가 없다. 세션 협상과 인증을 담당하고, 이를 통해 어떤 세션 키와 어떤 암호화 알고리듬을 사용할 것인지 결정하기 때문이다.

IPsec의 핵심 프로토콜은 IP 스택에 포함돼 있다. 따라서 IPsec 구현은 커널에서 이뤄지는 것이 일반적이다. 하지만 키 교환 과정이 비교적 복잡한 관계로 IKE 부분만은 유저 영역에서 데몬으로 구현한다. IPsec 보안 연결과 관련된 상태 정보와 어떤 패킷에 IPsec 보안 정책을 적용할 것인지를 결정하는 정보는 커널에 존재한다. 나머지는 IKE 데몬이 담당한다. IPsec 보안 설정^{SA}을 협상하는 과정도 IKE 데몬이 수행하고 협상이 끝나면 커널에 이 정보를 넘겨준다.

인증

IKEv2는 사전 공유키를 통한 인증과 X.509의 공개키/비밀키를 이용한 인증을 모두 지원한다. EAP^{Extensible Authentication Protocol}도 지원한다. EAP를 지원한다는 말은 다요소 인증을 포함한 여러 인증 메커니즘에 IKEv2를 사용할 수 있다는 뜻이다. EAP는 이 책의 주제를 벗어나므로 직접 다루지는 않는다.

IKE에서 X.509 인증서로 인증을 진행하는 것이 권장된다는 것은 말할 필요도 없다. 사전 공유키를 통한 인증을 지원하기는 하지만 이 책의 저자들은 절대 사용하지 말라고 권한다. 사전 공유키를 어떻게 배포할 것인지에 대한 문제와 생성은 어떻게 할 것인지에 대한 문제가 발생한다. 더 중요한 문제는 사전 공유키는 인간이 기억하라고 만들어졌다는 점이다.

X.509 인증서는 인간이 아니라 디바이스가 사용하도록 만들어진 인증서다. 디바이스가 인증서를 들고 있다는 말은 신뢰해도 좋다는 말이다. 이뿐만이 아니다. 여기에는 서명된 메타데이터와 ID를 증명할 수 있는 데이터가 강력한 암호로 보호된 상태로 존재한다. ID를 인증할 수 있는 아주 강력한 메커니즘이다. 디바이스 인증에 있어서 모두가 인증

서를 사용하는 이유도 여기에 있다.

IKE SA_INIT와 AUTH

모든 IKEv2 교환은 IKE_SA_INIT라는 패킷을 교환하는 것부터 시작한다. 초기 교환은 어떤 암호 메커니즘을 사용할지에 대한 것이다. 디피-헬만 키 교환 알고리듬을 사용한다. 디피-헬만 키 교환 알고리듬은 두 시스템이 자신이 가진 키를 공개하지 않고 세션키를 생성하는 데 사용하는 알고리듬이다.

이 세션키를 사용해 다음의 메시지를 암호화한다. 다음 메시지는 IKE_AUTH 패킷이다. 다음 단계에서는 서로 인증서를 교환하고 CHILD_SA라는 것을 생성한다. CHILD_SA에는 IPsec 파라미터가 있는데 양측의 보안 설정에 관한 정보가 여기에 담겨 있다. 이 과정이 끝나면 IKE 데몬이 이 파라미터를 커널에 전달한다. 이제부터는 상태 디바이스와 통신하는 모든 트래픽을 커널이 암호화한다.

암호 알고리듬 선택

IPsec에 암호 알고리듬을 선택하는 것은 TLS에 비해 조금 더 복잡하다. IPsec이 커널에 존재하기 때문이다. 라이브러리로 구현하는 것보다 커널에서 구현하면 제한 사항이 더 많다. 이 때문에 디바이스 종류에 따라, 운영체제의 종류에 따라 IPsec 운영이 복잡해질 수 있다.

RFC 6379에서 **Suite B 암호 알고리듬**을 다루고 있다. 미국 국가안보국[NSA]에서 작성한 문서로 IPsec 암호 알고리듬을 선택할 때 많이들 사용하는 방법이다.

TLS와 마찬가지로 IKE 암호 알고리듬에는 키 교환, 대용량 데이터 암호화, 무결성 등에 대한 알고리듬이 포함된다. 하지만 TLS와는 다르게 인증에 관한 내용은 없다. IKE가 암호 알고리듬 외의 것들을 담당하기 때문이다.

RFC 6379는 상당히 권위적인 위치에 있다. Suite B에 정의된 알고리듬은 AES 암호 알고리듬과 ECDH 키 교환 프로토콜을 다양한 방법으로 활용한다. 무결성을 위해서는 GCM과 SHA를 사용한다. 대부분의 경우 Suite B 알고리듬 사용을 권장한다.

Suite B 암호 알고리듬이 부적절한 경우도 있다. IPsec 구현이 타원 곡선 암호화 알고리듬을 지원하지 않는 경우다. Suite에서는 타원 곡선 암호화 알고리듬이 필수다. 타원 곡선 암호화 알고리듬의 자체에 의심을 갖는 경우도 있다. 정부 기관에서 이 암호를 해독하기 위한 방법을 알고 있다고 믿는 사람들이다.

이 두 경우에 해당한다면, Suite B에 상응하는 DH를 사용하는 것도 좋은 방법이다.

IPsec 보안 설정

IPsec 보안 설정^{SA}은 IKE 협상의 결과물이다. 통신 주체 간의 "관계"로 불리기도 한다. 이 보안 설정은 일방에 관한 것이다. 따라서 양자간 통신에서는 두 개의 SA(인바운드와 아웃바운드)가 흔히 사용된다.

IPsec SA는 SPI$^{Security\ Parameter\ Index}$(IKE SPI와 혼동하지 않길 바란다)라는 식별자를 갖으며 유효 기간이 있다. 트래픽이 IP 스택을 지나면 커널은 패킷에 어떤 알고리듬을 적용할 것인지 결정해야 한다. 어떤 보안 설정을 적용할 것인지 결정하는 것이다. 패킷에 적용할 보안 설정이 존재하면 SA에 정의된 파라미터에 따라 패킷을 암호화하고 전송한다. 패킷에 적용할 보안 설정이 없다면 IKE 데몬에게 협상을 시작하라고 명령한다.

IPsec SA에는 4개의 상태가 존재한다. 준비^{larval}, 활성^{mature}, 임종^{dying}, 완료^{dead} 상태다. SA가 준비 단계에 있다는 것은 아직 IKE 데몬이 협상을 진행 중에 있다는 뜻이다. 아직 암호화를 진행할 단계가 아니다. 협상이 완료되면 SA는 활성 상태가 된다. 트래픽의 암호화를 수행하는 단계다. 현재 SA의 유효 기간이 가까워져 가면, 새로운 SA를 협상해 동일한 보안 정책에 사용한다. 원래의 SA는 임종 상태로 변하고 이 SA가 담당하던 트래픽은 새로운 SA가 담당하게 된다. 시간이 흘러 SA의 유효 기간이 만료되면 완료 상태가 된다.

IPsec 터널 모드 vs. 트랜스포트 모드

IPsec에는 두 가지 모드가 있다. 그림 8-5에 있는 **터널 모드**와 **트랜스포트 모드**다. 터널 모드가 현재까지 가장 널리 사용되는 모드다. 상대방이 IP 패킷을 또 다른 IP 패킷으로 감싸는 모드가 IPsec의 터널 모드다. IP 헤더를 포함해 IP 패킷 전체를 다른 IP 패킷으로 감싼다. 즉, 터널 모드에서는 패킷이 최종적으로 전달될 IPsec의 상대방과 IP 트래픽의 상대방이 다를 수 있다는 뜻이다. 바깥의 IP 헤더가 가리키는 도착지에 트래픽이 도착했을 때 또 다른 IP 헤더가 등장하기 때문이다.

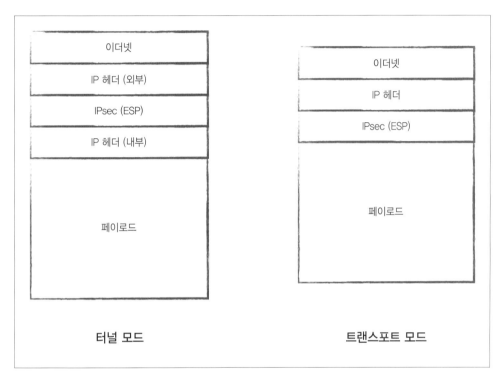

그림 8-5 IPsec 터널 모드와 트랜스포트 모드의 패킷 구조

터널 모드라는 이름을 갖게 된 이유다. 터널 모드는 VPN에서 많이 사용한다. 원격의 네트워크와 보안 채널을 생성하고 이를 통해 원격 네트워크에 패킷을 안전하게 전달할 수 있기 때문이다. 제로 트러스트 네트워크에서는 문제가 될 수 있다. 디자인에 따르면 터널 모드에서는 언젠가 트래픽이 노출되기 때문이다. 외부 IP 헤더가 가리키는 수신자에 패킷이 전달되기까지는 보안이 유지된다. 하지만 외부 IP 헤더가 가리키는 수신자를 지나가면 패킷이 노출될 수 있다. 따라서 저자들은 터널 모드와 제로 트러스트 구조는 맞지 않는다고 생각한다.

트랜스포트 모드에서는 터널 부분을 제외한 모든 보안이 동일하게 동작한다. IP 패킷 전체를 다른 IP 패킷으로 감싸는 대신 IP 페이로드 부분만 감싼다. 호스트 간 직접적인 IP 통신을 하는 데 효율적인 방법이다. 네트워크 중간에 위치한 다른 디바이스와 보안 채널을 생성하는 대신 실질적으로 패킷을 수신할 최종 수신자와 보안 채널을 생성한다. 종단 간에 보안이 이뤄지는 구조다. 이 특성 때문에 제로 트러스트 네트워크에는 트랜스포트 모드가 더 적합하다.

제로 트러스트 네트워크를 구현한 성숙한 데이터 센터에서 트랜스포트 모드를 사용하는 것이 당연하다. 하지만 실제로 적용가능한 방법이 무엇인지 파악하는 것도 중요하다. 기존 네트워크를 제로 트러스트 네트워크로 변환하는 것은 쉽지 않은 작업이다. 따라서 네트워크가 성숙해질 때 가지는 IPsec의 터널 모드를 사용하는 방법도 고려해볼만 하다.

IKE/IPsec을 통한 디바이스 인증

제로 트러스트 네트워크에서 디바이스 보안에 대해 이야기할 때는 디바이스 인증만 이야기하는 것이 아니다. 디바이스 간 통신 보안도 함께 다룬다. IPsec과 궁합이 아주 잘 맞는 이유다.

IPsec이 IP 계층 바로 위에 구현됐기 때문에 TCP와 UDP뿐만 아니라 대부분의 애플리케이션 트래픽의 보안을 유지할 수 있다. 또한 커널에 구현됐기 때문에 IPsec의 혜택을 받는 애플리케이션이 IPsec의 존재 여부를 인지할 필요가 전혀 없다. 애플리케이션은 기존과 똑같은 작업만 하면 된다. 그러면 보안이 "공짜로" 따라온다.

애플리케이션 입장에서 보자면 메시지의 암호화와 무결성 보장을 "공짜로" 얻을 수 있다. 하지만 디바이스는 이런 무임승차의 혜택을 볼 수 없다! IPsec 설정을 하는 것이 쉽지는 않다. 따라서 다양한 보안 정책을 관리한다는 것이 절대 쉽지 않다. 자동화 없이는 불가능하다 할 수 있다.

많은 네트워크가 어떻게 IPsec을 지원하도록 만들 것인지도 관건이다. 모든 공공 네트워크에서 IPsec을 지원한다는 것은 기대하기 힘들다. 커피숍에서 제공하는 와이파이 네트워크에 IPsec 지원을 기대할 수는 없다. IPsec 프로토콜을 막지나 않으면 다행이다. 설정이 쉽지 않다는 점과 IPsec을 지원하지 않는 네트워크도 많이 있다는 점이 제로 트러스트 네트워크의 클라이언트 측에 IPsec을 도입하는 데 있어 장애물로 동작한다. 하지만 역설적이게도 데이터 센터가 불이익을 보는 것은 아니다. IPsec을 도입하려는 이유가 디바이스 보안과 관련 있기 때문이다.

상호 인증 TLS

TLS^Transport Layer Security는 웹 트래픽 보안에 있어서 가장 많이 사용되는 프로토콜이다. 이미 성숙한 기술이며 많은 사람들이 잘 이해하고 있다. 많은 곳에서 도입했고 인터넷 뱅킹처럼 민감한 작업에서도 신뢰를 받고 있는 프로토콜이다. HTTPS의 "S"에 해당하는 프로토콜이다.

TLS를 웹 보안에 사용할 때는 클라이언트가 서버의 인증서가 유효한지 검사한다. 서버가 클라이언트의 인증서를 검사하는 경우는 거의 없다. 사실, 클라이언트가 인증서를 서버에 보내는 경우가 거의 없다! TLS 앞에 "상호"라는 말이 붙으면 클라이언트의 인증서역시 필요하다는 뜻이다. 즉, 서버와 클라이언트 모두가 인증되는 결과를 낳게 된다.

아무나 사용할 수 있도록 만든 서비스에서는 클라이언트 인증을 사용하지 않아도 수긍이 간다. 하지만 그 외는 클라이언트 인증은 필수다. 상호 인증은 제로 트러스트 모델에서 동작하는 프로토콜의 필수 요건이다. TLS 역시 예외는 아니다.

그림 8-6의 TLS 핸드쉐이크는 상당히 직관적이다. 클라이언트가 서버에 ClientHello 메시지를 보내 세션을 초기화 한다. 이 메시지에는 암호화 알고리듬이나 압축 방법 같은 클라이언트가 지원하는 설정 내용이 들어간다. 서버는 어떤 설정을 사용할지 선택한 다음 ServerHello 메시지로 응답한다. 여기에 서버가 선택한 설정 내용과 X.509 인증서가 첨부된다. 이때 서버는 클라이언트에게 인증서를 보내라고 함께 요청한다.

클라이언트는 암호 키를 생성한 다음 서버의 공개키로 암호화한다. 암호화된 키는 클라이언트 인증서와 함께 서버에 전달한다. 자신이 인증서의 주인임을 증명할 수 있는 작은 데이터도 함께 전송한다. 클라이언트가 생성한 암호 키는 다른 키를 생성하는 데 사용된다. 대칭 세션키 역시 여기에서 비롯된다. 즉, 클라이언트가 이 메시지를 보낸 후에는 양측이 보안 세션을 만들 준비가 완료됐다는 뜻이다. 이 메시지를 수신한 서버는 클라이언트의 유효성을 검사한 다음 비슷한 메시지를 송신한다. 이것으로 보안 세션이 완성된다.

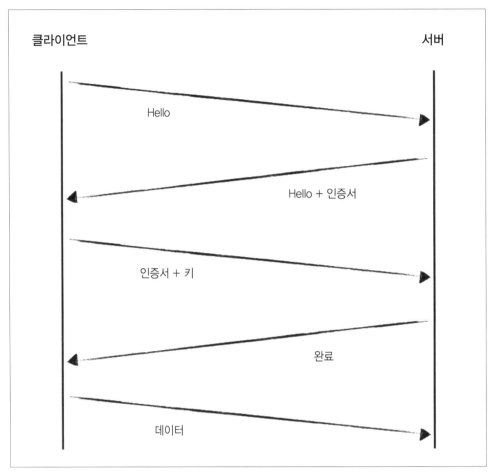

그림 8-6 RSA 키 교환을 통한 상호 인증 TLS 핸드쉐이크

암호화 알고리듬 선택

TLS는 다양한 인증 알고리듬과 암호 알고리듬을 지원한다. 사용할 암호 알고리듬을 여러 단계에서 결정해야 한다. 대표적으로는 다음의 4단계에 어떤 알고리듬을 사용할지 결정해야 한다.

- 키 교환
- 인증

- 데이터 암호화

- 메시지 무결성 검증

어떤 암호 알고리듬을 선택하느냐에 따라 TLS가 얼마나 강력히 보안을 유지할 수 있는지가 결정된다. 쉽게 공격당하는 알고리듬도 많이 있다. 클라이언트를 놓고 보자면 강력한 암호 알고리듬을 지원하는 클라이언트는 그리 많지 않다.

암호 알고리듬 선택자: 클라이언트는 TLS 핸드쉐이크를 통해 자신이 선호하는 암호 알고리듬을 서버 측에 제공하면 서버가 이 중에서 선택한다. 만약 양측이 공동으로 지원하는 알고리듬이 없으면 세션 생성은 실패한다. 클라이언트가 자신의 암호 알고리듬 선호도를 서버 측에 보내기는 하지만 궁극적으로 알고리듬을 선택하는 주체는 서버다. 누가 세션의 보안을 주도하는지 결정하는 것이므로 중요하다 할 수 있다.

다시 말해, 클라이언트가 지원하는 암호 알고리듬이 강력하지 않다면 서버는 여기에서 고를 수밖에 없다. 오래된 클라이언트와의 하위 호환성 지원을 위해 약한 암호 알고리듬도 지원하는 서버도 있다. 공격자도 이를 알기 때문에 암호 알고리듬 협상 과정을 공격해 약한 알고리듬을 선택하게 하고, 이를 통해 공격의 난이도를 낮추는 경우가 있다.

따라서 서버가 가장 강한 암호 알고리듬만 지원하는 것이 현명한 방법이라 할 수 있다. 데이터 센터 내에서는 "클라이언트"를 완벽히 제어할 수 있기 때문에 소수의 허용된 알고리듬만 사용하는 것이 가능하다. 하지만 클라이언트에게 서비스를 제공하는 서버의 경우 어려운 일이다.

암호 알고리듬 협상의 약점

암호 알고리듬 협상은 현대 암호학이 기피하는 방법이다. 새로운 암호 프로토콜과 노이즈 (Noise)와 같은 새로운 암호 프레임워크에서는 암호 알고리듬 협상을 제거하려고 노력한다. 이 책을 집필하는 시점을 기준으로 이 영역에서 많은 연구가 진행 중에 있으며 이 책의 저자들 역시 암호 알고리듬 협상이 가진 약점을 극복한 암호화 프로토콜이 널리 사용되길 기대한다.

키 교환: TLS 키 교환은 보안이 보장되지 않는 채널상에서 암호 키를 안전하게 생성하는 것을 목표로 하고 있다. 자신이 가진 키는 전송하지 않으면서 양자가 안전하게 수학적인 방법을 사용해 키를 생성하는 방식이다.

TLS에서는 3가지 방식이 많이 사용된다. 저자들이 선호하는 순서로 ECDHE, DHE, RSA 이렇게 3가지다.

ECDHE는 디피-헬만 교환 방식에 그 뿌리를 두고 있다. 타원 곡선 암호라는 방법을 사용해 양측에서 사용할 키를 생성한다. 타원 곡선 암호는 매우 강력하고 효율적인 방법으로 풀기 어려운 수학적 문제에 그 뿌리를 두고 있다. 보안과 성능의 두 마리 토끼를 잡을 수 있는 이상적인 알고리듬이다.

DHE 역시 디피-헬만 교환 방식에 그 뿌리를 두고 있다. 타원 곡선 암호 방식이 아니라 모듈러 방식을 사용한다는 차이가 있다. 강력한 키 교환을 위해 ECDHE보다 큰 키를 사용한다. 일반적인 DHE와 관련된 수학적 문제를 비교적 쉽게 풀 수 있기 때문이다. 기술이 발전하면서 우리가 풀 수 있는 수학적 문제는 더 많아졌다. 큰 키를 사용한 DHE가 ECDHE와 비슷한 보안 성능을 보여주기는 하지만 다소 비효율적인 면이 있다.

RSA 키 교환은 X.509 인증서와 같은 디지털 서명에 사용하는 비대칭 암호화 방식에 그 뿌리를 두고 있다. 서버의 공개키를 이용해 양측이 공유하는 키를 암호화한 후 전송한다. RSA 키 교환 알고리듬은 많은 곳에서 지원하고 있지만, 다음과 같은 두 가지 문제점을 가지고 있다. RSA 기반 인증을 사용해야 하고, PFS[Perfect Forward Secrecy]를 지원하지 못한다.

퀀텀 컴퓨팅과 암호

현대 암호학은 큰 수의 인수 분해는 어렵다는 가정을 바탕으로 하고 있다. 수학적으로 힘든 문제다. 하지만 퀀텀 컴퓨팅을 고려한다면 이 가정이 깨질 수 있다. 전통적인 컴퓨팅 방법은 GNFS(General Number Field Sieve) 기술을 사용해 큰 수를 인수 분해해야 한다. 다소 비효율적인 알고리듬이다. 하지만 퀀텀 컴퓨팅에서 사용하는 쇼어의 알고리듬(Shor's algorithm)은 GNFS에 비해 기하급수적으로 효율적이다. 충분히 강력한 퀀텀 컴퓨터만 주어진다면 이 알고리듬을 사용해 대부분의 비대칭 키 교환을 빠르게 공격할 수 있다.

퀀텀 컴퓨팅에 대항할 수 있는 프로토콜 역시 현재 개발을 진행 중이다. 아직 현장에서 사용할 수 있는 프로토콜이 나오지는 않았지만, 퀀텀 컴퓨팅의 잠재적인 위협 때문에 공개 키 암호화를 기피해서는 안 된다. 현재로선 최선의 방법이고 암호학계에서 계속 발전시키고 있는 분야다. 이와 관련된 내용은 "퀀텀 컴퓨팅 시대의 암호학" (https://pqcrypto.org) 홈페이지를 확인하기 바란다.

PFS: PFS^{Perfect Forward Secrecy}, 즉 완전 순방향 비밀성은 비밀키의 노출로 인해 이전의 보안 세션이 영향을 받지 않는다는 의미다. 비밀키가 노출됐을 때도 이전에 캡처한 암호화된 네트워크 트래픽을 복호화할 수 없다는 뜻이므로 매우 중요한 개념이다. 세션키를 비밀키로 직접 암호화해 전송하는 RSA 키 교환에서는 PFS가 보장되지 않는다. PFS를 원하는 독자라면 반드시 DHE나 ECDHE를 사용해야 한다.

타원 곡선 암호: 타원 곡선 방식을 사용한 키 교환에 대해 많은 암호학자들이 의문을 제기했다. 바탕이 되는 수학적 원리는 튼튼하지만 표준화된 곡선의 집합만 많이 사용하기 때문이다. 이 표준화된 곡선은 여러 상수들의 집합에 의해 결정되는데, 암호화 작업의 보안 성능을 유지하기 위해서는 이 상수 집합을 비밀리에 잘 관리해야 한다.

암호학자들이 의문을 제기한 부분이 바로 이 상수 집합에 관한 내용이다. 많이 사용되는 상수 집합을 결정하는 데 성부가 관여해 암호를 해결할 수 있도록 조치를 취했다고 주장하는 사람들이 있다. 만약 사실이라면, 이 상수 집합에 바탕을 둔 타원 곡선을 사용하는 암호 알고리듬을 사용해서는 안 된다.

이 때문에 ECDHE가 가진 수학적 우월성과 효율성에도 불구하고 DHE 키 교환 알고리듬을 선호하는 전문가들도 있다. 모든 클라이언트가 DHE를 지원하는 것은 아니기 때문에 문제가 되는 부분이다. 대표적으로 인터넷 익스플로러가 DHE를 RSA 인증과 함께 사용하는 것을 지원하지 않는다. 이 경우 DHE가 사용 가능할 때 이를 사용하도록 서버를 설정하고, 사용 가능하지 않을 때만 ECDHE를 사용하도록 설정하는 방법을 추천한다.

인증: RSA, DSA, ECDSA 이렇게 세 가지 방법이 인증에 많이 사용된다. 이 중 하나는 저물어가는 기술이다.

RSA 인증이 그 중에서도 가장 많이 사용된다. 웹에서 TLS를 사용하는 경우 99% 이상이 이 기술을 사용한다. 암호키의 길이가 적당히 긴 경우라면 RSA를 사용하는 것이 안전하다고 보는 것이 일반적인 견해다. 기술이 발전하면서 RSA의 근간을 이루는 수학적 문제를 점점 더 잘 풀 수 있게 됐다. 키의 길이를 미리 길게 만들어 이에 대응해야 한다는 점은 주의해야 한다. 하지만 여전히 RSA는 가장 많이 사용되는 기술이며 인증에 있어서 많은 이들이 추천하는 방법임에는 변함이 없다.

DSA 인증은 더 이상 추천하지 않는다. 견고한 기술에 바탕을 두고는 있지만 잘못된 사용과 독단적인 표준화 때문에 많은 문제점이 존재한다. 반면, DSA의 후속작인 ECDSA는 타원 곡선 암호를 사용해 공개키와 비밀키 방식을 지원한다.

ECDSA를 인증의 미래라고 말하기도 한다. 타원 곡선 암호가 가진 모든 장점을 인증에 적용했다. 키의 길이도 길지 않고, 성능도 좋으며, 수학적으로 증명된 안전한 방법이다. 하지만 조금 전에 언급한 것처럼 타원 곡선 암호에서 사용하는 상수 집합이 조작된 경우 ECDSA 인증 역시 안전하지 못하다.

RSA 인증을 사용할지 혹은 ECDSA 인증을 사용할지 결정할 때는 많이 사용되는 타원 곡선의 안전성 역시 고려해야 한다. ID 시스템이 망가지면 네트워크 전체가 위험에 빠진다. 또한 ECDSA를 지원하는 네트워크가 RSA를 지원하는 네트워크만큼 많지 않다는 것도 고려 대상이다. 이 두 점을 고려한다면, ECDSA 알고리듬이 훨씬 뛰어난 보안을 제공한다고 하더라도 이 책의 집필 시점에서 RSA 인증 역시 좋은 방법이라고 말할 수 있다.

책임의 분리

제로 트러스트 네트워크 관점에서는 그림 8-7과 같이 암호화를 애플리케이션에서 분리하는 것도 좋은 방법이다. 지금 우리의 관심사는 디바이스다. 따라서 암호화를 애플리케이션 밖에서 하는 것도 좋은 방법이다.

이렇게 암호화를 애플리케이션 밖에서 수행하면 여러 장점이 있다. 제로데이 마이그레이션, 성능 저하, 감시 등의 문제를 해결할 수 있다. IPsec 프로토콜처럼 어디서 암호화를 할 것인지는 디자인의 문제로 생각해야 한다. 하지만 TLS만은 이 디자인을 사용하지 않았다. 많은 애플리케이션이 TLS를 직접적으로 사용한다. TLS 공유 라이브러리를 로드해 설정한 다음 직접 애플리케이션으로 불러들인다.

TLS 사용 방법에 대한 문제를 끊임없이 목격했다. 인프라 전역에서 TLS를 공유 라이브러리로 만들어 사용한다. 다양한 프로젝트에서 여러 버전의 TLS 라이브러리를 모두 독립적으로 사용하고 설정도 다르게 해서 사용한다. 더 많은 설정이 가능한 프로그래밍 언어도 있으며 언어에 따라 TLS가 보장하는 보안의 수준도 천차만별이다. 결국 이렇게 다양한 애플리케이션에서 TLS 라이브러리를 정확하고 안전한 방법으로 사용하게 만드는 것 자체가 매우 힘들다. 취약점이 알려진 TLS 라이브러리를 사용하는 애플리케이션도 아주 많다.

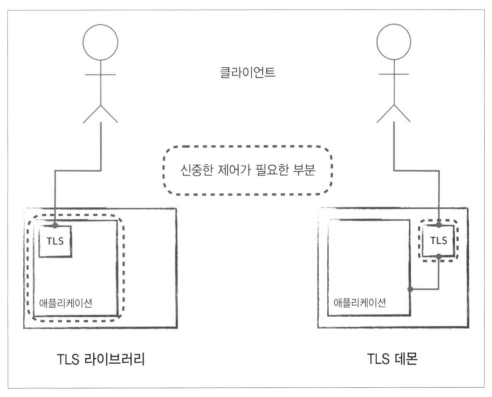

그림 8-7 기존 애플리케이션은 TLS 라이브러리를 애플리케이션 안으로 불러들여 사용했다. 로컬 TLS 데몬을 사용하면 TLS 설정을 더 안전하게 할 수 있고 모든 애플리케이션에 일관된 성능을 제공할 수 있다.

이 문제를 해결하려면 TLS 설정을 컨트롤 플레인으로 옮기는 것이 좋다. 서비스와의 연결은 TLS 데몬이 대신한다. TLS 데몬은 시스템 인증서 등을 사용하도록 견고하게 설정한다.

TLS 데몬이 모든 TLS 연결을 관장하도록 만들면 애플리케이션에 별도의 로직을 넣을 필요 없이 디바이스 인증과 TLS를 통한 통신 보안을 모든 애플리케이션에서 사용할 수 있도록 만들 수 있다.

대용량 데이터 암호화

지금까지 우리가 알아본 TLS 관련 내용은 사실 TLS 핸드쉐이크와 관련된 내용이다. TLS 핸드쉐이크는 인증과 세션키 생성이라는 두 가지 큰 목적이 있다.

TLS 핸드쉐이크는 이 과정 동안 일어나는 수학적 연산 때문에 비싼 작업이다. 보안과 성능이 상충하는 지점이라 할 수 있다. 우리가 비록 보안을 중요하게 생각하기는 하지만 모든 통신에 이 과정을 집어넣으면 시스템의 성능이 저하될 수밖에 없다.

디바이스를 인증하는 데 있어서 비대칭 암호 알고리듬은 매우 중요하다. 하지만 ID와 인증을 제외하고 데이터를 암호화한다는 점에 있어서 대칭 암호 알고리듬도 같은 보안 성능을 제공할 수 있다. 대칭 암호 알고리듬은 공개키/비밀키가 아닌 하나의 키만 사용한다. 비대칭 암호 알고리듬과 비교하면 훨씬 효율적이다. 세션키가 등장하는 것도 이이유에서다.

뛰어난 수학자들과 암호학자들이 강력하지만 효율적이고 안전한 방법으로 하나의 키를 생성하는 방법을 알아냈다. 이렇게 생성한 키를 그림 8-8에서처럼 양측이 공유한다. TLS의 키 교환 메커니즘이 하는 일이 바로 이 공유키를 생성하고 양측에 이를 전달하는 것이다.

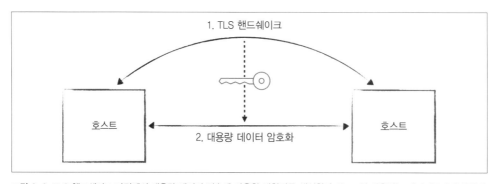

그림 8-8 TLS 핸드쉐이크 과정에서 대용량 데이터 전송에 사용할 대칭키를 생성한다. IPsec이 사용하는 메커니즘과 유사하다.

핸드쉐이크 과정 후 벌어지는 모든 세션 트래픽 암호화에는 대칭 암호 알고리듬을 사용하며 여기에 이 공유키를 사용한다. 비대칭 암호 알고리듬 사용에 따른 성능 저하를 전혀 경험하지 않고도 비대칭 암호 알고리듬의 강점을 세션 전체가 누릴 수 있는 방법이다.

TLS는 대용량 데이터 암호화에 사용할 수 있는 여러 알고리듬을 지원한다. 하지만 우리가 추천하는 알고리듬은 다들 많이 사용하는 AES다. 암호 알고리듬을 선택할 때 고려해야 할 사항을 모두 만족시키는 암호 알고리듬이다. 특허가 걸려 있지 않고 이를 지원하는 하드웨어도 많으며 소프트웨어가 있다면 모든 곳에서 사용할 수 있다. 성능도 좋고 많은 암호학자들이 연구했으며, 현재까지 깨지지 않은 암호 알고리듬이다. "AES, 쓸만한 알고리듬이지"라고 말하는 사람들이 많지만 보안 프로토콜에 있어서 AES는 쓸만한 알고리듬이 아니라 최고의 알고리듬이다.

메시지 진정성

안전한 데이터 통신에 있어서 메시지의 진정성Authenticity 역시 중요한 요소다. 암호화는 기밀성을 보장한다. 하지만 어떻게 메시지의 진정성을 보장할 수 있을까? 암호화된 메시시를 복호화할 때 오류가 발생하지 않는다면, 메시지가 작성자의 손을 떠난 후에 조작된 것인지 확인할 방법이 없다.

AES-GCM과 같은 몇몇 암호 알고리듬은 메시지의 기밀성과 진정성을 동시에 보장한다. 하지만 이 보장은 대용량 데이터의 암호화에만 해당되는 말이다. 대용량 데이터 암호화로 보호할 수 없는 TLS 메시지도 존재한다. 메시지의 진정성을 보장하는 것은 중요한 일이다.

명시적인 무결성 검사의 필요성

메시지 무결성을 지원하는 대용량 데이터 암호 알고리듬이 등장하기 시작하면서 모든 패킷에 명시적인 무결성 검사를 할 필요가 사라졌다. 하지만 TLS 컨트롤 메시지와 같이 대용량 데이터 암호 알고리듬을 사용하지 않는 패킷의 경우 데이터 무결성을 명시적으로 검사할 필요가 있다.

데이터의 무결성 보장에 사용할 알고리듬에는 MD5와 SHA 패밀리가 있다. MD5 알고리듬은 공격당한지 꽤 됐기 때문에 TLS에서 메시지 무결성에 사용할 알고리듬에는 SHA 패밀리만 남아 있다. 컴퓨터의 연산 능력이 증가했으므로 SHA-1과 같은 약한 버전은 사용해서는 안 된다. 네트워크의 하드웨어와 소프트웨어의 제약사항을 고려해 SHA 패밀리 중에서도 가능한 가장 강력한 SHA 해시 알고리듬을 선택해야 할 것이다.

가능하다면 대용량 데이터 암호 알고리듬이 제공하는 메시지 무결성 기능을 활용하는 것을 권장한다. 별도의 무결성 메커니즘을 사용하는 것보다 성능이나 보안 면에서 일반적으로 우수하기 때문이다. TLS 버전 1.3에서는 필수 규정이기도 하다.

상호 인증 TLS를 통한 디바이스 인증

디바이스 인증에 사용하는 모든 프로토콜과 마찬가지로 TLS 역시 일장일단이 있다.

TLS가 네트워크 스택에서 위치한 곳에 따른 특성으로, TLS는 다른 프로토콜에 의존적이다. DTLS라는 이름의 UDP 기반 프로토콜이 있기는 하지만 TCP 기반으로 TLS를 구현하는 것이 일반적이다. 별도의 DTLS 존재 자체가 TLS가 네트워크 스택에서 차지하는 위치가 갖는 제약사항을 반증하는 것이기도 한다. 이 때문에 IP가 제공하지 못하는 보안을 보완하는 기술로 TLS를 받아들이기도 한다.

설정을 얼마나 자동화할 수 있는지도 관건이다. TLS는 경계 모델을 채택한 네트워크에서 많이 사용한다. 경계선에 위치한 네트워크 주체가 TLS를 담당한다. 하지만 이 경계선에 위치한 네트워크 주체와 데이터를 최종적으로 수신하는 서버가 네트워크 차원에서 구분되지 않으면 이 모델은 제로 트러스트 네트워크에서 사용할 수 없다. 제로 트러스트 네트워크에서는 TLS를 담당하는 주체와 TLS를 사용하는 애플리케이션이 동일한 호스트에 존재해야 한다. 따라서 제로 트러스트 네트워크를 채택한 데이터 센터를 TLS로 보호하려면 추가적인 설정의 자동화가 이뤄져야 한다. TLS를 담당하는 주체가 호스트 밖에 위치해 있기 때문에 애플리케이션의 트래픽이 반드시 이 곳을 통과하도록 설정해야 한다. IPsec처럼 "공짜"로 얻어지는 것이 없는 프로토콜이다.

그럼에도 불구하고 클라이언트에 서비스를 제공하는 제로 트러스트 네트워크에 있어 현재로서는 TLS가 최선의 선택이다. TLS는 여러 네트워크에서 광범위하게 지원하는 프로토콜이다. 따라서 즉시 사용할 수 있는 보안 솔루션이 될 수 있다. 대부분의 브라우저에서 상호 인증 TLS를 직접 지원한다. 즉 클라이언트 측에 특별한 소프트웨어를 설치하지 않아도 제로 트러스트가 추구하는 보안 특성을 지원할 수 있는 좋은 방법이다.

필터링

네트워크에 위치한 시스템이 어떤 패킷을 받아들이고 어떤 패킷을 거절할 지 결정하는 과정을 **필터링**이라고 한다. 필터링은 대부분 방화벽을 뜻한다. 방화벽은 네트워크와 애플리케이션 사이에 있는 서비스 또는 디바이스로 여기를 거쳐가는 트래픽을 필터링하는 작업을 수행한다. 방화벽이 필터링 기능뿐만 아니라 다른 기능도 함께 제공한다. NAT, 트래픽 혼잡 관리, VPN 터널 서비스 등이 대표적이다. 전혀 다른 시스템에서 필터링을 수행할 수도 있다. 라우터나 스위치에서 필터링을 제공할 수도 있다. 필터링은 네트워크 시스템의 여러 곳에서 제공할 수 있는 간단한 서비스라는 점을 기억하기 바란다.

보안에 대한 개념이 없는 일반 사용자에게 필터링은 부담스러울 수 있다. 네트워크 통신을 방해하는 존재로 생각할 수 있기 때문이다. 이 불편한 존재를 없애고 사용자에게 원하는 것을 물어보는 것이 더 좋은 방법이 아닐까? 하지만 선의의 사용자라 할지라도 실질적으로 노출할 필요가 없는 서비스를 외부에 노출하는 경우가 태반이다. 지금은 컴퓨터를 인터넷에 항상 연결하는 시대다. 이 시대의 초기에는 사용자들이 인터넷을 통해 자신의 컴퓨터에 있는 파일을 공유하는 사건이 빈번하게 발생했다. 사용자에게 진심으로 이 연결이 꼭 인터넷을 통해 자신의 컴퓨터로 들어와야 하는 것인지 재고하게 만드는 역할을 필터링이 하고 있다.

지금까지 우리가 살펴본 제로 트러스트 네트워크의 많은 부분은 암호화와 인증 시스템에 관한 것들이었다. 네트워크 보안에 있어서 이 부분이 아직 많이 부족하기 때문에 이를 집중적으로 살펴봤다. 하지만 네트워크 필터링의 중요성을 폄하해서는 안 된다. 제로 트러스트 구조에서 여전히 중요한 부분이다. 지금부터는 다음 세 종류의 필터링에 대해 알아볼 것이다.

호스트 필터링: 호스트가 수행하는 트래픽 필터링

북엔드 필터링: 네트워크의 다른 호스트가 수행하는 트래픽 필터링

중간 필터링: 두 호스트 사이에 위치한 디바이스가 수행하는 트래픽 필터링

호스트 필터링

트래픽의 최종 수신자가 자신의 보안 수준을 높이기 위해 능동적으로 필터링하는 것이 바로 호스트 필터링이다. 호스트 필터링의 목적은 모든 호스트가 자신의 네트워크 트래픽을 필터링 하도록 만드는 것이다. 기본 네트워크 디자인과는 차이가 있다. 기존 네트워크에서는 필터링을 중앙의 시스템이 도맡아 했다.

중앙집중식 필터링은 하드웨어 방화벽으로 구현하는 경우가 대부분이다. 이 경우 ASIC^{Application-Specific Integrated Circuit}을 사용해 패킷을 효율적으로 처리한다. 많은 백엔드 시스템이 공유하는 네트워크 자원이기 때문에, 모든 시스템의 다양한 트래픽을 처리하는 ASIC이 매우 중요한 요소다. ASIC을 사용함으로써 유연성을 포기하고 성능 향상을 얻었다.

하드웨어 방화벽과 비교해 현대 운영체제의 소프트웨어 방화벽은 훨씬 유연하다. 다양한 시각에 따라 다른 보안 정책을 적용할 수도 있다. 새로운 모듈을 방화벽에 추가해 다른 서비스를 지원하도록 확장이 가능한 방화벽도 많다.

인터넷 초기와 비교하면, 많은 데스크탑 및 서버 운영체제에서 호스트 기반 방화벽을 통한 네트워크 필터링 기능을 제공한다.

리눅스: IPtables

BSD 시스템: 버클리 패킷 필터(BPF)

macOS: 애플리케이션 방화벽과 커맨드 라인을 통한 추가적인 방화벽

윈도우: 윈도우 방화벽 서비스

놀랍게도 iOS와 안드로이드에는 호스트 기반 방화벽이 없다. 애플의 iOS 보안 가이드는 방화벽을 불필요한 것으로 치부했다. "외부 패킷을 받아들이는 포트의 수가 제한돼

있고 텔넷, 쉘, 웹서버와 같은 불필요한 네트워크 유틸리티를 제거"함으로써 공격 범위를 줄였기 때문에 불필요하다고 판단했다. 구글은 공식적인 보안 가이드를 제공하지 않고 있다. 아마도 플레이 스토어에서 다운로드하지 않은 애플리케이션도 안드로이드 디바이스에서 동작 시킬 수 있기 때문에 사용자가 원한다면 별도의 방화벽을 설치할 수도 있을 것이다.

제로 트러스트 시스템은 기본적으로 네트워크를 신뢰하지 않는다. 따라서 가능한 모든 곳에서 네트워크 트래픽을 필터링 한다. 호스트기반 방화벽이 있으면 불필요한 네트워크 트래픽을 필터링해 호스트의 공격 범위를 줄일 수 있다. 소프트웨어 기반 방화벽이 하드웨어 기반 방화벽에 비해 성능과 처리 속도가 떨어지는 것은 사실이지만 필터링이 시스템에 분산돼서 일어나기 때문에 시스템의 전반적인 성능 저하는 거의 없는 경우가 대부분이다.

호스트 필터링은 시작하기 쉽다. 형상 관리 시스템에서 호스트 방화벽 관리를 아주 잘 지원한다. 방화벽에 적용할 필터링 규칙을 작성할 때는 실제 이를 적용할 호스트 바로 옆에서 네트워크 트래픽을 캡쳐해 필터링 규칙을 설정하는 것이 가장 쉬운 방법이다. 반대로 말하면, 원격 시스템에서 필터링하기란 쉽지 않다.

호스트에서 동작하는 방화벽에서도 프로그래밍 가능한 필터링이라는 좋은 기술을 사용할 수 있다. 이 장 앞부분에서 언급한 적이 있는 SPA^{Single Packet Authorization}가 대표적인 예라 할 수 있다. SPA를 사용하면 호스트에서 동작하는 방화벽을 프로그래밍해 호스트 상에서 동작하는 서비스의 공격 범위를 줄일 수 있다. 네트워크 서비스가 가진 약점을 공격하기 위해 특별히 만들어진 패킷을 막는데 효과적으로 사용할 수 있다. 예를 들어, 요청을 처리하기 전 인증과 접근 허가가 필수인 서비스가 있다고 하자. 인증 로직에 버퍼 오버플로우 취약점이 존재한다. 공격자는 이를 공격해 원격 코드 실행을 시도할 수도 있다. 하지만 호스트 필터링 방법을 사용해 서비스의 복잡한 인터페이스를 방화벽을 관리라는 단순한 방법으로 방어할 수 있다.

호스트 방화벽만으로 네트워크 필터링 기능을 구현하면 당연히 문제가 있다. 이미 호스트가 공격당해 공격자의 손에 넘어간 상태라면 여기에 설치된 방화벽은 아무런 의미가 없을 수 있다. 이미 호스트에 공격자가 침입했기 때문에 권한을 상승시켜 호스트 방화벽을 제거하거나 설정을 바꿀 수 있기 때문이다. 방어 시스템의 한 부분을 완전히 무력화시킬 수 있기 때문에 이는 큰 문제다. 기존 네트워크에서 잠재적인 위험이 존재하는 호스트 밖에 별도의 디바이스를 운용해 필터링을 독립적으로 수행하는 이유도 이 때문이다.

시스템의 보안을 디자인하는 데 있어서 시스템의 분리가 차지하는 중요성이 다시 한 번 강조되는 예라 할 수 있다. 산업계는 가상화와 컨테이너 같이 실행 환경을 사용해 다른 서비스와 분리할 수 있는 실행 환경을 활용하는 방향으로 흘러가고 있다. 따라서 가상화와 컨테이너 기술을 활용해 호스트 상에서 동작하는 필터링 역시 호스트의 다른 서비스와 분리해 운영할 수 있는 좋은 조건이 마련됐다 할 수 있다. 이전에는 로컬 사용자의 권한을 조절하는 방식으로만 방화벽을 분리할 수 있었다. 유닉스 기반의 시스템을 예로 들자면, 오직 루트[root] 사용자만 방화벽 설정을 변경할 수 있도록 제한하는 방식을 말한다. 하지만 가상화 시스템에서는 필터링을 가상 머신 밖에서 구현할 수도 있다. 필터링 시스템을 더 강력하게 보호할 수 있는 방법이다. 사실 그림 8-9에 나온 아마존의 보안 그룹이 이렇게 구성됐다.

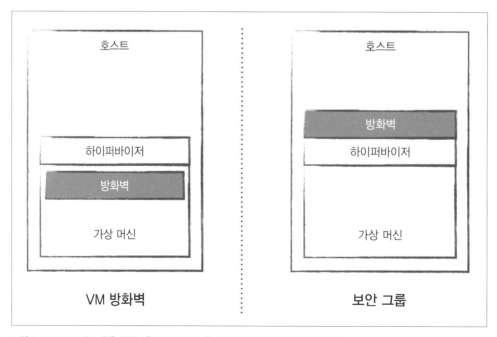

그림 8-9 EC2 보안 그룹은 방화벽을 가상 밖으로 옮겨 방화벽을 가상 머신과 분리한다.

필터링을 네트워크 깊숙이 밀어넣는 데 드는 비용 역시 호스트 필터링과 관련된 이슈라 할 수 있다. 트래픽의 상당 부분을 호스트 필터링으로 거르는 경우를 생각해보자. 최종적으로 트래픽을 수신할 시스템 가까이 필터링 기능을 구현하기 때문에 패킷을 불필요하게 전달하는 데 따른 비용이 존재한다. 버리기 위해 먼 곳까지 비용을 들여 전달하는 것이다. 내부 네트워크가 쓸모 없는 트래픽을 대량으로 전달하는 경우도 발생할 수 있기 때문에 DoS 공격의 가능성도 존재한다. 상대적으로 성능이 좋지 못한 소프트웨어 방화벽이 큰 곤란을 겪을 것은 쉽게 상상할 수 있다. 호스트 방화벽이 시작하기는 쉽지만 이 문제 때문에 호스트 방화벽만으로 네트워크의 필터링을 구현해서는 안 된다. 필터링을 네트워크 안으로 집어넣는 방법은 잠시 후 "중간 필터링"에서 다룰 것이다.

북엔드 필터링

북엔드 필터링은 패킷을 수신하는 시스템뿐만 아니라 패킷을 송신하는 시스템에서도 보안 정책을 적용하는 방법을 말한다. 기존 네트워크에서는 쉽게 찾아볼 수 없는 모델이다. 네트워크 디자인에 있어서 몇 가지 장점을 가져오는 방법이다. 이제부터 알아보자.

이그레스egress(반대말은 인그레스ingress)는 호스트를 떠나는 네트워크 트래픽을 일컫는 용어다. 사설 네트워크에서 공용 네트워크로 나가는 통신을 관리하는 데 종종 사용되지만 사설 네트워크 내부에서는 거의 사용되지 않는다. 여기에는 몇 가지 이유가 있다.

- 인그레스 필터링이 더 쉽다. 방화벽 규칙을 정할 때 외부 요청을 받는 서비스를 나열하기가 더 쉽다. 이그레스 필터링을 하려면 호스트가 누구와 통신을 하는지 유심히 관찰해야 한다.

- 인그레스 필터링만으로도 불필요한 통신이 네트워크를 타고 호스트로 흘러들어 오는 것을 막는데 충분하다.

- 이그레스 필터링을 하려면 어떤 트래픽을 허용할 것인지 알고 있어야 하는데 기존 네트워크에서는 대부분 이 정보가 없다.

북엔드 필터링은 제로 트러스트 네트워크에서 이그레스 필터링을 사용해 시스템의 보안을 강화하는 데 그 목적이 있다. 그림 8-10의 예를 통해 어떤 이점이 있는지 확인할 수 있다. 애플리케이션 서버의 접근 요청을 허용하기 위해 인그레스 필터링 기능을 데이터베이스 서버에 설정했다고 가정해보자. 네트워크에서 문제가 발생해 선의의 시스템 관리자가 네트워크 이슈를 해결하는 중이라고 하자. 이때 관리자가 데이터베이스의 인그레스 필터링을 완화했다. 문제의 원인을 파악하기 위함이다. 하지만 설정을 원래대로 돌려놓는 것을 깜박해서 시스템의 방어 시스템 하나가 동작을 하지 않는다. 애플리케이션에서 서버로 패킷이 정상적으로 전달되기 때문에 방어 시스템이 동작하지 않는다는 것을 발견하기 힘들다는 점이 더 큰 문제다.

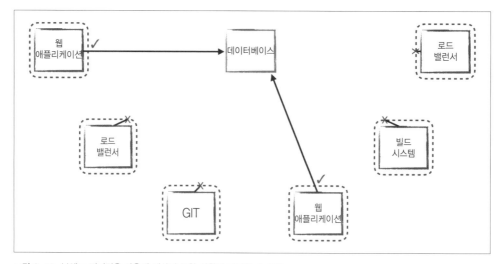

그림 8-10 북엔드 필터링을 사용해 예상치 못한 상황에 대비할 수 있다.

이 경우 북엔드 필터링을 네트워크 호스트에 적용했기 때문에 설정 오류가 있어도 네트워크를 보호할 수 있다. 집단 면역과 비슷하다 할 수 있다. 집단 면역은 한 공동체의 대다수 구성원이 특정 질병에 대한 백신을 맞았을 때 백신을 맞지 않은 구성원들도 함께 혜택을 받을 수 있는 상황을 말한다. 설정 오류를 막는 대신 북엔드 필터링은 설정 오류가 있는 시스템에 다른 시스템이 불필요한 패킷을 보내지 않도록 조치한다.

조건만 맞다면 북엔드 필터링을 도입하는 것이 생각처럼 어렵지는 않다. 프로그램이 사용할 수 있는 형태로 네트워크 트래픽을 캡처할 수 있어야 하는데 세밀한 인그레스 규칙을 정의하면 가능한 일이다. 서비스에 모든 접근이 가능하도록 필터링 규칙을 정하는 것이 아니라 각 클라이언트의 서버가 하는 역할에 따라 인그레스 규칙을 정해야 한다. 이렇게 트래픽을 캡처했으면 이그레스 규칙을 만들기 위한 그래프를 만들 수 있다.

호스트 필터링에서 말한 바와 마찬가지로, 이그레스 필터링 역시 시스템에서 동작하는 애플리케이션과 독립된 곳에 위치했을 때 가장 효과적이다. 동일한 개념을 적용할 수 있다. 가상화나 컨테이너를 잘 활용해 필터링을 구현하면 훌륭한 필터링 메커니즘을 만들 수 있다. 필터링 이후의 과정까지도 생각한다면 이그레스 필터링 규칙을 만드는 데 사용한 데이터 역시 분리할 필요가 있다. 서비스 디스커버리 시스템과 같은 동적인 데이터 소스에서 데이터를 가져와 이그레스 필터링 규칙을 만드는 것이 더 좋아 보일 수도 있다. 하지만 북엔드 필터링에서는 트래픽 데이터베이스가 실제 동작하는 시스템과 분리돼 있을 때가 가장 효과적이다. 인간의 리뷰가 필요해 천천히 진화할 수밖에 없는 데이터베이스를 사용하는 편이 낫다.

칼리코 프로젝트

칼리코 프로젝트는 동적으로 워크로드를 스케줄링하는 가상 네트워크 시스템이다. **워크로드**는 데이터 센터에서 동작하는 모든 애플리케이션을 말하는 광의의 용어다. 애플리케이션은 컨테이너에서 동작할 수도 있고, 가상 머신에서 동작할 수도 있다. 칼리코는 인터넷을 운영하면서 배운 교훈을 데이터 센터로 옮겨왔다. 이를 바탕으로 네트워크의 크기가 커져도 효율적으로 확장할 수 있는 간단한 네트워크를 만들 수 있었다.

칼리코는 완벽한 제로 트러스트 솔루션은 아니지만 제로 트러스트 네트워크의 아이디어가 상당히 눈에 띈다. 칼리코에서는 필터링을 네트워크 전반에 분산시켰다. 호스트 머신이 이 역할을 한다. 전체 네트워크 정보를 가지고 있는 데이터베이스의 변화에 기반해 동적으로 호스트를 설정한다. 앞서 설명한 호스트 필터링과 매우 유사하다.

칼리코는 방금 설명한 북엔드 필터링도 포함하고 있다. 네트워크 연결의 양측에서 자신이 가진 정보를 사용해 어떤 트래픽을 허용할 것인지 결정한다는 뜻이다. 내부 네트워크에서 발생하는 통신의 보안을 다시 한 번 강화하는 역할을 한다.

중간 필터링

중간 필터링은 송신자나 수신자가 아닌 다른 디바이스가 제로 트러스트 네트워크의 트래픽 필터링에 관여하는 것을 말한다. 경계 모델을 채택한 네트워크가 사용하던 필터링을 제로 트러스트 네트워크에서 사용한다는 뜻이기도 하다. 다른 의미에서 보면, 내부 네트워크에 위치한 디바이스가 필터링을 한다는 뜻이다.

호스트 필터링에서 이야기한 것처럼 트래픽 필터링을 종단에서만 한다는 것은 불필요한 네트워크 비용을 유발한다는 문제가 있다. 불필요한 트래픽이 많을수록 이 비용은 더 커질 수밖에 없다. 필터링되는 트래픽을 살펴보면 인터넷에서 들어오는 인그레스 트래픽이 많다. 이 경우 경계 모델을 채택한 네트워크에서 사용하던 필터링 모델이 적합해 보인다. 즉, 제로 트러스트 네트워크와 인터넷 사이에서 트래픽을 필터링 하는 것이 이상적이라 할 수 있다. 시스템으로 들어오는 패킷을 효율적으로 필터링하기 위해서 하드웨어 기반의 필터링 기술을 사용하는 것이 일반적이다.

경계 모델을 채택한 네트워크에서 사용하던 필터링 기술을 제로 트러스트 네트워크에서 사용할 수 있는 좋은 기회다. 네트워크 전체에 해당하는 글로벌 규칙과 호스트 각각에 적용하는 약간은 엉성한 규칙을 조합해 필터링을 해야 한다. 호스트별 보안 정책과 글로벌 규칙을 분리함으로써 외부 네트워크 설정에 대한 예외를 쉽게 정의할 수 있다.

어떤 예외가 어떤 호스트에 적용되는지 쉽게 추적할 수 있어야 한다. 누가 예외를 요청했는지 역시 추적할 수 있어야 한다. 가장 좋은 방법은 보안 정책을 사용할 호스트가 직접 예외를 만드는 것이다. 호스트 보안 정책과 예외를 묶어서 관리할 수 있으면 호스트가 네트워크에 접속과 분리를 반복하는 상황에서도 일관된 보안 정책을 적용할 수 있다. 필터링 예외를 적용할 때는 가능한 좁은 영역에 적용해야 한다. 필터링 예외가 과도하게 적용되면 시스템의 보안을 위협할 수 있기 때문에 예외를 적용하기 전 반드시 리뷰 과정을 거쳐야 한다.

UPnP 사용 금지

호스트 보안 정책을 기반으로 경계 모델을 채택한 네트워크의 보안 정책을 정의할 때 UPnP는 피해야한다. UPnP를 사용해 사용자의 방화벽을 재설정할 수 있다. 네트워크에 있는 모든 애플리케이션이 네트워크의 경계선을 재설정할 수 있기 때문에 UPnP는 사용해서는 안 된다. 제로 트러스트 네트워크에서는 호스트 보안 정책과 이를 통해 만들어진 예외 규칙이 서로 연관돼 있음을 기억해야 한다.

경계 모델을 채택한 네트워크가 보안에 큰 허점이 있음에도 이 모델의 필터링을 이렇게까지 긍정적으로 바라보다니 놀라울 수도 있겠다. 경계 모델을 채택한 네트워크에 존재하는 모든 개념을 제로 트러스트 네트워크 모델이 부정하는 것은 아니다. 각 호스트가 온실 안 화초의 모습을 벗어나 네트워크에 존재하는 위험을 인정하길 바라는 것뿐이다. 경계 모델을 채택한 네트워크가 필터링에서는 좋은 방법을 사용하고 있다. DoS를 처리하는 능력이 현재까지는 가장 뛰어난 모델이다.

호스트 보안 정책 데이터베이스를 활용해 동적으로 내부 네트워크를 프로그래밍할 수 있는 놀라운 기능도 제로 트러스트 네트워크에 존재한다. 맹목적으로 패킷을 목적지에 전달하는 대신 어떤 네트워크 트래픽을 허용해도 되는 것인지 판단해 능동적으로 네트워크의 라우팅 정책을 관리하는 SDN^{Software-Defined Network}과 같은 기능이다. 동적으로 내부 네트워크를 프로그래밍하면 다음과 같은 장점을 가질 수 있다.

- 잠재적인 악성 트래픽을 차단할 수 있기 때문에 공격 범위가 줄어드는 효과가 있다.

- 호스트의 소프트웨어 방화벽에 네트워크가 가진 필터링 기능을 더할 수 있으므로 네트워크 보안을 강화할 수 있다.

경계 모델을 채택한 네트워크의 필터링과 마찬가지로 내부 네트워크에서 필터링을 한다는 말은 호스트 기반 필터링에 추가적인 필터링을 한다는 뜻이다. 이 둘은 서로 배타적인 관계가 아니고 상호 보완적인 관계로 이해해야 한다.

단순한 패킷 전달을 벗어난 스마트 네트워크

이 절에서는 필터링을 다룬다. 이와 관련된 다른 주제가 있다. 제로 트러스트 네트워크는 네트워크의 세부 설정이 천천히 변한다는 점을 이용해 보안 정책을 적용한다. 그 결과 네트워크를 더 안전하게 유지할 수 있다. 이 특성을 다른 곳에도 활용할 수 있을 것이다. 네트워크 인프라에 보안 정책을 적용한다는 점을 활용해, 패킷을 단순히 전달하는 네트워크에서 벗어나 스마트 네트워크로 만들 수 있을까?

강력한 인증과 접근 허가 절차를 거쳐 트래픽 흐름을 결정하는 SDN 컨트롤러가 있다고 생각해보자. 네트워크 자원에 접근하고자 하는 클라이언트는 컨트롤 플레인과 먼저 통신해 적절한 인증 메커니즘을 통해 자신을 인증한 후 네트워크 접근 요청을 보낼 수 있을 것이다. 이 클라이언트의 접근을 허가하는 경우 컨트롤 플레인에서 이 클라이언트가 전송하는 가상 네트워크를 설치할 수 있을 것이다.

요약

이 장에서는 제로 트러스트 네트워크에서 트래픽이 어떻게 신뢰를 얻을 수 있는지 살펴봤다. 암호화와 인증의 차이를 설명하면서 이 장을 시작했으며, 둘은 서로 밀접한 관계가 있지만 분명 다른 개념이다. 제로 트러스트 네트워크에서 통신을 하려면 인증 과정이 필요하다. 암호화는 트래픽의 기밀성을 유지하는 역할을 한다.

네트워크 통신을 시작하는 첫 번째 패킷의 문제도 알아봤다. 현대 네트워크 인증 시스템은 상당히 복잡하기 때문에 공격의 가능성도 높다. 첫 번째 패킷의 인증이 실패하면 서비스를 노출시키지 않는 방법을 배웠다. 비교적 간단한 서비스를 사용해 TLS와 같은 복잡한 인증 시스템을 숨기는 효과적인 방법이다.

네트워크 트래픽 암호화와 인증에 사용할 수 있는 유력한 프로토콜을 살펴봤다. TLS와 IPsec이다. 이 두 프로토콜에 어떤 차이가 있는지 살펴봤다. 클라이언트/서버 모델과 이종 네트워크 환경에서는 상호 인증 TLS가 최선의 프로토콜이며, 데이터 센터 내부에서만 사용할 때는 (특히 NAT가 없는 경우) IPsec이 더 효율적이라는 것도 살펴봤다.

제로 트러스트 네트워크에서도 패킷 필터링 기능은 여전히 필요하다. 필터링은 네트워크 전역에 거쳐 수행해야 한다. 호스트 필터링, 북엔드 필터링, 중간 필터링의 세 가지 방법을 살펴봤다. 각 방법을 사용할 때마다 네트워크 보안은 추가적으로 향상한다. 네트워킹 자동화 시스템이 갖춰진 곳에서도 사용할 수 있고, 트래픽을 예상할 수 있는 경우에도 사용 가능한 방법이다.

다음 장은 우리가 지금까지 개별적으로 배운 내용을 한 곳에 모으는 장이다. 독자들의 네트워크를 어떻게 제로 트러스트 네트워크로 발전시킬 것인지 함께 계획을 세워보자.

9장

제로 트러스트 네트워크 구축

이 장은 앞에서 배운 내용을 토대로 제로 트러스트 네트워크의 구축 전략을 세우는 장이다. 제로 트러스트 네트워크는 기존 시스템을 활용해 만들 수 있다. 따라서 이 장은 어떻게 기존 네트워크를 성공적으로 제로 트러스트 네트워크로 바꿀 수 있는지에 초점을 맞춘다.

제로 트러스트는 기존 네트워크에 추가할 수 있는 제품이 아니다. 네트워크의 보안을 위해 필요한 구조적 원리들의 집합이라 할 수 있다. 이 장은 구체적으로 어떤 작업을 해야 하는가를 다루지 않는다. 이 장에서는 어떻게 이 구조적 원리를 현재 네트워크에 적용할 수 있을지 살펴본다.

범위 결정

본격적으로 제로 트러스트 네트워크 구축을 시작하기에 앞서 얼마만큼의 노력을 투자할 것인가를 결정해야 한다. 제로 트러스트 네트워크를 완벽히 구현한 경우라면 네트워크 설정 변경의 자유도가 높아진다. 자원이 풍부한 큰 조직에서라면 가능한 이야기다. 하지만 작은 조직에서 제로 트러스트 네트워크를 완벽히 구축하겠다고 나서면 이상과 현실의 차이를 실감할 수밖에 없다.

제로 트러스트 구조에 점점 가까이 간다는 마음으로 투자를 해야 한다. 어느 날 갑자기 제로 트러스트 네트워크를 완벽히 구축하겠다는 마음가짐으로 접근해서는 안 된다. 경계 모델을 채택한 네트워크에서도 마찬가지다. 이제 막 시작한 네트워크라면 간단한 디자인을 선택해 관리의 복잡도를 줄이는 편이 낫다. 네트워크가 성장하고 취약점의 위험이 증가함에 따라 네트워크 디자인을 변경하는 방식을 취하는 것이 좋다.

제로 트러스트 네트워크 디자인이 현재로서는 이상적인 네트워크지만, 모든 디자인 요소가 동등한 가치를 가지는 것은 아니다. 제로 트러스트 네트워크를 구현함에 있어서 필수 요소와 있으면 좋은 요소를 구별해야 할 필요가 있다. 이것이 성공의 지름길이다.

필수 디자인 요소

어느 수준의 제로 트러스트 네트워크를 구현할 것인지 결정한다는 말은 이 책에서 다뤘던 제로 트러스트 네트워크 특성들 중 어떤 부분을 먼저 구현할 것인지 결정한다는 말과 같다. RFC에서 사용하는 형식을 빌려 저자들이 추천하는 우선순위를 아래에 나열했다.

- 모든 네트워크 트래픽을 처리하기전 인증을 **반드시 해야 한다**.

- 모든 네트워크 트래픽은 전송전 암호화를 **해야 한다**.

- 인증과 암호화는 **반드시** 네트워크의 종단에서 **해야 한다**.

- 시스템이 접근을 제어하기 위해서는 모든 네트워크 트래픽에 대한 모니터링을 **반드시 해야 한다**.

- 가장 강력한 인증과 암호 알고리듬을 사용**해야 한다**.

- 인증은 공개 PKI 시스템에 의존**해서는 안 된다**. 사설 PKI 시스템을 사용해야 한다.

- 디바이스는 주기적으로 검사, 패치, 순환**해야 한다**.

RFC에서 사용하는 우선순위

RFC 문서는 인터넷 인프라에 대한 제안이 있을 때 사용하는 공통어라 할 수 있다. 이 문서에서 사용하는 용어와 구조는 명확하게 정의돼 있다. 제안 내용을 독자가 빠르고 정확하게 이해하도록 돕기 위함이다.

우선순위를 결정함에 있어서 RFC 2119에서 명시한 표준 용어를 매우 유용하게 사용할 수 있다. 이 RFC에 있는 "반드시 해야 한다 / 반드시 해서는 안 된다 / 해야 한다 / 해서는 안 된다 / 할 수 있다 / 하지 않을 수 있다"에 대한 정의는 다른 문서와는 비교할 수 없는 지위를 갖는다.

이 책에서 소개하는 우선순위 리스트 역시 비슷한 의도로 RFC 2119의 용어를 차용한다. 프로토콜 디자인에 사용하는 용어들을 정확히 같은 의미로 사용할 수는 없다. 하지만 RPC 문서와 같은 의도로 사용하도록 노력했다.

이 책에서 이 용어들을 사용할 때는 다음과 같은 의미가 있다.

반드시 해야 한다

제로 트러스트에 반드시 필요한 요구사항을 언급할 때 이 표현을 사용한다.

반드시 해서는 안 된다

"반드시 해야 한다"의 반대 개념이다. 제로 트러스트 디자인을 따르는 시스템이 이 특성을 가지면 안 된다.

해야 한다

제로 트러스트 네트워크에 존재해야 하는 구조적 특성을 언급하는 데 이 표현을 사용한다. 하지만 비용을 고려했을 때 우선순위를 낮출 수 있다. 우선순위를 낮출 때에는 구현에 들어가는 비용 때문에 시스템의 보안을 양보했다는 사실을 시스템 관리자가 반드시 인지하고 있어야 한다. 가능하다면, 우선순위를 낮춰서는 안 된다. 이 특성을 구현에 필요한 직접적인 비용에는 그만한 가치가 있기 때문이다.

해서는 안 된다

"해야 한다"의 반대 개념이다.

할 수 있다

제로 트러스트 네트워크의 구조적 특성을 구현했을 때 보안에 도움이 되는 경우 이 용어를 사용한다. 하지만 있으면 좋은 특성에 한정한다. 시스템 관리자는 "반드시 해야 한다"와 "해야 한다"에 해당하는 특성을 구현한 다음에 이 특성의 구현을 고려해야 한다. 여기에 해당하는 특성은 구현했을 때 네트워크의 보안을 추가적으로 강화할 수는 특성들이다. 즉 구현을 하지 않았다고 손해가 발생하지는 않는다.

제로 트러스트 네트워크 구현에 있어서 우선순위를 정했다. 이제 하나씩 살펴보자.

네트워크 트래픽 처리 전 모든 네트워크 트래픽의 인증을 반드시 해야 한다

제로 트러스트 네트워크에서는 시스템이 수신하는 모든 패킷은 의심을 가지고 그 진위를 살펴야 한다. 따라서 패킷에 포함된 데이터를 처리하기전 철저한 조사가 필요하다. 철저한 조사의 첫 걸음이 바로 강력한 인증이다.

인증은 네트워크 데이터의 출처를 신뢰하는 데 있어서 필수적인 절차다. 제로 트러스트 네트워크에 존재하는 단일 요소 중 가장 중요한 요소가 아닐까 생각한다. 강력한 인증이 없이 제로 트러스트 네트워크가 할 수 있는 일은 하나도 없다. 강력한 인증이 없다면 기존 네트워크 모델로 회귀해 네트워크를 신뢰해야 한다.

모든 네트워크 트래픽은 전송전 암호화를 해야 한다

제로 트러스트 네트워크에서는 네트워크 연결을 신뢰하지 않는다. 따라서 한 시스템에서 다른 시스템으로 안전하게 데이터를 전송할 수 없다고 이 책에서 계속해서 강조했다. 네트워크에 물리적으로 접근할 수 있으면 네트워크를 공격하는 것은 식은죽 먹기다. 물리적인 보안이 유지되는 네트워크에서조차 공격자들은 시스템에 온라인으로 침투해 네트워크에 존재하는 데이터를 수집할 수 있다.

네트워크에 데이터를 전송하기 전 디바이스에서 데이터를 암호화하면 통신의 공격 범위를 줄일 수 있다. 따라서 데이터를 암호화하면 디바이스의 신뢰가 보장된 상황에서는 데이터의 진위 역시 보장된다고 볼 수 있다.

인증과 암호화는 반드시 네트워크의 종단에서 해야 한다

제로 트러스트 네트워크는 네트워크에 존재하는 위험을 인정하는 것부터 시작한다. 따라서 애플리케이션 계층의 최종 서비스에서 데이터 통신의 보안을 지키는 것이 매우 중요하다. 중앙집중식 VPN이나 TLS 지원 로드 밸런서와 같은 미들웨어 계층에서 보안을 완성하려고 한다면 물리적 공격 등에 대응할 수 없다.

결국 제로 트러스트를 지향하는 시스템이라면 모든 애플리케이션에서 암호화와 인증을 수행해야 한다.

시스템이 접근을 제어하기 위해서는 모든 네트워크 트래픽에 대한 모니터링을 반드시 해야 한다

제로 트러스트 네트워크는 네트워크에서 발생할 수 있는 트래픽을 예상하고 있으며 이를 활용해 네트워크에 어떤 접근을 허용할 것인지 결정한다. 따라서 발생할 트래픽을 정확히 예측하는 것이 네트워크 보안에 있어 중요한 요소다.

트래픽을 예상하는 것에 큰 부담을 느낄 필요는 없다. 간단한 정보만으로도 네트워크 보안과 트래픽 모니터링에 도움이 될 수 있다.

트래픽을 예상할 수 없으면 제로 트러스트 네트워크는 어떤 트래픽에 주목해야 하는지 결정하지 못한다. 관리자에게 어떤 통신에 주목해야 하는지 알려주는 것도 불가능하고 어떤 트래픽을 거절해야 하는지 결정할 수도 없다.

저자들은 네트워크 트래픽을 예상할 때 처음부터 노력을 기울이지 않으면 나중에는 아예 불가능할 것이라고 의견을 모았다. 조직 내 여러 팀에서 분산해 데이터베이스를 관리하는 것이 예상 트래픽 데이터베이스를 최신 상태로 유지하는 데 최선의 방법이라 생각한다. 데이터베이스 업데이트 책임을 분산시킬 때는 내부 위협에서 시스템을 보호할 수 있도록 담당 팀의 교육에 힘써야 한다. 한 사람이 신중하지 못하게 데이터베이스를 업데이트해서는 안 된다. 데이터베이스 업데이트에 간단한 리뷰 절차를 추가함으로써 위험을 상당히 줄일 수 있다.

데이터 흐름을 사용한 트래픽 예측

트래픽 예측 데이터베이스를 만드는 최선의 방법은 데이터 소스 자체가 데이터베이스를 업데이트하는 방식이다. 내부의 데이터 소스가 데이터베이스를 업데이트하고 외부에서는 이 데이터베이스를 수정하지 못하게 하면 실제 허용된 트래픽과 데이터베이스에 저장된 트래픽 예측 데이터를 항상 일관된 상태로 유지할 수 있다.

네트워크 트래픽을 캡처할 때는 다음의 방법으로 데이터의 품질을 향상시킬 수 있다.

- 트래픽을 캡처할 때 트래픽에 적용된 보안 정책도 함께 캡처한다 (예, 로드 밸런서 호스트에서 웹 애플리케이션으로 접근)
- 허용 정책을 가능한 구체적으로 나열한다

가장 강력한 인증과 암호 알고리듬을 사용해야 한다

제로 트러스트는 네트워크에 공격자가 있다는 가정에서 시작하므로 강력한 인증 및 암호 알고리듬이 네트워크 보안에 있어서 중요한 요소다.

어떤 알고리듬이 강력한 보안을 제공하는지는 계속 변하기 때문에 이 책이 알고리듬 하나를 선택해 줄 수는 없다. 독자들이 직접 NIST의 암호 가이드라인 등과 같은 표준 보안 문서를 참고해 강한 암호 알고리듬을 선택하기 바란다.

시스템 관리자는 가능한 제일 강력한 암호 알고리듬을 사용하려고 항상 노력해야 한다. 하지만 디바이스와 애플리케이션의 능력에 따라 사용할 수 있는 암호 알고리듬에 한계가 있을 수 있다. 이 경우 암호 알고리듬 선택에 따른 취약점이 존재함을 시스템 관리자가 숙지하고 있어야 한다.

공개 PKI 시스템을 사용해 인증을 수행해서는 안 된다. 사설 PKI 시스템을 사용해야 한다.

공개 PKI 시스템을 통신에 사용하면 통신 채널의 보안을 확보할 수 있다. 인증 기관이 서명한 인증서를 보안 채널을 형성하는 데 사용할 수 있기 때문이다. 인증 기관에서 서명한 인증서를 수신한 디바이스가 이미 가진 인증서와 이 서명을 비교해 인증서의 진위를 파악한다. 공개 인증 기관 리스트를 사용하면 처음 통신하는 시스템 사이에서 통신 보안 채널을 만들 수 있다.

공개 PKI 시스템을 사용해 보안 채널을 형성할 수 있다. 그런데 왜 제로 트러스트 네트워크는 사설 PKI 시스템을 선호하는 것인가? 제로 트러스트 네트워크는 신뢰를 어떻게 관리할 것인가에 초점을 맞추고 있다. 따라서 전혀 다른 제3의 기관을 신뢰하는 것은 위험이 따르는 일이다. 공개 PKI 시스템을 사용했을 때 제로 트러스트 네트워크가 감수해야 하는 위험에는 여러 가지가 있다.

다수의 공개 인증 기관이 신뢰받고 있다는 점도 고려 대상이다. 인터넷 트래픽이 증가함에 따라 공개 CA 역시 증가했다. 모든 CA는 악성 시스템이 제시한 가짜 인증서를 서명할 권한이 있다. 인증서 고정이라는 방법을 사용하면 각 디바이스에서 어떤 인증서를 받아들일 것인지 선택할 수 있기 때문에 이 위험에 어느정도 대응할 수 있다. 하지만 인증서 고정 방법을 사용하려면 미리 인증서를 알고 있어야 한다. 처음 등장하는 인증서에는 사용할 수 없는 방법이다.

공개 CA를 사용하면 다른 문제도 발생할 수 있다. 정부에서 합법적인 방법을 동원해 인증 과정에 개입할 수 있다. 법적 수단을 동원해 개입 사실을 비밀에 부치는 것 역시 가능하다. 정부 기관이 점점 적극적으로 활동하는 상황에서 제로 트러스트 네트워크의 신뢰 메커니즘에 공개 CA를 사용한다는 것은 시스템 관리자로서는 다시 생각해볼 문제다.

여러 정황에 비추어 제로 트러스트 네트워크에서는 사설 PKI 시스템을 사용해야 한다. 각 네트워크 주체 역시 사설 PKI 시스템이 서명한 인증서만 사용하도록 설정해야 한다. PKI에 대해서는 2장에서 자세히 다뤘다.

디바이스는 주기적으로 검사, 패치, 교환해야 한다

5장에서 제로 트러스트 네트워크를 구축하는 데 있어서 디바이스 보안이 중요하다고 배웠다. 관리자는 네트워크에서 동작하는 디바이스가 공격받을 수 있다는 것을 항상 염두에 둬야한다. 그리고, 디바이스 관리에 방어 시스템을 구축해야 한다.

이를 위해서는 디바이스를 정기적으로 검사해 디바이스에 설치되었거나 동작하고 있는 소프트웨어가 무엇인지 확인해야 한다. 스캐닝을 통해 알려진 악성 코드가 디바이스에서 동작하는 것을 막을 수 있다. 하지만 관리자는 악성코드를 탐지해 동작을 멈추는 소프트웨어(예, 안티바이러스 소프트웨어) 역시 완벽하지 못하다고 가정해야 한다. 악성 소프트웨어의 동작을 멈추는 데만 모든 노력을 쏟아 붓지 말고, 디지털 포렌식에도 신경을 서야한다. 피할 수 없는 악성코드에 의한 영향을 분석하기 위함이다.

디바이스 상태를 항상 최신으로 유지하는 것 역시 중요하다. 시스템 관리자는 최신 보안 패치의 설치와 관련된 계획을 가지고 있어야 한다. 정기적으로 디바이스를 교체하는 것 역시 디바이스가 악성코드를 축적하는 불행을 막을 수 있는 방법이다.

디바이스 패치 vs. 새로운 이미지를 설치

시간이 흐를수록 디바이스가 위험에 노출되는 빈도는 증가하기 마련이다. 시간과 디바이스 신뢰도 반비례 관계에 있다. 정기적으로 디바이스에 이미지를 다시 설치하는 것이 비록 성가신 과정이기는 하지만 디바이스의 신뢰도 향상에 기여하는 바는 크다. 서버는 매 분기 이미지를 새로 설치하는 것을 목표로 잡고, 개인 디바이스는 2년에 한 번씩 이미지를 새로 설치하는 것을 목표로 잡기 바란다.

시스템 다이어그램

제로 트러스트 네트워크를 구축하는 데 있어서 시스템 다이어그램을 만드는 것이 중요한 첫 발이 될 수 있다. 시스템의 통신 채널을 디자인하는 데 있어서 내부 네트워크와 외부 네트워크가 어떻게 통신할 것인지 정확하게 알고 있으면 큰 도움이 되기 때문이다.

그림 9-1과 같은 시스템 다이어그램은 상당히 구식이다. 이런 다이어그램은 보통 수작업으로 만들어지므로 굉장한 노력을 들여야 한다. 이렇게 그린 시스템 다이어그램도 시스템이 진화하면 과거의 정보로 전락한다. 이 때문에 시스템 다이어그램에 투자할 가치가 없다고 믿는 사람들도 있지만 이는 시스템 구축 과정을 인간의 관점에서 바라보는 것이 바로 다이어그램이라는 사실을 간과한 생각이다. 엔지니어들이 코드를 읽고 현재 시스템을 분석해 시스템이 어떻게 구성됐는지 확인하기는 하지만 이는 엔지니어들이 관찰한 네트워크상태일 뿐 이 상태가 의도된 네트워크상태인지 확인할 수는 없다.

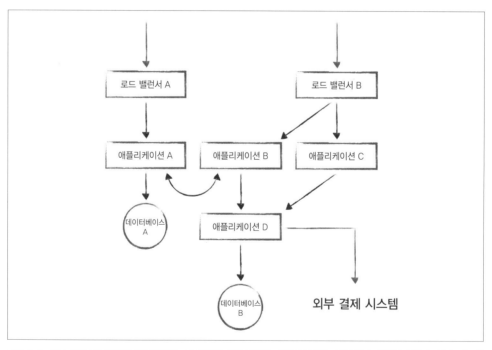

그림 9-1 제로 트러스트 네트워크를 구축하는 데 있어서 이런 다이어그램을 작성하는 것이 좋은 시작점이 될 수 있다. 네트워크 디자인의 의도를 파악할 수 있기 때문이다.

248

시스템 다이어그램이 유용한 것은 알겠는데, 수명이 길지 않다면, 얼마만큼의 시간과 노력을 들일 가치가 있을지 궁금할 것이다. 이미 존재하는 네트워크라면 네트워크에서 통신이 어떻게 진행되는지 관찰하는 것도 좋은 시작이다. 트래픽을 모니터링하는 도구를 사용하면 통신의 흐름을 캡처할 수 있다. 일단 캡처한 트래픽 정보가 있으면 이들을 카테고리별로 분류해 시스템 다이어그램을 완성할 수 있다.

다음 절에서는 네트워크 트래픽을 캡처하고 분류하는 데 사용할 수 있는 도구들을 살펴보자. 규모가 큰 작업을 어떻게 작게 나눌 수 있는지도 함께 살펴본다.

네트워크 흐름에 대한 이해

네트워크 흐름^{Network Flow}은 송신자와 수신자가 일정 시간 주고받은 통신 내역을 말한다. TCP와 같은 양방향 프로토콜을 사용한 경우 하나의 흐름은 통신 전체를 뜻한다. UDP와 같은 단방향 프로토콜을 사용한다면 하나의 흐름은 네트워크 통신의 절반만 의미한다. 두 개의 UDP 흐름이 논리적으로는 하나의 통신을 의미할 수 있기 때문이다. 네트워크를 관찰하는 입장에서는 애플리케이션 데이터를 이해하지 못했다면 이 두 UDP 흐름을 연결하지 못할 수 있다.

기존 프로덕션 네트워크에서 네트워크 흐름을 모두 캡처할 수 있는 능력을 갖추는 것이 제로 트러스트 모델로 가는 첫 발걸음이 될 수 있다. 한 네트워크에서 장시간에 거쳐 네트워크 흐름을 모니터링하면 네트워크에 어떤 연결이 존재하는지 이해하는 데 도움이 되고 새로운 보안 모델을 구축하는 데에도 도움이 된다. 수동적으로 네트워크 흐름을 캡처하는 방법이기 때문에 프로덕션 네트워크에 미치는 영향도 최소화할 수 있다. 사전에 필요한 정보를 수집하지 않는다면 나중에 네트워크 통신 문제가 발생해 제로 트러스트 네트워크로 가는 길이 험난해질 수 있다. 제로 트러스트 구축 프로젝트가 프로덕션 네트워크에 영향을 끼치게 되고, 성가신 존재로 전락하게 된다.

네트워크 흐름을 파악하는 방법

네트워크 흐름을 모니터링하고 분석하는 데에는 다양한 방법을 사용할 수 있다. 어떤 시스템을 사용할 지는 어떤 (물리적 또는 가상의) 네트워크 종류가 동작하고 있는지에 따라 달라진다. 관리자가 각 네트워크 주체에서 할 수 있는 일도 영향을 끼친다.

물리적 네트워크에서는 네트워크에 흐르는 패킷에 더 쉽게 다가갈 수 있다. 상업용 스위치에는 보통 패킷을 미러링하는 기능이 포함돼 있다. SPAN 또는 미러 포트라는 포트로 패킷을 전송하는 것이다. 스위치의 처리량이 많지 않은 경우 비교적 안전하게 사용할 수 있는 방법이다. 하지만 네트워크에서 발생하는 오류를 놓치는 경우가 발생할 수 있다. TAP 디바이스는 네트워크에 추가적으로 장착해 사용할 수 있는 디바이스다. 모든 데이터를 모니터링 디바이스에 전송할 수 있는 강력한 수단이다. 네트워크에서 발생하는 논리적 흐름을 파악하는 데에는 두 방법 모두 사용해도 무방하다.

가상 네트워크에서도 네트워크 트래픽을 관찰할 수 있는 경우가 있다. 하지만 물리적 네트워크 만큼 세밀한 캡처는 하지 못한다. 예를 들어 아마존 웹 서비스에는 네트워크의 모든 흐름을 캡처하는 기능이 있다. 시스템의 트래픽을 분석하는 데 사용할 수 있는 기능이다. 그림 9-2와 같은 모습이다.

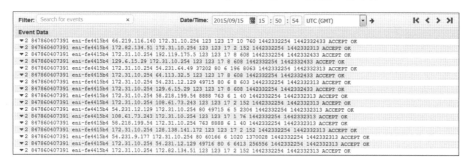

그림 9-2 클라우드 서비스 제공 업체 중에는 네트워크 흐름을 모니터링하는 기능을 제공하는 곳도 있다. 이 그림은 AWS가 제공하는 네트워크 모니터링 서비스를 캡처한 화면이다(로이 페인터치 제공).

내부 네트워크의 흐름을 파악하면 트래픽이 어디에서 어디로 가는지 알 수 있지만 정확히 어떤 애플리케이션이 어떤 트래픽에 관여하는지 아는 것은 애플리케이션 계층의 모니터링 시스템이 없이는 힘들다. 애플리케이션 계층까지 관여할 수 있다면 시스템의 통신 내역을 자세히 이해하는 데 큰 도움이 된다. 소프트웨어 방화벽을 로그 모드에서 동작하게 만드는 것 역시 통신에 미치는 영향을 최소화하면서 시스템에서 발생하는 네트워크 흐름을 파악하는 데 좋은 방법이 될 수 있다.

리눅스에서는 네트워크 흐름을 모니터링할 수 있는 몇 가지 방법이 있다. 헤럴드 웰트가 발표한 "리눅스에서 네트워크 흐름을 파악하기(Flow-based Network Accounting with Linux)"에 잘 나와 있다.

모든 네트워크 흐름을 관찰할 수 있으면 이 흐름을 그룹별로 분리하는 작업을 해야 한다. 개별 IP와 포트 수준에서 흐름을 분석하는 것이 아니라 논리적인 시스템 단위에서 네트워크 연결을 정의해 흐름을 분석해야 한다. 시스템의 논리적인 연결을 활용해 흐름을 분석하면 다양한 이점이 있다. 네트워크에서 발생하는 통신 패턴의 변화를 더 빨리 파악할 수 있고 이미 알고 있는 연결에 대해서는 보안을 강화할 수도 있다. 네트워크 연결 데이터를 활용하면 다양한 네트워크 보안 작업을 수행할 수 있으므로 연결을 캡처하는 작업은 분명 중요한 일이다.

아주 큰 네트워크에서 모든 네트워크 흐름을 캡처하고 모니터링하려면 대규모 사전작업이 필요할 수도 있다. 그렇다면 제로 트러스트 네트워크로 전환하는 데 있어서 모든 네트워크 연결을 캡처하는 것이 반드시 필요한 일인지 생각해볼 필요가 있다. 다행히 제로 트러스트 네트워크는 기존 경계 모델을 채택한 네트워크와 병존할 수 있다. 즉, 점진적으로 전환해도 된다는 뜻이다. 기존 네트워크 경계를 활용해 제로 트러스트 네트워크를 구축할 수 있다. 그림 9-3처럼 각 영역을 하나씩 제로 트러스트 네트워크로 바꾸는 것도 가능하다. 기존 네트워크의 보안 방식을 유지하면서도 네트워크를 전환할 수 있는 방법이다.

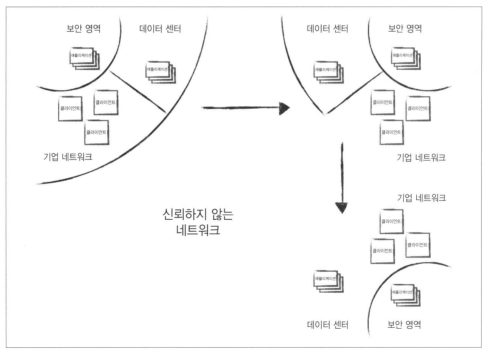

그림 9-3 각 네트워크 영역을 순차적으로 제로 트러스트 네트워크로 변환할 수 있다. 기존 경계 모델을 채택한 네트워크를 제로 트러스트 네트워크로 변환할 수 있는 쉬운 방법 중 하나다.

컨트롤러가 없는 구조

성숙한 제로 트러스트 네트워크의 핵심에는 주요 보안 서비스를 제공하는 컨트롤 플레인이 존재한다. 필요한 컨트롤 플레인 시스템을 모두 가지는 것이 이상적이기는 하지만 기존 인프라 시스템에서 시작해 점진적으로 컨트롤 플레인 시스템을 늘려 나가는 것도 가능한 방법이다. 어떤 컨트롤 시스템이 필요한지 살펴보자.

형상 관리 시스템 "남용"

인프라 관리에 신경을 많이 쓰는 조직은 형상 관리 시스템 도구를 사용해 인프라를 관리한다. 이 경우 인프라가 가져야하는 이상적인 설정을 캡처해 버전 컨트롤 시스템으로 관리한다. 시스템의 현재 상태를 검사한 뒤 형상 관리 시스템이 이상적인 설정과의 차이를 계산한 다음 시스템을 이상적인 설정 상태로 되돌린다. 형상 관리 시스템을 사용하면 인간이 설정을 변경하는 것에 비해 많은 이점이 있다.

- 모든 호스트에 동일한 설정을 일관되게 적용할 수 있다.

- 설정 데이터를 버전 컨트롤 시스템에 저장할 수 있다. 이는 추후 설정 변경을 추적하는 데 요긴하게 사용할 수 있다.

- 형상 관리 시스템이 시스템 설정을 자동으로 적용하기 때문에, 설정이 어긋나는 경우가 많이 발생하지 않는다.

개별 컴퓨터의 설정을 관리하기 위해 형상 관리 시스템을 처음 도입하는 경우가 많다. 백지 상태(운영체제만 설치된 상태)에서 시작한 시스템은 인프라에서 머신이 담당하는 역할에 맞는 상태로 설정된다. 이 과정을 자동화하면 인프라를 교체하는 것도 쉬워진다.

이처럼 새로 설치하는 시스템을 설정하는 데 형상 관리 시스템을 사용하면 많은 장점이 있다. 하지만 형상 관리 시스템은 전반적인 자동화를 위해 만들어진 도구다. 예를 들어, 인프라의 호스트 간 통신에 필요한 암호화 설정을 하는 데 사용할 수도 있다. 호스트 기반 방화벽을 강력히 구축한 다음 여기에 예외 사항을 만드는 도구로 형상 관리 시스템을 사용할 수도 있다. 형상 관리[CM, Configuration Management] 시스템을 사용해 성숙한 제로 트러스트 네트워크의 컨트롤 플레인이 제공하는 기능을 어느 정도 구현할 수 있다.

마찬가지로 CM 시스템으로 네트워크를 관리하는 것도 가능하다. 대부분의 CM 도구는 확장이 가능하다. 추가적인 모듈을 설치해 CM 시스템이 관리할 수 있는 자원의 종류를 다양화하고 CM 시스템이 수행할 수 있는 작업을 확장할 수 있다. 이를 이용하면 복잡한 자원을 CM 도구로 관리하는 것도 가능하다. 예를 들어 CM 시스템을 이용해 서비스 리소스라는 개념을 정의할 수도 있다. 네트워크에서 서비스를 시작하는 데 필요한 표준 인프라 설정을 CM 시스템으로 정의해 새로운 서비스를 시작할 때 이를 적용하는 것이다.

CM은 임시방편

형상 관리 시스템이 제일 잘하는 일은 시스템을 안정적인 상태로 만드는 것이다. 즉 이상적인 상태라 여겨지는 정적인 상태로 시스템을 유도하는 것이 본래의 역할이다. 이와는 반대로 형상 관리 시스템을 사용해 시스템의 상태를 빈번하게 변경하는 것은 효율적으로 보이지 않는다. 물론 가능한 작업이다. 하지만 형상 관리 시스템은 전용 컨트롤러를 갖추기 전까지만 사용하는 임시 솔루션으로 생각해야 한다.

애플리케이션 인증과 접근 허가

일반적으로 한 조직이 사용하는 서비스의 수는 아주 많다. 서비스 클라이언트로 브라우저를 사용하는 비율은 계속 높아지고 있다. 제로 트러스트 네트워크는 네트워크의 주소로 연결의 신뢰도를 판단하지 않는다. 따라서 모든 서비스에서 인증과 접근 허가를 수행해야 한다.

간단한 방법은 모든 애플리케이션에 유저네임과 암호를 저장하는 방법이다. 하지만 관리의 복잡도 때문에 추천하지 않는 방법이다.

각 애플리케이션이 독자적인 인증 시스템을 구축하는 대신 애플리케이션이 ID 제공자와 직접 통신하게 하는 것이 훨씬 좋은 방식이다. 애플리케이션 대신 중앙집중식 ID 제공자가 인증과 접근 허가 결정을 하는 것이다. 애플리케이션이 ID 제공자와 통신할 때는 SAML^{Security Assertion Markup Language}을 사용할 수 있다. OAuth2도 가능한 방법이다.

애플리케이션에서 접근 허가 결정을 전혀 해서는 안 된다는 말은 아니다. 오히려 애플리케이션에서도 접근 허가 결정에 어느 정도 관여해야 한다. 특히 다양한 사용자 권한

이 존재하는 경우에는 애플리케이션이 세밀한 조정을 담당해야 한다. 계정 관리, 사용자 인증, 개괄적인 접근 허가는 외부 시스템에 맡기더라도 애플리케이션에 특화된 접근 허가 결정은 애플리케이션이 직접 해야 한다.

ID 제공자를 통해 인증을 수행할 때는 사용자 토큰 등이 쉽게 도난당하지 않도록 다요소 인증이 필수다. 다요소 인증은 6장에서 다뤘다.

로드 밸런서 인증과 프록시 인증

로드 밸런서를 사용해 요청을 여러 백엔드 호스트에 분산하는 방식을 많은 서비스에서 사용한다. 로드 밸런서가 데이터 센터 시스템과 클라이언트에 직접 서비스를 하는 시스템의 경계선을 결정하는 경우도 종종 있다. 이 경우 제로 트러스트의 컨트롤 플레인을 어떻게 적용할 것인가 하는 고민에 빠지기도 한다. 제로 트러스트 네트워크에서 클라이언트에 직접 서비스를 제공하는 시스템과 서버단에 서비스를 제공하는 시스템 사이에는 차이가 있기 때문이다.

7장에서 애플리케이션 인증 및 접근 허가를 사용자 인증과 사용자 접근 허가와 비교해 설명했다. 백엔드 시스템에서 애플리케이션의 접근을 허가하는 최선의 방법은 요청을 처리하는 과정에서 임시 ID를 사용하는 방법이다. 이 임시 ID는 API 키가 될 수도 있고, 유효 기간이 있는 인증서 등 다양한 방법을 사용할 수 있다. 애플리케이션 인스턴스를 유일하게 대표할 수 있는 ID를 사용하기만 하면 된다.

로드 밸런서 시스템에서 동작하는 로드 밸런싱 소프트웨어 역시 서버단에 서비스를 제공하는 애플리케이션으로 생각할 수 있다. 각 소프트웨어 인스턴스가 다른 서버에 자신을 대표하는 데 사용할 수 있는 임시 ID를 가지고 서비스를 제공하는 것이다. 디바이스 인증과 이 임시 ID를 사용하는 내용은 5장에서 배웠다.

이 구조에서라면 로드 밸런서가 사용자와 클라이언트의 인증과 접근 허가 결정을 담당할 수 있다. 필요하다면 ID 제공자와 통신을 하는 것도 가능하다. 인증 및 접근 허가 결정에 의해 발생하는 데이터(유저네임 등)를 로드 밸런서가 원래의 요청과 함께 백엔드 호스트에 전달하는 것이다. 이 방법을 제로 트러스트 네트워크 구조에 사용하면, 인증 데이터가 클라이언트/서버 경계선을 지나면서 소실되지 않고 데이터 센터까지 전달될 수 있다.

TOTP보다는 보안 토큰

다요소 인증이 처음 도입됐을 때 사용자는 시간 기반 토큰을 끊임없이 생성해내는 작은 디바이스를 지급받았다. 현재는 모두 스마트폰을 가지고 있기 때문에 다요소 인증 애플리케이션을 스마트폰에서 실행해 코드를 생성하는 것을 선호한다.

하지만 피싱 공격의 위험 때문에 시간 기반 토큰보다는 보안 토큰을 사용하는 U2F와 같은 프로토콜이 더 안전하다. 사용자 편의성도 더 좋다. 따라서 가능하다면 TOTP 시스템 대신 보안 토큰을 사용하도록 하자. 이에 대해선 6장에서 다뤘다.

관계지향 보안 정책

제로 트러스트 구조가 지향하는 컨트롤 플레인의 모습은 접근 허가 결정을 네트워크에 주입해 어떤 통신을 신뢰할 것인지 알리는 형태다. 이 모델에서는 각각의 네트워크 흐름에 대해서 개별적으로 인증을 진행하고 접근 허가 결정을 내린다. 보안 정책의 적용은 내부 네트워크의 설정을 변경해 승인된 네트워크 흐름을 허용하는 방식으로 이뤄진다.

컨트롤 플레인 시스템을 제대로 갖추지 않은 소규모 제로 트러스트 네트워크에서는 우리의 이상향을 조절해야 한다. 접근 허가 결정을 동적으로 네트워크에 주입하고 네트워크 설정을 변경하는 대신 관계에 따라 보안 정책을 결정하는 시스템을 만들어야 할 수도 있다.

관계지향 네트워크 보안 정책에서는 디바이스 간 네트워크 통신을 기존 네트워크의 필터링 메커니즘으로 정의하고 설정한다. 즉 방화벽이나 TLS 연결 같은 메커니즘을 활용해 보안 정책을 적용한다는 뜻이다. 기존 경계 모델을 채택한 네트워크에서 사용하는 보안 정책 적용 메커니즘과 유사해 보일 수 있다. 하지만 관계지향 모델에서는 보안 정책이 디바이스에 가깝게 설정된다는 점에서 네트워크 영역에 보안 정책을 적용하는 기존 네트워크와는 차이가 있다. 이런 방식을 **마이크로경계화**라고 부르기도 한다.

어떤 디바이스가 어떤 디바이스와 통신해야 하는지 결정하고 이를 적용하는 모델을 사용하면 추후 성숙한 제로 트러스트 네트워크로 진화할 때 큰 도움이 된다. 어떤 네트워크 흐름이 발생할 것인지 예상하는 데이터베이스를 만드는 결과가 되기 때문에 나중에 제대로 된 컨트롤 플레인을 갖췄을 때 네트워크 흐름을 허용해도 되는지 동적으로 판단해 적용할 수 있다.

보안 정책 배포

네트워크에 보안 정책을 배포(적용과는 다른 의미)하는 작업은 소규모 제로 트러스트 네트워크에서 흔히 수행한다. 예상 네트워크 흐름을 정의한 보안 정책을 결정했으면 이를 네트워크에 자동으로 배포하는 작업이 필수다.

성숙한 제로 트러스트 네트워크에서는 컨트롤 플레인이 보안 정책의 해석을 담당한다. 보안 정책을 해석해 동적으로 네트워크 인프라와 디바이스를 동적으로 설정하고, 접근 허가 여부를 문의한 네트워크 주체에 허가 여부를 알려주기도 한다.

하지만 컨트롤 플레인을 제대로 갖추지 못한 네트워크에서는 다른 메커니즘을 사용해야 한다. 형상 관리 시스템을 통해 네트워크 컨트롤 플레인의 부족한 부분을 메꿀 수 있다.

성숙한 제로 트러스트 네트워크에서는 디바이스를 동적으로 설정해 예상 네트워크 트래픽만 허용할 수 있도록 만들 수 있다. 호스트 간 관계에 대한 정보를 담고 있는 보안 정책 데이터베이스를 활용해 호스트 기반 소프트웨어 방화벽을 설정하면 호스트별 보안 정책 적용도 가능하다. 중앙집중식 물리적 방화벽을 사용하는 방법보다 쉬운 방법이라 할 수 있다. 역시 형상 관리 시스템을 활용하면 상호 인증 TLS같은 메커니즘으로 호스트가 서로를 승인하도록 설정하는 것도 가능하다.

여기서 핵심은 기존 형상 관리 시스템을 활용해 가상의 컨트롤 플레인을 구축할 수 있다는 점이다. 이 가상의 컨트롤 플레인이 내부 네트워크에 보안 정책을 적용하는 역할을 한다. 충분히 현실적인 대안이지만 단점이 없는 것은 아니다.

- 호스트 기반으로 보안 정책을 적용하는 방식은 호스트가 공격당했을 때 보안 정책이 삭제되거나 변경될 수 있다는 문제점을 가지고 있다. 가능하다면 독립된 실행 환경(하이퍼바이저, 컨테이너 시스템, 네트워크 보안 그룹 등)을 활용해 보안 정책을 적용하는 것이 더 좋은 방법이다.

- 형상 관리 시스템을 통해 보안 정책을 적용하면 보안 정책을 네트워크 구석구석까지 전파하는 데 시간이 오래 걸리기 때문에 시스템의 설정이 일관되지 않는 상황이 오랫동안 발생할 수 있다.

보안 정책 정의와 설치

보안 정책을 실질적으로 사용하는 디바이스에 독립적인 포맷으로 보안 정책을 정의해야 한다. 별도의 포맷을 사용해야 하는 이유는 몇 가지가 있다.

- 별도의 보안 정책 포맷을 사용하면 보안 정책이 제대로 적용됐는지 모니터링하기 용이하다.

- 보안 정책 적용 시스템을 변경하는 경우에도 기존 보안 정책을 재사용할 수 있다. 예를 들어 보안 정책이 독립적인 포맷을 가지고 있으면 새로운 제조사의 시스템을 도입해도 설정을 쉽게 적용할 수 있다.

시스템에 적용할 보안 정책의 포맷과 이를 사용하는 실제 구현이 서로 다른 포맷을 가지고 있으면, 보안 정책 데이터베이스가 실제 구현을 따라가지 못하는 상황이 발생할 수 있다. 이런 불일치를 제거하는 최선의 방법은 실제 구현이 사용하는 보안 정책을 형상 관리 시스템을 사용해 보안 정책 데이터베이스에서 추출하는 방법이다.

형상 관리 시스템 코드에서 직접 보안 정책을 추출해 사용하는 시스템 관리자들도 있다. 작은 규모의 네트워크에서는 가능한 방법이다. 형상 관리 시스템이 지속적으로 보안 정책을 각 디바이스에 적용하기 때문이다. 하지만 네트워크 규모가 커지면 보안 정책 데이터베이스에서 추출한 데이터가 더 많은 곳에서 사용된다는 것을 깨닫게 될 것이다. 예를 들어 호스트 기반 방화벽과 네트워크 방화벽을 동일한 보안 정책으로 설정하는 것도 가능하다.

다양한 보안 정책을 정의하는 일은 아직 성숙하지 못한 제로 트러스트 네트워크에서는 어려울 수 있다. 이 경우 시스템 관리자들은 이미 알려진 보안 정책을 정의하는 데 집중해야 한다.

특히, 기존 네트워크에서 보안 정책을 만드는 과정은 새로운 보안 정책을 테스트하는 메커니즘에도 유용하게 사용될 수 있다. 새로운 보안 정책을 적용했을 때 어떤 트래픽을 거절할 것인지 미리 알 수 있는 시스템이 있으면 좋을 것이다. 보안 정책 적용의 미리보기 기능을 구현하려면 상당히 많은 요소가 필요하다. 프로덕션 네트워크 흐름을 모니터링한 데이터베이스, 보안 정책 시뮬레이터, 현재의 프로덕션 보안 정책과 새로운 보안 정책 간의 차이를 계산할 수 있는 시스템 등이 필수적이다. 더욱이 고품질의 보안 정책 시뮬레이터를 구현하기란 쉬운 일이 아니다.

다음과 같은 보안 정책 적용 메커니즘을 사용하는 것도 방법이 될 수 있다.

1. 새로운 보안 정책의 일부를 가져온다.

2. 새로운 보안 정책을 배포하되 로그만 남길 수 있도록 설정한다.

3. 충분한 시간을 두고 프로덕션 트래픽을 수집한다.

4. 새로운 보안 정책을 적용했을 때 거절해야 할 트래픽을 확인한다.

5. 새로운 보안 정책을 적용한다.

6. 새로운 보안 정책 모두를 적용할 때까지 이를 반복한다.

7. 모든 보안 정책이 제대로 동작하는 것을 로그를 통해 확인했으면, 실제로 보안 정책을 적용한다.

"선 로그 후 적용" 방법을 사용하면 예상치 못한 이슈를 프로덕션 환경에서 발견할 수 있다. 이 방법 외에도 단계적 적용 방법을 사용할 수 있다. 단계적 적용은 프로덕션 시스템의 일부분에 점진적으로 적용을 늘려가는 방법이다. 전체 프로덕션 시스템에 영향을 끼치지 않고, 일부분만 사용해 문제를 발견할 수 있는 방법이다.

제로 트러스트 프록시

제로 트러스트 프록시는 애플리케이션 계층의 프록시 서버다. 제로 트러스트 네트워크에 활용할 수 있는 기술이다. 프록시는 인증, 접근 요청, 암호화 요청을 처리할 수 있는 인프라로 네트워크 인프라의 지위를 갖는다. 제로 트러스트 네트워크에서 중요한 역할을 할 수 있는 기술이다.

제로 트러스트 프록시는 두 가지 모드로 동작한다. 순방향 프록시와 역방향 프록시다. 상황에 따라 둘 중 하나 또는 둘 다 사용해도 된다. 그림 9-4와 같은 모습이다.

역방향 프록시 모드에서는 프록시가 제로 트러스트 네트워크에 참여하는 클라이언트의 접근 요청을 받는다. 클라이언트가 프록시에 연결되면 프록시는 연결을 허가해도 되는지 검사한 뒤 클라이언트의 요청을 최종 애플리케이션에 전달한다.

순방향 프록시 모드에서는 제로 트러스트 네트워크에 참여하지 않는 디바이스가 제로 트러스트 네트워크상에 존재하는 자원에 접근할 때 사용한다. 제로 트러스트 네트워크에 참여하지 않는 디바이스는 컨트롤 플레인을 통해 접근을 요청할 수 있다. 직접 컨트롤 플레인에 연결하는 대신, 인증 프록시에게 접근 요청 처리를 대신하도록 위임하는 것이다.

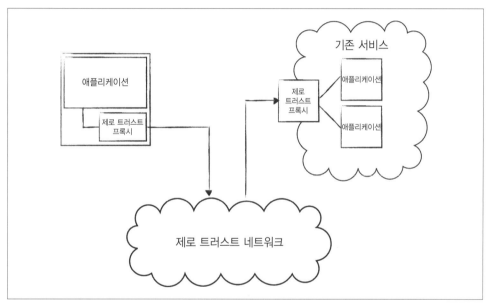

그림 9-4 순방향 프록시는 기존 시스템이 제로 트러스트 네트워크 자원을 접근하는 데 사용할 수 있고, 역방향 프록시는 제로 트러스트 네트워크에 참여하는 클라이언트가 기존 서비스에 접근하는 데 사용할 수 있다.

프록시를 이용해 제로 트러스트 네트워크를 구축할 수 있다. 하지만 서비스를 실제로 제공하는 디바이스에 프록시를 설치해야 한다는 조건이 붙는다. 이 방식으로 제로 트러스트 네트워크를 구축하면 데이터가 네트워크로 전달되기 전 반드시 프록시를 거치게 할 수 있다. 프록시를 통해 모든 데이터를 처리하도록 하는 디자인을 사용하면, 각 애플리케이션에서 데이터를 처리하는 것에 비해 많은 장점을 얻을 수 있다. 여기에 대해서는 8장에서 이야기했다.

제로 트러스트 네트워크를 구축할 때는 별도의 디바이스에 프록시를 설치하는 디자인은 피해야 한다. 독립된 디바이스에 설치한 별도의 프록시에 제로 트러스트의 책임을 떠넘기는 것은 모든 트래픽을 보호해야 한다는 취지에 어긋난다. 백엔드 서비스와 프록시 및 로드 밸런서 간의 트래픽도 역시 보호의 대상이기 때문이다.

네트워크에 존재하는 모든 디바이스와 서비스를 완전히 제어할 수 없는 시스템 관리자에게는 제로 트러스트 네트워크 구성이 매우 어렵게 느껴질 것이다. 예를 들어 제조사가 특별히 공급한 특수 디바이스는 디바이스 자체를 바꾸지 않는 한 제로 트러스트에 참여시키지 못할 수도 있다.

제로 트러스트 프록시가 이 문제를 해결할 수 있다. 제조사가 특별 공급한 디바이스와 제로 트러스트 네트워크 사이에 이 프록시를 설치하면 된다. 디바이스에 직접 프록시를 설치하는 것만큼의 보안을 유지할 수는 없겠지만 특수 디바이스를 제로 트러스트 네트워크에 참여시킬 때 발생할 수 있는 많은 문제를 해결할 수 있는 방법이다.

제로 트러스트 네트워크에 참여하지 않는 디바이스는 제로 트러스트 네트워크와 완전히 분리해야 한다는 점에 유의해야 한다. 제로 트러스트 네트워크에 참여하지 않는 디바이스로는 단 하나의 제로 트러스트 트래픽도 직접 흘러 들어가서는 안 된다. 거꾸로, 이 디바이스에서 나온 트래픽도 제로 트러스트 네트워크로 곧바로 흘러 들어가서는 안 된다. 가능하다면 물리적으로 이 둘을 분리하는 것이 좋은 방법이다.

클라이언트 마이그레이션과 서버 마이그레이션

제로 트러스트 네트워크를 구현할 때 클라이언트와 서버 사이의 트래픽을 먼저 처리할 것인지 아니면 서버 간 트래픽을 먼저 처리할 것인지 상황에 맞춰 판단해야 한다. 자신의 네트워크에서 추구하는 바가 무엇인지, 어느 정도의 노력을 들일지에 따라 그 판단은 달라질 수 있다.

클라이언트와 서버 사이의 트래픽을 먼저 처리하는 것이 일반적이다. 클라이언트가 모바일 디바이스인 경우도 있고, 시스템 관리자의 제어에서 완전히 벗어난 외부 네트워크에서 서비스에 접근하는 경우도 있기 때문이다. 모바일 디바이스의 경우 물리적 보안 역시 고려해야 한다. 따라서 클라이언트에서 서버로 향하는 트래픽에 제로 트러스트 네트워크가 지향하는 보안을 먼저 적용하는 것이 더 큰 이득을 볼 수 있다.

하지만 클라이언트 서버 모델에서 제로 트러스트 네트워크를 구축하기가 그리 쉽지만은 않다. 클라이언트 디바이스가 제로 트러스트 네트워크에 참여할 수 있도록 필요한 설정을 하려면 디바이스 설정을 자동화할 수 있는 시스템이 필요하다. 하지만 모든 조직이 이런 시스템을 갖추고 있는 것은 아니다. 클라이언트가 사용하고 있는 디바이스의 종류 역시 다양할 수 있다. 자동화 시스템이 다뤄야 할 디바이스 종류가 더 다양하다는 뜻이다.

이에 비하면 서버 간 트래픽은 처리가 쉽다. 서버에서 자동화 도구를 이미 사용하고 있을 가능성이 더 높기 때문이다. 클라이언트 디바이스에 비하면 서버 디바이스 종류가 다양하지 않다는 점도 장점으로 작용한다. 공격자의 눈길을 사로잡을 민감한 데이터를 가진 서버도 있기 때문에 이들을 집중적으로 보호하면 얻을 수 있는 이득도 크다 할 수 있다.

결국 전부 중요하고 가치가 있다. 시스템의 네트워크 방어에 있어서 가장 약한 부분이 어디인지를 파악하고 그 약한 부분부터 시작하면 된다. 위험 모델을 만들면 약점을 파악하기 쉽다. 위험 모델을 사용하면 어디에 시간과 자원을 투자할 것인지 결정하기 쉬울 것이다.

케이스 스터디

제로 트러스트 네트워크의 구체적인 구조는 각 조직의 상황에 따라 달라질 수밖에 없다. 어떤 디자인을 어떻게 구현했는지 한 눈에 파악하기란 쉽지 않다. 우리가 살펴본 디자인 요소들이 다양한 상황에서 실제로 어떻게 구현됐는지 살펴보는 것이 큰 도움이 될 것이다. 따라서 두 케이스 스터디를 통해 이들이 어떻게 성공적으로 제로 트러스트 모델을 구현했는지 알아보자.

구글의 BeyondCorp는 클라이언트와 서버 간 트래픽에 집중한 제로 트러스트 구조다. 고도로 분산된 조직의 특성과 수많은 모바일 디바이스의 환경을 잘 반영했다 할 수 있다.

페이저듀티의 클라우드 독립적 네트워크는 서버 간 트래픽과 클라우드 간 트래픽에 집중한 제로 트러스트 구조다. 시스템 내부와 외부의 위험에 효과적으로 대응하는 구조라 할 수 있다.

케이스 스터디: 구글 BeyondCorp

글쓴이: 베스티 베이어

구글은 내부 기업 네트워크에 적용 중인 새롭고 놀라운 보안 모델을 로그인(;login;)이라는 기술지에 조금씩 선보이기 시작했다. 2014년 11월의 일이다. 다음의 케이스 스터디는 구글이 발표한 기술 보고서에 기반해 작성했으며 구글과 로그인의 동의를 구하고 작성한 내용이다.

더 자세한 내용을 원하는 독자는 아래의 기술 보고서를 참고하기 바란다.

- "BeyondCorp: 엔터프라이즈 보안의 새로운 방법A New Approach to Enterprise Security"

- "BeyondCorp: 디자인과 구현Design to Deployment at Google"

- "BeyondCorp: 접근 프록시The Access Proxy"

2010년대 초반 구글은 경계 모델을 채택한 네트워크 보안에 많은 문제점을 체감하고 있었다. 수만 명의 직원들이 사무실 밖에서 업무를 수행하는 상황에서 "성벽"을 더 높이 짓는 것만으로는 자신을 충분히 방어할 수 없다는 것을 인지했기 때문이다. 수천 명의 외부인을 빌딩 안으로 초대하기 때문에 문제는 더 커 보였다. 이뿐만이 아니다. 수십억의 사용자가 구글을 사용하고 있고, 사용자 수는 계속 늘어났다. 사용자들은 우리를 신뢰하고 데이터를 우리에게 맡겼다.

수많은 직원이 기업 네트워크를 사용했으며 기업의 자원에 접근하는 방식은 매우 다양했다. 클라우드 서비스는 물론이고 다양한 클라이언트 디바이스가 기업 네트워크에 접속했다. 성벽으로는 더 이상 감당할 수 없는 지경에 이르러 중세시대의 기술로는 우리를 보호할 수 없었다. 현대 도시에 어울리는 전략이 필요한 시점이었다. 사용자의 위치가 아니라 사용자가 누구인지에 따라 애플리케이션과 데이터에 대한 접근을 제어해야 했다.

보안 시스템 업그레이드의 시급함을 깨달은 구글은 기업 네트워크를 전혀 새로운 시각으로 바라봤다. 다른 누구보다도 네트워크 보안을 잘 할 수 있다는 걸 알았다. 그래서 당시의 보안 모델을 다시 디자인할 중요한 첫 발을 내딛었다.

디자인부터 강력한 제로 트러스트 모델을 구현하기까지는 4년이 넘는 시간이 필요했다. 대부분의 기업들이 기업 내 애플리케이션만 사용하는 내부 네트워크는 안전한 환경이라고 생각했지만, 우리는 인터넷처럼 내부 네트워크에도 다양한 위험이 도사리고 있다고 가정했다.

우리가 도입한 모델은 기존 기업 네트워크 구조를 완전히 뒤흔드는 구조였다. 네트워크 자원에 대한 접근은 디바이스와 사용자가 제시한 크리덴셜에 따라 결정한다. 사용자가 위치한 네트워크는 전혀 중요하지 않다. 내부 네트워크에 있든, 집에 있든, 호텔이나 커피숍에 있든 차이가 없다. 완벽히 인증되고 허가된 트래픽만 내부 자원에 접근할 수 있으며, 모든 트래픽은 디바이스 상태와 사용자 인증서를 바탕으로 암호화된다. 내부 자원의 각기 다른 부분에 대한 접근 정책은 세밀하게 조정할 수 있다. 그 결과 모든 구글 임직원은 언제 어디서나 업무를 수행할 수 있다. 기밀 영역에 접근하기 위해 전통적인 VPN 연결에 의존할 필요도 없다. 사용자가 네트워크 자원에 접근할 때 거쳐야 하는 과정은 내부에서나 외부에서나 동일하다. 네트워크 속도만 다를 뿐이다.

아래의 케이스 스터디를 읽으면서 명심해야 할 사항이 있다. 네트워크 보안 문제를 해결하기 위해 구글이 투자할 수 있는 자원의 규모는 상당히 풍부하다는 점이다. 투자할 수 있는 자원에 제한을 받지 않았기 때문에, 기존 네트워크 보안 패러다임을 없애겠다는 원대한 꿈을 이룰 수 있었다.

BeyondCorp을 적용한 뒤부터 2017년까지 많은 변화가 있었다. 해킹 도구는 훨씬 정교해졌고 만들기도 쉬워졌다. 구글과 같은 대규모 네트워크를 공격하기 위해 이전에는 많은 노력을 들여 해킹 도구를 만들어야 했다. 그런데, 이제는 적은 노력으로 정교한 해킹 도구를 만들 수 있게 돼 작은 네트워크에 대한 공격은 더 쉬워졌다. 소규모 또는 중간 규모의 조직에 대한 위협이 늘어난 것은 사실이지만 이들이 선택할 수 있는 솔루션도 함께 늘어났다. 보안 업계 또한 같이 성장한 것이다. 구글은 보안 인프라를 무에서 창조해야 했다. 하지만 현재는 기업 네트워크 보안 솔루션이 다양해졌기 때문에 소규모 또는 중간

규모의 기업이 경계 모델에서 벗어날 수 있는 여러 선택지가 생겼다. 어떤 솔루션을 택할 지는 여러분의 몫이지만 아래 케이스 스터디를 참고해 자신만의 전략을 개발하는 과정에 서 구글이 채택한 디자인의 핵심만은 반드시 기억하기 바란다.

BeyondCorp의 세부적인 기술과 구현을 독자들의 조직에 곧바로 적용하기는 힘들 수 있다. 하지만 우리가 방어하는 위협은 모두에게 동일할 것이다. 우리가 채택한 핵심 디 자인 역시 모두에게 해당될 것으로 생각한다.

BeyondCorp의 구성 요소

그림 9-5에 나온 것처럼 BeyondCorp은 다양한 구성 요소를 가지고 있다. 오직 인증된 디바이스와 사용자만 필요한 엔터프라이즈 애플리케이션에 접근하도록 하기 위함이다. 이 절에서는 BeyondCorp이 어떤 요소들로 구성돼 있는지 알아보자.

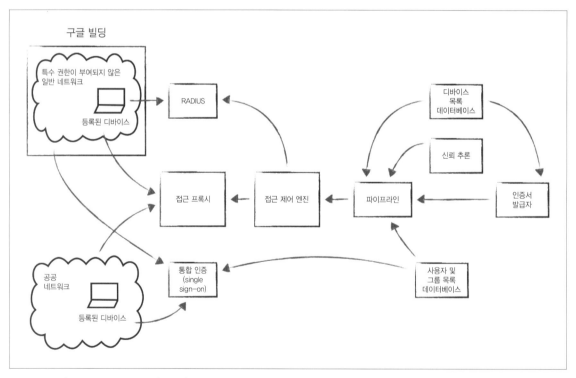

그림 9-5 BeyondCorp 구성 요소와 흐름도

디바이스 인식

BeyondCorp에서는 디바이스를 안전하게 인식하고 모든 등록된 디바이스는 추적해 관리한다. 여기에는 디바이스 목록 데이터베이스와 인증서 발급자가 관여한다.

디바이스 목록 데이터베이스

BeyondCorp은 "등록된 디바이스"라는 개념을 사용한다. 회사에 등록돼서 회사가 적극적으로 관리하는 디바이스를 뜻한다. 등록된 디바이스만 사내 애플리케이션에 접근이 가능하다. 디바이스 목록 데이터베이스를 중심으로 디바이스를 추적하고 관리하는 것이 BeyondCorp에서 큰 역할을 차지하고 있다.

디바이스가 사용되는 동안 구글은 각 디바이스에 어떤 변경이 가해졌는지 추적한다. 이 정보는 항상 모니터링 되고 분석돼 BeyondCorp의 다른 부분에 사용된다. 구글은 다른 디바이스 목록을 여러 데이터베이스에 분산해 관리하기 때문에 메타 데이터베이스를 사용해 여러 데이터베이스에서 제공하는 디바이스 정보를 통합해 BeyondCorp의 다른 요소들이 사용할 수 있도록 한다. 다양한 데이터베이스가 있음에도 메타 데이터베이스 덕분에 모든 정보를 한 눈에 알아볼 수 있다.

디바이스 ID

등록된 디바이스는 모두 각자의 ID를 부여받는다. 디바이스 목록 데이터베이스에서 디바이스 정보를 찾는 데 이 ID가 사용된다. 여러 방법을 사용하지만 각 디바이스마다 고유의 인증서를 부여해 각 디바이스가 각기 다른 ID를 갖는 방법이 대표적이다.

디바이스 목록 데이터베이스에 존재하는 정확한 ID를 소유한 디바이스만 인증서를 부여받을 수 있다. 인증서는 하드웨어 또는 소프트웨어 TPM에 저장된다. TPM이 없는 디바이스는 다른 인증서 저장 장소를 사용한다. 디바이스를 처음 등록할 때, 인증서의 유효성을 거친 디바이스만 등록된 디바이스로 인정받는다. 디바이스 유효성은 인증서를 통해서 검증하며 정기적인 인증서 갱신 과정도 존재한다. 인증서가 일단 디바이스에 설치되면 사내 서비스와의 모든 통신에 인증서를 사용한다. 인증서가 디바이스 ID 역할을 하지만 이것만으로 바로 사내 서비스에 연결할 수 있는 것은 아니다. 디바이스 ID는 어디까지나 디바이스 정보를 추출하는 데 사용할 뿐이다.

사용자 인식

사용자 목록 데이터베이스와 그룹 목록 데이터베이스에 있는 모든 사용자는 추적과 관리의 대상이다. 이 데이터베이스 시스템은 구글의 인사 프로세스와 통합 돼있어 사용자의 직군, 유저네임, 소속 그룹에 대한 모든 정보를 담고 있다.

외부에서 접근이 가능한 통합 인증SSO 시스템은 사용자 인증을 담당하는 포털이다. 사내자원에 대한 접근 요청이 들어오면 여기서 다중 요소 인증을 거쳐 사용자를 인식한다. 사용자 목록 데이터베이스와 그룹 목록 데이터베이스를 사용한 검증이 끝나면 SSO 시스템은 짧은 유효 기간을 갖는 토큰을 발행한다. 사용자는 네트워크 자원에 접근할 때이 토큰을 사용한다.

애플리케이션 노출과 흐름: 접근 프록시

구글이 사용하는 모든 사내 애플리케이션은 인터넷과 연결된 접근 프록시를 통해 인터넷에 노출된다. 내부 사용자와 외부 사용자에 대한 구분은 없다. 접근 프록시는 클라이언트와 애플리케이션 간 암호화를 강제하는 역할을 한다. 접근 프록시는 각 애플리케이션 마다 다른 설정을 가지고 있으며, 외부 접근성 관리, 로드 밸런싱, 접근 제어 검사, 애플리케이션 안정성 검사, DoS 방어 등의 공통적인 기능을 제공한다. 프록시에서 접근 제어 검사(다음 절에서 설명)를 마치면, 요청을 백엔드 애플리케이션에 전달한다. 접근 프록시가 제공하는 기능들에 대해서는 곧 다룰 "GFE 활용과 확장" 부분을 참고하기 바란다.

목록 기반 접근 제어 구현

한 사용자나 디바이스에 허가된 접근 권한은 언제든 바뀔 수 있다. 구글은 다양한 데이터를 활용해 사용자와 디바이스에 허가하는 신뢰 수준을 동적으로 계산한다. 이렇게 동적으로 산출된 신뢰 수준은 접근 제어 엔진(밑에서 자세히 다룬다)이 활용해 접근 허가에 대한 결정을 내린다. 다음과 같은 시나리오가 가능하다.

- 최신 OS 패치가 설치되지 않은 디바이스의 신뢰 수준을 낮출 수 있다.

- 특정 모델의 폰이나 타블렛처럼 특정 그룹에 속한 디바이스에 별도의 신뢰 수준을 허가할 수 있다.

- 새로운 장소에서 애플리케이션에 접근하는 사용자에게는 별도의 신뢰 수준을 부여할 수 있다.

구글은 정적 규칙과 다양한 휴리스틱을 사용해 신뢰 수준을 결정한다.

접근 프록시 내부에 위치한 접근 제어 엔진은 사내 애플리케이션에 대한 접근 허가를 결정한다. 이때의 결정은 각 요청에 대해 내리며, 접근하려는 서비스에 따라 달라질 수 있다. 접근 요청 허가에는 여러 가지 요소를 고려한다.

- 사용자에 대한 정보, 사용자가 속한 그룹에 대한 정보, 디바이스 인증서, 디바이스 목록 데이터베이스에 기록된 디바이스의 특성

- 사용자와 디바이스의 신뢰 수준

- 필요한 경우 접근 제어 엔진은 위치 기반 접근 제어를 할 수도 있다.

예를 들어, 접근 제어 엔진은 다음과 같은 보안 정책을 가질 수 있다.

- 구글의 버그 추적 시스템은 정규직 엔지니어가 개발용 디바이스를 사용할 때만 접근할 수 있다.

- 재정관리 애플리케이션은 재정 관련 부에 속한 정규직 또는 비정규직 직원이 비개발용 디바이스를 사용하는 경우에만 접근할 수 있다.

동일한 애플리케이션이라도 접근 제어 엔진이 다른 방식으로 접근을 제어하는 것이 가능하다. 예를 들어, 버그 추적 시스템에서 검색을 하거나 항목을 업데이트하는 것과 비교해, 항목 하나를 보는 것에는 더 낮은 수준의 보안을 적용할 수 있다.

GFE 활용과 확장

모든 백엔드 시스템에 디바이스 신뢰도 결정 서비스를 통합해 보안 정책을 적용하는 것은 기존에 사용하던 방법이다. 하지만 이 방법은 구글이 서비스를 출시하고 변경하는

데 있어서 빠른 대응이 어렵다는 단점이 있다. 대신, 구글은 전사적인 보안 정책을 적용하는 데 중앙집중식 방법을 사용한다. 중앙집중식 보안 정책 적용 프론트엔드 접근 프록시AP, Access Proxy를 구현했다.

BeyondCorp은 기존의 구글 프론트엔드GFE, Google Front End 인프라를 중앙집중식 보안 정책 적용 포인트로 활용한다. GFE가 모든 접근 요청을 수신하게 만들고, 추가적인 기능도 제공할 수 있도록 GFE의 기능을 확장했다. 인증, 접근 허가, 중앙집중식 로그 등을 GFE에 추가했다. 이렇게 확장된 GFE는 AP라 부른다. 다음 절에서 AP의 기능 중, 이 케이스 스터디와 관련된 내용을 다루기로 한다. AP가 제공하는 다른 기능이 궁금하다면 "BeyondCorp: 접근 프록시The Access Proxy"을 찾아보길 권한다.

GFE를 사용하면 몇 가지 장점이 따라온다. 백엔드에 대한 로드 밸런싱과 TLS 관리가 대표적이다. 이 둘은 BeyondCorp을 위해 특별히 만들어진 기능이 아니다. AP는 인증과 접근 요청 허가에 대한 보안 정책을 GFE에 추가한 형태라 할 수 있다.

사용자 인증

요청에 대한 허가 여부를 결정하려면 어떤 사용자가 어떤 디바이스를 사용해 이 요청을 보냈는지 알아야 한다. 여러 플랫폼을 사용하는 환경에서 디바이스를 인증하기란 여러 가지 측면에서 어려운 일이다. 자세한 내용은 "멀티 플랫폼 환경에서 인증의 어려움" 절에서 다루기로 한다.

AP는 구글의 IdPIdentity Provider(ID 제공자)와 협력해 사용자의 ID를 검사한다. 백엔드 서비스가 사용하는 인증 메커니즘을 AP 메커니즘을 사용하도록 바꾸는 작업은 그 규모를 생각했을 때 힘든 일이다. 따라서 AP가 다양한 인증 옵션을 지원하는 형식이 바람직하다. 여기에는 OpenID 연결, OAuth 등의 프로토콜이 포함된다.

AP는 사용자 ID가 없는 접근 요청도 처리해야 한다. 최신 보안 업데이트를 다운로드 하려는 소프트웨어 관리 시스템의 요청에는 사용자 ID가 없는 것이 일반적이다. 이 경우 AP는 사용자 인증을 하지 않는다.

AP가 사용자 인증을 성공적으로 마치면 요청을 백엔드에 전송한다. 하지만 전송하기 전 사용자 ID 부분을 요청에서 제거하는데 이는 다음의 두 가지 이유 때문이다.

- 백엔드가 AP를 통해 요청을 재사용하지 못하게 하기 위함이다.

- 프록시는 백엔드에 투명성을 제공해야 하기 때문이다. 즉, 백엔드는 AP 요청 위에 자신의 인증 플로우를 별도로 구현할 수 있어야 한다. 그리고 이때 다른 쿠키나 ID가 개입해서는 안 된다.

접근 허가

접근 허가 결정 메커니즘에는 다음의 두 가지 디자인을 사용했다.

- RPC^{Remote Procedure Call}로 접근 가능한 중앙집중식 ACL(접근 제어 리스트) 엔진

- 확장성과 인간의 가독성을 고려한 ACL 전용 언어

ACL 결정을 서비스 형태로 제공하면 모든 프론트엔드 게이트웨이에서 동일한 ACL에 기반한 접근 제어가 가능하다는 장점이 있다. 즉, RADIUS를 통한 네트워크 접근 제어, AP를 통한 접근 제어, SSH 프록시를 이용한 접근 제어가 모두 동일한 결과를 보인다. 구글은 AP를 통한 중앙집중식 접근 허가 결정과 백엔드가 독자적으로 수행하는 접근 허가 결정을 함께 사용한다.

프록시와 백엔드의 상호 인증

백엔드가 접근 제어를 프론트엔드에게 위임했다. 따라서 백엔드는 프론트엔드가 인증하고 허가한 트래픽을 신뢰할 수 있어야 한다. 특히 AP가 TLS 핸드쉐이크를 담당하고 백엔드는 별도의 암호 채널로 HTTP 요청을 수신하기 때문에 중요한 부분이다.

암호 채널을 형성할 때는 상호 인증 메커니즘이 필수다. 예를 들어, 상호 인증 TLS와 기업의 공개키 인프라를 구현하는 등의 방법이 필요하다. 구글은 구글 내부에서 개발한 인증 및 암호화 프레임워크인 LOAS^{Low Overhead Authentication System, 간편 인증 시스템}를 사용한다. LOAS는 상호 인증 메커니즘으로 프록시와 백엔드 간의 모든 통신을 암호화한다.

프론트엔드와 백엔드 사이에 상호 인증 및 암호화 채널을 사용하면, AP가 추가한 메타데이터를 백엔드가 신뢰할 수 있다는 장점도 있다. 보통은 추가적인 HTTP 헤더의 형식을 띈다. 메타데이터를 추가하고 역방향 프록시와 백엔드 간에 별도의 프로토콜을 사용하는 디자인이 최선의 디자인은 아닐 수 있다. 하지만 AP와 백엔드의 상호 인증이 있기 때문에 메타데이터는 조작이 불가능하다.

새로운 기능을 AP에 추가하는 것이 가능하다는 것도 또 다른 장점이다. 백엔드는 AP가 추가한 헤더를 사용하기만 하면 된다. 디바이스 신뢰 수준을 벡엔드에 전송할 때도 이 방법을 사용한다. 이를 수신한 백엔드는 자신만의 방법으로 이 신뢰도를 조절해 사용한다.

멀티 플랫폼 환경에서 인증의 어려움

디바이스 식별에는 최소한 두 가지 구성 요소가 필요하다.

- 디바이스 ID

- 디바이스의 최신 상태를 추적하는 디바이스 목록 데이터베이스

BeyondCorp는 네트워크의 신뢰와 디바이스의 신뢰 수준을 연관해 생각한다. 따라서 모든 디바이스는 자신만의 유일한 ID가 필요하고 이 ID는 복제가 불가능해야 한다. 디바이스의 위치, 설치된 소프트웨어, 사용자에 대한 정보는 반드시 디바이스 목록 데이터베이스에 포함돼야 한다.

데스크탑과 노트북

데스크탑과 노트북은 X.509 디바이스 인증서를 사용하며 관련된 비밀키는 시스템의 인증서 저장소에 보관한다. 요즘 운영체제라면 모두 가지고 있는 키 저장소를 사용하면, API를 통해 서버와 통신하는 데몬 및 커맨드라인 도구가 정확한 디바이스에서 동작하는 소프트웨어임을 보장할 수 있다. TLS를 사용하는 클라이언트는 자신이 인증서의 비밀키를 가지고 있음을 상대방에게 증명해야 한다. 따라서 비밀키가 TPM등의 하드웨어에 안전하게 보관돼 있다면 디바이스의 ID는 복제가 불가능하고 조작도 불가능하다.

모바일 디바이스

모바일 디바이스는 인증서에 의존하는 대신, 모바일 운영체제가 제공하는 강력한 디바이스 ID를 활용한다. iOS 디바이스에서는 iOS가 제공하는 identifierForVendor를 사용하고, 안드로이드 디바이스에서는 EMM^{Enterprise Mobility Management} 애플리케이션이 제공하는 디바이스 ID를 사용한다.

BeyondCorp으로 전환

다른 모든 기업과 마찬가지로 구글도 수년 동안 경계 모델을 채택한 네트워크를 사용했다. 모든 임직원이 이 네트워크를 매일 사용했다. 모든 네트워크 주체가 BeyondCorp을 사용하도록 만들어야 하는 것은 분명하지만 한 번에 모든 사용자와 애플리케이션이 BeyondCorp을 사용하도록 만드는 것에는 많은 위험이 따른다. 따라서 구글은 단계적 마이그레이션을 진행했다. 이를 통해 성공적으로 많은 네트워크 사용자를 BeyondCorp으로 옮길 수 있었으며, 이들이 겪은 문제는 전혀 없었다.

특수 권한이 부여되지 않은 일반 네트워크 사용하기

사무실 내부에서의 접근과 원격의 접근에 동일한 보안을 적용하기 위해, BeyondCorp은 특수 권한이 부여되지 않은 일반 네트워크를 구글 빌딩에 설치했다. 구글 빌딩에 설치돼 있다는 점을 제외하면, 외부 네트워크와 매우 유사한 네트워크다. 인터넷, 제한된 인프라 서비스(DNS, DHCP, NTP 등), 퍼핏과 같은 형상 관리 시스템에만 연결된 네트워크다. 구글 빌딩에 있는 모든 클라이언트 디바이스가 이 네트워크에 연결된다. 이 네트워크와 구글의 다른 네트워크는 ACL로 특별히 관리된다.

애플리케이션 설정

구글의 모든 애플리케이션은 AP를 통해야 한다. BeyondCorp 팀은 모든 애플리케이션을 조사해 AP를 사용하도록 만들었다. HTTPS 트래픽을 사용하도록 만드는 작은 일부터 SSO 통합과 같은 어려운 일까지 모두 여기에 포함된다. 모든 애플리케이션에 AP를 설정해야 했고, 많은 경우 접근 제어 엔진에 추가적인 설정도 필요했다. 모든 애플리케이션은 다음의 단계를 거쳐야 했다.

1. 내부 기밀 네트워크에서 접근이 가능해야 하며 외부와의 VPN 연결도 가능하도록 애플리케이션을 설정한다.

2. 내부 기밀 네트워크에서 접근이 가능해야 하며 외부 네트워크와의 통신은 AP를 거치도록 애플리케이션을 설정한다. 이 단계에서는 별도의 DNS를 사용했다. 내부 DNS는 애플리케이션을 직접 가리키도록 설정했고, 외부 DNS는 AP를 가리키도록 설정했다.

3. 외부, 내부, 구글 빌딩내 네트워크 모두에서 AP를 사용하도록 애플리케이션을 설정한다.

VPN 사용 줄이기

AP를 사용해 접근 가능한 애플리케이션이 늘어남에 따라 사용자들의 VPN 사용을 금지해야 했다. 구글은 다음의 전략을 사용했다.

1. 반드시 필요한 사용자만 VPN을 사용하도록 제한했다.

2. VPN 사용을 모니터링해 일정 시간 동안 VPN을 사용하지 않은 사용자는 VPN을 사용하지 못하도록 막았다.

3. VPN을 사용하는 사용자의 VPN 사용을 모니터링했다. AP를 사용해도 되는 경우라면, VPN 사용을 멈추도록 적극 권장했다.

트래픽 분석 파이프라인

특수 권한이 부여되지 않은 일반 네트워크에서도 애플리케이션에 접근할 수 있다는 확신이 들었을 때에만 사용자를 이곳으로 옮겨야 했다. 이 확신은 트래픽 분석 파이프라인을 통해 내릴 수 있었다. 다음의 단계를 거쳐 트래픽 분석을 진행했다.

1. 파이프라인의 입력은 사내 모든 스위치에서 수집한 트래픽 샘플을 사용한다.

2. 특수 권한이 부여되지 않은 일반 네트워크와 사내의 다른 네트워크를 연결하는 ACL과 이 샘플을 비교해 분석한다. 이 분석을 통해 어떤 트래픽이 ACL를 통과할

수 있을 것인지 파악할 수 있다. 또한 어떤 트래픽이 ACL을 통과할 수 없을 것인지도 파악할 수 있다.

3. ACL을 통과하지 못할 트래픽을 워크플로우, 사용자, 디바이스와 연관해 분석한다.

4. ACL을 통과하지 못할 트래픽을 점차 줄여가며 모든 트래픽이 BeyondCorp 환경에서 동작하도록 만든다.

특수 권한이 부여되지 않은 일반 네트워크 시뮬레이션

트래픽 분석 파이프라인의 정확도와 활용도를 높이기 위해 시뮬레이션도 실행했다. 특수 권한이 부여되지 않은 일반 네트워크를 사용했을 때 어떤 일이 발생할 것인지 시뮬레이션 했다. 이때 구글 네트워크에 연결된 모든 사용자 디바이스에 설치한 트래픽 모니터 시스템을 활용했다. 모든 디바이스에 트래픽 모니터 시스템을 설치했으며, 디바이스로 들어오는 트래픽과 디바이스에서 나가는 트래픽 모두를 모니터링했다. ACL과 비교하며, ACL을 통과하지 못할 트래픽에 대해서는 로그를 남겼다. 모니터는 두 가지 모드로 동작했다.

로그 모드

ACL을 통과하지 못할 트래픽을 캡처한다. 트래픽을 막지는 않는다.

강제 모드

ACL을 통과하지 못할 트래픽을 캡처하고, 실제로 트래픽도 막는다.

마이그레이션 전략

트래픽 분석 파이프라인과 시뮬레이션을 통해 다음과 같은 단계별 마이그레이션 전략을 세우고 실천했다.

1. 직군 및 위치에 따라 마이그레이션 대상을 파악한다.

2. 시뮬레이터를 로그 모드에서 동작시키며, 30일 연속 99.99% 트래픽이 ACL을 통과하는 사용자와 디바이스를 파악한다.

3. 99.99% ACL 통과 비율을 보이는 사용자와 디바이스에게는 시뮬레이터를 강제 모드로 동작 시킨다. 필요한 경우, 사용자가 시뮬레이터를 로그 모드로 되돌릴 수 있도록 허용한다.

4. 30일간 강제 모드에서 동작시킨 시뮬레이터가 성공적이었다면 이를 디바이스 목록에 기록한다.

5. 30일간 문제없이 강제 모드의 시뮬레이터가 동작했다면 디바이스를 특수 권한이 부여되지 않은 일반 네트워크에 연결해도 괜찮다는 확신으로 받아들인다.

예외 처리

기밀 네트워크에서 특수 권한이 부여되지 않은 일반 네트워크로 사용자와 디바이스를 자동으로 옮기는 것도 중요하지만 사용자가 잠시 동안 마이그레이션에서 벗어날 수 있도록 허용하는 간단한 절차도 필요하다.

- BeyondCorp를 적용할 수 없는 네트워크 접근 패턴을 파악한다.

- 사용자는 이 패턴을 검색해 자신이 여기에 해당된다고 생각되면, 자신을 해당 패턴에 포함시킨다.

- BeyondCorp에서 해당 패턴을 지원하게 되면, 사용자들에게 이를 알리고 다시 마이그레이션 사이클에 추가한다.

교훈

BeyondCorp로 마이그레이션 하는 작업은 쉽지 않았다. 여러 문제들을 해결해야 했다. 우리와 비슷한 모델을 구현하려는 다른 조직에게도 다음의 내용이 도움이 되길 바란다.

대화

보안 인프라의 기반을 바꾸는 움직임은 전직원의 업무 효율에 나쁜 영향을 미칠 수 있다. 변화를 통해 어떤 점이 바뀔 것인지 널리 알리는 과정이 필요하다. 문제가 발생했을 때 사용자에게 어떻게 이를 해결할 것인지 알려야 한다. 하지만 너무 많은 대화와 너무 적은 대화의 중도를 지키기란 쉽지 않다.

대화가 너무 적으면 다음과 같은 문제가 발생할 수 있다.

- 사용자들이 변화를 받아들이지 못하고 혼란에 빠질 수 있다.

- 문제 해결의 효율성이 떨어진다.

- IT 지원 팀에 과도한 업무가 부과된다.

너무 많은 대화 역시 문제다.

- 변화를 거부하는 사용자들은 변화가 가져올 결과를 과대평가하는 경향이 있다. 불필요한 예외를 만들려 할 수도 있다.

- 큰 변화가 오는 경우에도 사용자들이 둔감하게 반응할 수 있다

- 구글의 인프라는 BeyondCorp와는 별개로 꾸준히 발전한다. 사용자들이 문제의 원인을 다른 곳에서 찾으려 할 수도 있다. 이는 문제 해결 속도를 저하시킬 수 있으며 지원 팀에 과도한 업무가 주어지는 결과를 가져온다.

엔지니어 지원

새로운 네트워크 보안 모델로 하루아침에 바꾸는 것은 불가능하다. 여러 팀의 협력과 조율이 필요한 일이다. 큰 기업의 어느 한 팀이 이 모든 일을 도맡아 할 수는 없다. 마이그레이션에는 하위 호환성 문제가 따르기 마련인데, 여기에는 충분한 지원이 필요하다.

구글의 경우 각 팀에서 얼마나 쉽게 자신의 서비스를 AP 뒤로 옮길 수 있느냐가 관건이었다. 개발자의 편의를 도와 이들이 대면할 문제를 최소화하는 것이 최우선 순위였다. 합리적인 기본 설정을 제공하고, 대부분의 개발자들을 위한 일반적인 가이드를 만들고, 문서화에 힘썼다. 복잡한 설정 변경이 예상되는 경우 샌드박스를 제공했다. 예를 들어, 로드 밸런서가 트래픽을 보내지 않는 별도의 AP를 제공하고 개발자들만 여기에 접근할 수 있도록 했다. 여기에는 DNS 설정을 바꾸는 방법 등을 활용했다. 많은 경우 샌드박스를 적절히 사용했다. 예를 들어, X.590 인증서를 바꾸거나 TLS 라이브러리를 업데이트

할 때, 클라이언트가 문제없이 TLS 연결을 수행할 수 있는지 확인해야 한다. 이때 샌드박스를 적극 활용했다.

데이터 정확도

디바이스 목록 데이터베이스 등에 오류가 있으면, 디바이스가 사내 자원에 접근을 못할 수 있다. 단순 철자 오류, 뒤바뀐 ID, 정보 누락 등이 흔한 오류 유형이다. 조달 팀에서 디바이스를 받아 시스템에 등록할 때 발생할 수 있는 오류다. 제조사에서 발생한 오류에 기인하는 경우도 있다. 데이터의 정확도 문제는 디바이스 수리 과정에서도 많이 발생한다. 디바이스의 물리적인 부분을 교체하거나 다른 디바이스로 옮기는 경우 등에서 주로 발생한다. 이런 오류는 디바이스를 직접 검사하기 전까지 발견하기 어렵다.

구글의 경우, 디바이스를 조달하고 수리하는 팀의 업무 질을 향상하고, 디바이스를 처음 시스템에 등록할 때 데이터 검증을 자동화해 인간의 에러를 미리 감지하는 방법이 가장 효과적이었다. 디바이스에 대한 정보를 두 번 입력하는 것도 도움이 됐지만, 모든 오류를 잡아낼 수는 없었다. 하지만 디바이스의 정확한 신뢰 수준을 계산하기 위해서는 매우 정확한 데이터베이스가 필요했고, 이 필요는 결국 데이터 정확도의 수준을 높일 수 있었다. 구글이 가진 데이터의 정확도는 전례 없는 수준이다. 정확한 데이터는 보안 측면에 있어 다른 향상도 가져왔다. 예를 들어, 최신 보안 패치를 적용한 디바이스의 비율이 증가했다.

여전히 어려운 데이터 정확도 문제

많은 노력에도 불구하고 디바이스 ID가 항상 정확할 수는 없다. 다음과 같은 시나리오가 가능하다.

- 새로운 디바이스에 자산 번호가 부여됐지만, 아직 호스트 이름은 부여되지 않을 수 있다.

- 디바이스 업그레이드 때문에 하드디스크의 시리얼 번호가 다른 마더보드의 시리얼번호에 연결돼 있을 수 있다.

- MAC 주소의 충돌이 발생할 수 있다.

몇 가지 휴리스틱을 사용해 잘못된 데이터를 바로잡을 수 있다. 하지만 디바이스 정보 정확도를 100%에 가깝게 올리기 위해서는 끝없이 발생하는 예외 상황을 아우를 수 있는 아주 복잡한 휴리스틱이 필요하다. 사소한 디바이스 정보 오류 때문에 수백 또는 수천의 직원이 애플리케이션을 사용하지 못할 수 있고, 이는 기업의 생산성 문제로 이어질 수 있다.

결론

2010년 하반기에 시작한 원대한 장기 프로젝트가 결실을 이룰 때가 됐다. 구글 직원 대부분은 현재 완전히 BeyondCorp 환경에서 근무하고 있다. 때로는 아주 힘든 싸움이었지만 많은 시간과 자원을 투자해 성공을 이룰 수 있었다.

다행히 지금 제로 트러스트 네트워크를 구현하려는 조직에게는 여러 기업의 경험이 큰 도움이 될 것이다. 이는 절대 간단한 작업이 아니지만 현재 많은 상업 솔루션이 존재한다. 이 장에서 우리가 소개한 구글의 경험담이 제로 트러스트 네트워크를 구현하려는 많은 기업에게 도움이 되길 바란다. 여기서 소개한 디자인을 염두에 두고, 각 기업이 처한 상황에 맞춰 최선의 방법으로 보안 전략을 짜기 바란다.

케이스 스터디: 페이저듀티의 클라우드 독립형 네트워크

글쓴이: 에반 길먼, 더그 바스

페이저듀티PagerDuty는 2013년 제로 트러스트 네트워크를 구축하기 시작해 2014년 이를 마쳤다. 이 글을 쓰는 시간에도 네트워크는 계속 진화하고 있으며 프로덕션 시스템에서 이를 활용하고 있다. 회사명 공개를 허락하고 자신들의 제로 트러스트 네트워크 경험을 공유할 수 있도록 허락해준 페이저듀티에게 감사를 표한다. 이 케이스 스터디에서 언급하는 의견은 작가의 의견이며, 이 글에 존재하는 오류에 대해서 페이저듀티는 아무런 책임이 없음을 밝힌다.

페이저듀티는 상황 대응 팀의 업무 효율을 높이는 데 도움을 주는 플랫폼이다. 사용자는 자신이 사용하던 모니터링, 버그 관리, 보고 시스템 등을 페이저듀티의 API를 사용해 통합할 수 있다. 대부분의 사용자는 자신이 사용하던 모니터링 시스템을 설정해 모니터링 시스템이 발생하는 경고를 페이저듀티로 보내도록 만든다. 그러면, 페이저듀티가 긴급 호출 근무자와 상황 업그레이드 등을 관리한다. 페이저듀티가 사용되는 상황의 특수성 때문에, 시스템의 신뢰성과 데이터 보호에 있어서 제로 트러스트 네트워크가 최적의 모델이다.

페이저듀티의 제로 트러스트 네트워크는 서버 간 통신을 주로 다룬다. 여러 클라우드 서비스 제공자가 존재하는 환경이다. 클라우드 서비스 제공자마다 다른 컨트롤 플레인을 사용한다. 경계 모델을 채택한 네트워크에서 제공하던 스테이트풀 방화벽, 사설 IP 설정, 네트워크 ACL과 같은 제어 기능을 전혀 제공하지 않는 클라우드 서비스 제공업체도 있다. 최악의 경우, 호스트가 인터넷 상에 위치해 있어 호스트를 스스로 보호해야하는 경우도 있다. 이런 다양성 때문에 기존 경계 모델로 클라우드 독립형 네트워크를 구성한다는 것은 극도로 어려운 일이다.

페이저듀티 시스템은 평소에도 WAN 통신을 많이 한다. 필수 시스템의 경우 3개의 독립된 장소에 설치돼 있다. 한 영역이 완전히 사라져도 페이저듀티 업무에 아무런 영향을 주지 않기 위해 이처럼 구성했다. 일반적인 애플리케이션 동작을 WAN에 의존하려면 시스템에 갖춰야할 조건이 많아진다. 인터넷은 보통 좋지 않은 네트워크 환경으로 간주된다. 속도도 느리고 패킷의 손실 가능성도 높다고 생각하는 것이 일반적이다. 데이터의 기밀성과 무결성을 위해 모든 통신을 암호화하고 인증해야 함은 물론이다. 경계의 개념이 없는 제로 트러스트 네트워크를 사용해 네트워크 장애가 발생했을 때 이에 대응할 수 있었다. 한 클러스터 안에 위치한 노드는 자신의 통신만 책임지면 되기 때문이다.

형상 관리를 통한 자동화 플랫폼

페이저듀티의 제로 트러스트 네트워크를 구현하는 데 있어서 가장 중요한 역할을 담당한 것은 바로 형상 관리 도구인 셰프[Chef]다. 이미 셰프를 이용해 시스템의 모든 가상 머신을 관리하고 있었다. 따라서 제로 트러스트 네트워크를 구현하는 데 있어 셰프는 즉시 활용 가능한 자동화 계층이 됐다. 형상 관리를 사용하면 보안 정책을 중앙에서 코드 형태로 관리하고 이를 전체 시스템이 적용할 수 있다.

이 방법은 많은 장점이 있다.

- 인스턴스가 증가할수록 네트워크 처리 능력 역시 함께 증가한다. 즉, 네트워크의 규모가 커질 때 이를 담당하기 위한 별도의 공유 하드웨어를 구입하지 않아도 된다.
- 오류를 고립시킬 수 있다. 하나의 거대한 방화벽을 사용하는 대신 시스템에 다수의 작은 방화벽을 설치하는 효과를 가져온다. 방화벽 하나에 문제가 발생하면 해당 부분의 트래픽만 다른 곳으로 전송하면 된다.

하지만 네트워크 각 노드에 보안 정책을 적용하는 방법은 단점도 존재한다.

- 원하는 보안 정책이 모든 노드에 정확히 적용돼 있는지 끊임없이 검증해야 한다.
- 보안 정책을 수정해야하는 상황에서 수정은 점진적으로 이뤄진다. 시스템 관리자가 보안 정책을 변경하고 그에 따른 변화를 즉시 확인하고 싶을 때 장애가 되는 부분이다.

형상 관리가 제로 트러스트 네트워크 디자인을 구현하는 데 최적의 정소였지만 장기적인 관점에서 봤을 때 이상적인 방법은 아니었다. 이 때문에, 시스템이 발전하면서 셰프를 사용하지 않고 페이저듀티 자체 컨트롤 플레인을 사용하는 경우가 늘어났다. 자체 컨트롤 플레인을 사용해 최적의 성능을 가져올 수 있었다.

로컬 방화벽 동적 설정

클라우드 제공자가 제공하는 중앙집중식 방화벽을 사용하지 않았기 때문에, 페이저듀티는 시스템이 클라우드 제공자에 의존하지 않고도 각 호스트를 안전하게 보호할 수 있는 방법이 필요했다. 셰프를 사용해 각 시스템마다 아이피테이블^{IPtables} 설정을 만들었다.

시스템상의 서버들은 각자의 역할로 구분된다. 서비스의 종류에 따라 어떤 통신 패턴을 사용할 것인지 예측했다. 동일한 역할을 하는 것으로 구분된 서버는 모두 동일한 설정을 갖는다.

특정 역할을 담당하는 서버의 IP 주소를 모두 나열함으로써 아이피테이블 사슬을 구성한다. 역할별로 접근을 허용하는 데에는 이 사슬을 활용한다. 허용된 규칙에 맞지 않는 패킷은 무시된다.

예를 들어 다음과 같은 아이피테이블 설정을 사용했다.

```
Chain INPUT (policy ACCEPT 0 packets, 0 bytes)
target prot in out source destination
ACCEPT all lo * 0.0.0.0/0 0.0.0.0/0
ACCEPT all * * 0.0.0.0/0 0.0.0.0/0 state RELATED,ESTABLISHED
bastion tcp * * 0.0.0.0/0 0.0.0.0/0 tcp dpt:22
lb tcp * * 0.0.0.0/0 0.0.0.0/0 tcp dpt:80
lb tcp * * 0.0.0.0/0 0.0.0.0/0 tcp dpt:443
LOG all * * 0.0.0.0/0 0.0.0.0/0 limit: avg 10/min burst 5...
DROP all * * 0.0.0.0/0 0.0.0.0/0

Chain bastion (1 references)
target prot in out source destination
ACCEPT all * * 192.168.0.55 0.0.0.0/0
ACCEPT all * * 192.168.5.4 0.0.0.0/0
ACCEPT all * * 10.0.2.78 0.0.0.0/0
ACCEPT all * * 172.16.0.132 0.0.0.0/0

Chain lb (2 references)
target prot in out source destination
ACCEPT all * * 192.168.1.221 0.0.0.0/0
ACCEPT all * * 192.688.1.222 0.0.0.0/0
```

분산된 트래픽 암호화

네트워크 암호화와 인증을 위해서 페이저듀티는 IPsec을 활용한 호스트 간 메시 네트워크를 구현하기로 결정했다. 이 구조는 많은 장점이 있다.

- 시스템상의 모든 노드에서 모든 패킷을 암호화하고 인증한다.

- 암호화와 인증이 시스템상에 분산돼 있으므로, 호스트가 증가하면 암호화 및 인증 성능도 함께 증가한다.

네트워크 암호화와 인증은 애플리케이션 계층의 문제로 보는 것이 일반적이다. 하지만 모든 애플리케이션이 독자적인 방법으로 암호화와 인증을 제공하면 낮은 수준의 보안 상태를 유지하거나 관리가 불가능한 경우가 많이 발생한다. 애플리케이션 암호화를 제대로 하려면 암호 스펙을 충실히 구현해야 한다. 설정을 잘못한 경우 보안에 구멍이 발생하거나 시스템의 성능이 저하되는 문제가 발생할 수 있다. 페이저듀티는 시스템 보안을 위해 커널이 제공하는 IPsec 스택을 사용하기로 결정했다.

상호 인증 TLS를 사용하는 시스템 역시 IPsec 기반 네트워크와 비슷한 수준의 보안을 제공할 수 있다. IPsec과 동일한 수준의 보안을 유지하려면 애플리케이션이 독자적인 TLS 라이브러리를 사용하는 것을 시스템 관리자가 막아야 한다.

프로세스와 암호화

많은 시스템에서 암호화와 인증은 애플리케이션이 담당하는 것이라고 간주한다. 애플리케이션이 표준 라이브러리를 사용해 이 기능을 제공하는 것이다. 하지만 시스템의 애플리케이션이 증가하면서 암호화 작업을 프로세스 외부에서 수행하는 시스템도 늘어났다.

암호화 로직을 별도의 프로세스로 옮기면 관리자 입장에서는 보안 취약점에 대응하는 표준 설정을 모든 애플리케이션에 적용할 수 있다는 장점이 있다. 또한 민감한 암호화 프로세스를 제어하는 별도의 프로세스를 갖추면 공격 범위를 줄일 수 있는 장점도 있다.

페이저듀티 네트워크는 IPsec을 트랜스포트 모드에서 사용한다. 1단계 및 2단계 암호 알고리듬은 가장 강력한 설정을 사용한다. 암호 알고리듬을 선택할 때는 RFC 6379를 참조해 함께 사용하는 것을 추천하는 암호 알고리듬을 선택한다.

IPsec 통신은 보통 ESP 패킷을 사용해 전송한다. ESP 패킷을 거부하는 클라우드 서비스 제공자도 있기 때문에, 모든 IPsec 트래픽은 UDP 패킷으로 포장한다.

페이저듀티의 IPsec을 활용한 메시 네트워크 구성은 장단점이 있다. 프로덕션 네트워크의 처리량을 감당할 수 있는 네트워크다. 네트워크가 성장하면서 처리량에 대한 문제는 없었다. 초기에는 통신 문제가 발생했다. IPsec을 사용하는 양측이 동일한 상태를 유지하지 못해 발생한 문제들이 많았다. 네트워크를 운영하는 데 있어서 측정 데이터와 로그를 분석하는 일은 필수라 할 수 있다. 통신 장애가 분명 어려운 문제이기는 하지만 메시 네트워크로 오류를 고립시킬 수 있었다. 다른 시스템으로 오류가 퍼져 나가는 것을 막을 수 있었다.

페이저듀티가 처음 IPsec을 사용할 때는 셰프를 활용했다. 간단한 스크립트를 사용해 기존의 IPsec 패키지를 설정했다. 네트워크가 성장하면서 셰프를 더 이상 사용하지 않고 시스템의 형상을 관리할 수 있는 별도의 시스템을 도입했다. 로직을 자체적인 시스템으로 옮기면서 네트워크 설정 변경에 걸리는 시간도 짧아졌다. 셰프 기반 시스템에서 네트워크 설정을 변경하려면 셰프 설정 전체가 업데이트돼야 했다. 네트워크 설정 이상의 힘든 작업이다.

사용자 관리의 분산화

페이저듀티의 사용자 접근 제어는 분산된 형태를 띄고 있다. 중앙집중식 LDAP 시스템에 의존하지 않고, 네트워크상의 각 호스트에 사용자와 그룹을 자동으로 생성하는 방식이다. 이는 네트워크 의존성을 줄일 수 있다는 장점이 있으며 네트워크 연결이 불안정한 상황에서도 시스템을 동작하게 만들 수 있는 방법이다.

사용자 접근 제어가 네트워크상에 분산돼 있지만, 사용자와 그룹에 대한 정의는 중앙집중식이어야 한다. LDAP 서버나 다른 데이터베이스에서 이 정보를 가져올 수 있다. 페이저듀티의 경우 셰프가 가진 데이터베이스를 사용해 사용자와 그룹을 정의했다. 각 서버가 어떤 그룹을 생성해야 하는지는 이 데이터베이스를 사용해 결정했다. 셰프는 이 데이터를 사용해 인프라에 접근이 필요한 서버에서 사용자와 그룹을 생성하는 일만 담당했다.

제로 트러스트 네트워크로의 진화

다른 네트워크와 마찬가지로 페이저듀티 네트워크도 꾸준히 진화하는 시스템이다. 프로덕션 트래픽에는 영향을 미치지 않으면서 경계 모델에서 제로 트러스트 모델로 네트워크를 서서히 변경해야 했다.

중요한 프로덕션 트래픽에 영향을 주지 않으면서 네트워크 구조를 변경한다는 것은 어려울 수 있다. 따라서 영향을 최소화하면서 네트워크 구조를 바꾸는 계획을 먼저 세워야 했다. 페이저듀티는 다음의 패턴으로 진화를 진행했다.

1. 새 보안 정책을 정의한다.

2. 프로덕션 시스템에 영향을 주지 않는 방식으로 보안 정책을 적용한다. 하지만 유용한 측정 데이터와 로그는 수집한다.

3. 측정 데이터와 로그는 장시간에 걸쳐 분석한다. 위험을 최소화하고 네트워크를 원하는 상태로 유지하기 위해서다.

4. 보안 정책을 점진적으로 활성화한다. 처음에는 적은 수의 노드에 활성화한 다음 점차적으로 100% 노드에서 활성화한다.

간단한 방법을 사용해 프로덕션 시스템에 영향을 주지 않도록 만들 수 있었다. 시스템 점검 시간을 따로 두고 시스템 사용을 막는 방법보다는 훨씬 좋은 방법이다.

대부분의 경우 제로 트러스트 네트워크로 점진적으로 전환하는 방식을 사용했다. 분산 방화벽 프로젝트를 예로 들면, 처음에는 무시할 패킷에 대한 로그만 남기도록 모든 호스트를 설정했다. 그리고는 프로덕션 트래픽을 막지 않도록 방화벽 규칙을 만들었다. 이 규칙을 방화벽에 적용시키면서 자연스레 로그가 줄어드는 것을 확인했다. 충분한 시간을 보내면서 예상되는 트래픽만 통과시키고, 예상되지 않는 트래픽은 무시하도록 재설정했다.

트래픽을 분산해서 암호화하는 것 역시 점진적인 진화 방식을 사용했다. 처음에는 IPsec 보안 정책을 아무것도 하지 않는 상태로 적용했다. 보안 정책이 하는 일은 어떤 트래픽이 IPsec을 사용해야 하는지 결정하는 역할만 했으며 실제로 이 결정을 반영하지는 않았다. IPsec 지원은 세 가지 모드로 제공됐다.

사용하지 않음

IPsec을 사용하지 않는다.

사용

　　IPsec 사용을 위한 핸드셰이크가 가능한 경우 IPsec을 사용한다.

필수

　　IPsec을 사용해 트래픽을 처리해야한다.

처음 보안 정책은 "사용하지 않음" 모드로 적용됐다. 최종 목적은 "사용" 모드를 거쳐 전체 시스템을 "필수" 모드로 만드는 것이었다. "사용" 모드에서 제대로 동작하지 않는 서비스를 먼저 파악했다. 호스트 간 IPsec 관계가 무너졌을 때 스테이트풀 방화벽으로 통신을 막을 것인지 결정하는 데 이 정보를 활용했다. 이 경우 "사용하지 않음" 모드로 후퇴해야 했다. 이 패킷은 예상되는 흐름의 범주에 들어가지 않기 때문에 방화벽을 통과하지 못하고 막힌다.

전체 네트워크를 한 번에 "사용" 모드로 바꾸지는 않았다. 네트워크 일부분을 먼저 "사용" 모드로 바꾼 다음 "필수" 모드로 재설정하는 과정을 거쳤다. 호스트가 처리하는 프로덕션 트래픽에 영향을 미치지 않으면서도 네트워크가 잠재적인 위험 상태인 "사용" 모드에 오랫동안 머무르지 않게 하는 단계적 설정을 방법을 적용한 것이다. 이때 셰프는 호스트가 유지해야하는 상태를 바탕으로 호스트가 가져야할 최소한의 보안 정책을 산출했다.

클라우드 독립형 시스템의 중요성

클라우드 서비스 제공자의 영향을 받지 않는 시스템을 구축한다는 것은 많은 엔지니어링 노력이 필요한 작업이다. 많은 시스템에서는 이러한 노력을 들일 필요가 없다. 하지만 페이저듀티의 경우 사업 모델의 특성상 클라우드 서비스 제공자에 의존적이지 않은 시스템의 구축이 필수적이다.

페이저듀티가 기존 클라우드 서비스 제공자를 떠나려 결정했을 때 클라우드 서비스 제공자 독립형 시스템은 진가를 발휘했다. 일반적으로 클라우드 서비스 제공자를 변경하는 작업은 수개월이 걸리며 위험도 또한 높다.

페이저듀티의 경우 클라우드 서비스 제공자를 바꾸는 과정은 매우 직관적이었다. 결정을 내린 후 6주만에 모든 프로덕션 트래픽을 새로운 클라우드 서비스로 옮길 수 있었다. 새로운 클라우드 서비스 제공업체를 조사해 테스트하고, 셰프를 다시 설정하는 일을 하느라 대부분의 시간을 사용했다. 실제로 클라우드 서비스 업체를 변경하는 과정은 보통의 업무 시간에 고객에 아무런 영향을 미치지 않으면서 1주일만에 마무리했다.

요약

이 장에서는 제로 트러스트 네트워크 구현을 희망하는 조직이 반드시 고려해야 할 사항에 대해 알아봤다. 가능한 경우, 실제 세계에서 벌어지는 일을 토대로 독자의 이해와 선택을 도우려 노력했다.

시스템 다이어그램의 중요성에 대해 다뤘다. 실제 프로덕션 트래픽을 통해 네트워크 흐름을 캡처하고 네트워크를 이해하는 것이 중요한 이유에 대해서도 살펴봤다. 제로 트러스트의 컨트롤 플레인 시스템을 모두 구축하는 것은 큰 투자가 필요한 작업이므로 현실적인 대안에는 무엇이 있을지 이야기했다.

제로 트러스트는 네트워크 구조의 이상향이다. 이 장에서는 이상향에 도달하기 위해 당장 어떻게 보안 정책을 정의해야 나중에 재사용할 수 있을지를 다뤘다. 제로 트러스트 네트워크에 바로 연결해 사용할 수 없는 시스템을 중재할 인증 프록시의 활용 방법을 알아봤다. 클라이언트와 서버 간의 트래픽을 먼저 해결할 것인지, 아니면 서버 간 트래픽을 먼저 해결할 것인지 결정해야 한다는 이야기도 했다.

마지막으로, 다른 조직이 어떤 노력을 들여 제로 트러스트 네트워크를 구축했는지 독자들에게 소개했다. 두 개의 구체적인 케이스 스터디를 통해 실제 제로 트러스트 구축 사례를 알아봤다. 기존 프로덕션 네트워크를 제로 트러스트 네트워크로 전환할 때 어떤 전략을 취했으며, 어떤 점을 양보해야 했는지 구체적으로 알 수 있는 기회였다.

다음 장은 공격자가 제로 트러스트 네트워크를 어떻게 공격할 것인지 알아본다.

10장
공격자의 시각

기술 산업에 사용하는 공식 제안서는 대부분 "보안 고려사항"이라는 절이 존재한다. IETF에서도 모든 RFC에 보안 고려사항 절을 반드시 갖추도록 하고 있다.

여러 가지 의미에서 중요한 절이다. 우선 잠재적인 위험을 미리 알리는 역할을 한다. 실제 시스템을 구현하고 출시하는 데 매우 중요한 부분이다. 시스템을 운영할 때 시스템의 보안이 본래 디자인된 바를 충족하고 있는지 확인하는 데 도움이 되기 때문이다.

또한, 시스템이 어떻게 공격받을 수 있는가에 대해 충분한 고려를 했다는 증거이기도 하다. 시스템을 디자인할 때, 겉으로는 안전해 보이지만 실제로는 많은 취약점이 있는 시스템이 되기란 아주 쉽다. 마지막으로, 보안의 위험을 어떻게 해결할 수 있을지 토론의 장을 마련하는 역할을 한다. 어떤 이유에서든 보안 고려사항 절을 갖는다는 것은 권장되는 일이다. 이 절이 없는 것을 큰 흠결로 보는 사람들도 있다. 취약점을 숨긴 상태에서 기술을 강제로 판매하려는 듯한 느낌이 들 수도 있기 때문이다.

보안상 강력한 제안서 역시 어느 정도의 보안 고려사항을 가지고 있다. 예를 들어 TLS와 관련된 최신 RFC에서는 12장이나 이 절에 할애했다. 보안 고려사항이 있다는 이유로 어떤 시스템을 안전하지 못하다고 생각해서는 안 된다. 오히려 시스템이 훨씬 안전하다고 받아들여야 한다.

이 장에서는 제로 트러스트 모델이 갖는 잠재적인 위험과 공격 범위에 대해 이야기한다. 제로 트러스트 네트워크에 침투 훈련을 한다면 어떻게 할 것인가?

ID 훔치기

제로 트러스트 네트워크에서 일어나는 모든 결정과 작업은 사실상 ID 인증부터 시작한다. 6장에서 비공식 ID와 공식 ID의 차이에 대해 다뤘다. 사람이라면 누구나 암묵적으로 가지는 ID와 정부가 공식적으로 발급한 ID를 생각해보자. 컴퓨터 시스템은 정부와 비슷한 방식으로 공식 ID를 구현했다. 정부가 발급한 ID가 도난당할 수 있는 것처럼, 컴퓨터 시스템이 발행한 ID 역시 도난당할 수 있다.

ID를 도난당했다면, 공격자가 이 ID를 사용해 제로 트러스트 네트워크 내에서 자신을 감추고 인증과 접근 허가를 받을 가능성이 있다. 물론, 불가능에 가까운 일이기는 하다. 컴퓨터 시스템에서 ID란 일반적으로 일종의 "비밀"과 연결이 된다. "비밀"을 알고 있는 주체를 ID의 주인으로 인식하는 것이 일반적이다. 따라서 이 비밀을 가능한 모든 수단을 통해 보호해야 한다.

누구의 ID냐에 따라 이 비밀은 여러 방법으로 보호할 수 있다. 어떤 방식으로 ID를 보호할 것인지는 심사숙고해 결정해야 한다. 앞서 수차례 이 문제를 어떻게 접근할 것인지 이야기했다.

제로 트러스트 네트워크는 디바이스와 사용자(또는 애플리케이션)를 모두 인증한다. 따라서 공격자 입장에서는 동시에 두 개의 ID를 훔쳐야 원하는 자원에 접근할 수 있다. 현재 사용되는 기존 방법과 비교하면 공격자에게 장애물을 하나 더 준 셈이다. 트러스트 엔진이 수행하는 행동 분석을 통해 ID 도난에 추가적으로 대응하는 것도 가능하다.

ID 보호가 매우 중요하기는 하지만 제로 트러스트 네트워크에서만 문제가 되는 것은 아니다. 제로 트러스트 모델이 ID 도난에 따른 문제를 자연스럽게 해결해도 ID 도난 자체는 큰 문제이며 충분히 독립된 주제로 논의할 가치가 있다.

분산 서비스 거부 공격

제로 트러스트 네트워크는 인증, 접근 요청, 기밀성이 주된 관심사다. 따라서 네트워크 자원에 대한 모든 접근을 어떻게 제어할 것인가에 초점을 맞추고 있다. 네트워크에 존재하는 모든 주체에 대해 인증과 접근 허가를 어떻게 할 것인지 고민하는 네트워크 구조다. 서비스 거부^DoS 공격을 어떻게 방어할 것인지에 대해서는 상대적으로 많은 고민을 하지 않는다. 그 중에서도 분산 서비스 거부^DDoS 공격이 큰 골칫덩어리다.

패킷을 수신하는 모든 시스템은 대규모 DDoS 공격에 취약하다고 말할 수 있다. 제로 트러스트 구조를 채택한 시스템도 예외는 아니다. 사전 승인 프로토콜을 사용해 인터넷에서 서비스를 숨기는 방법도 있다. "신뢰의 시작: 첫 번째 패킷" 절에서 잠시나마 다룬 적이 있다. 기본적인 아이디어는 모든 패킷을 거절하는 보안 정책을 모든 서비스에 적용하고, 수신한 패킷을 토대로 좁은 예외 사항을 만드는 것이다. 서비스를 보호하는 데 큰 도움이 되는 방법이기는 하지만 DDoS 공격을 근본적으로 막을 수 있는 방법은 아니다.

제로 트러스트 네트워크는 그 특성상 네트워크에 어떤 트래픽이 발생할 것인가에 대한 많은 정보를 이미 가지고 있다. 이 정보를 사용해 기존 트래픽을 어떻게 필터링해 내부 시스템을 보호할 것인지 보안 정책을 정의할 수 있다. 예를 들어, 대부분의 네트워크 시스템에서 직접적인 인터넷 연결이 필요한 시스템은 그리 많지 않다. 이 경우 내부 시스템을 보호하기 위해 약간은 엉성한 보안 정책을 사용할 수도 있다. 대부분의 트래픽은 막고 일부만 허용하는 보안 정책을 만들어 적용하면, 크게 두 가지 장점이 있다.

- 설정을 완전히 자동화할 수 있다.
- 트래픽 필터링 메커니즘이 내부적으로 상태를 유지할 필요가 없다.

두 번째 장점은 상당히 큰 의미가 있다. 값비싼 하드웨어와 복잡한 상태 복제 알고리듬을 사용할 필요가 없기 때문이다. 이 방법을 사용하면 필터링 디바이스가 방화벽이 아니라 체에 가까워진다. 물론 대규모 네트워크를 운영할 때나 의미 있는 이야기다. 서버랙의 수가 적거나 소규모 클라우드를 직접 운영하는 경우라면 온라인 DDoS 방어 서비스를 사용하는 편이 더 좋을 수도 있다.

정리하자면 DDoS는 아직도 제로 트러스트 네트워크에서 골칫거리다. 참신한 방법으로 DDoS 문제를 어느정도 완화할 수는 있겠지만, 여전히 특별한 관심이 필요한 영역이다.

서비스 지도

내부 네트워크를 신뢰할 수 없는 환경에서는 경계를 보호한다는 것 자체가 의미 없는 일이기 때문에, 제로 트러스트 모델은 자연스레 경계가 없는 네트워크 형태를 띈다. P2P 처럼 동작하는 네트워크 구조다 보니 경계형 모델에 비해 관리도 쉽다. 경계형 모델에 필수적인 네트워크 게이트웨이나 VPN 같은 터널이 필요 없기 때문에 스케일링, 성능, 가용성에 대한 고민도 줄어든다.

하지만 경계가 없다 보니 공격자가 종단 서비스 간의 통신을 관찰해 시스템 다이어그램을 만들 수 있다는 단점이 있다. VPN 같은 네트워크 게이트웨이를 사용하는 구조에서는 불가능한 이야기다. VPN 트래픽을 살펴본다고 VPN 게이트웨이 뒤에 숨어 있는 서비스를 알 수는 없기 때문이다. 물론, 게이트웨이 밖에서는 어떤 클라이언트가 어떤 VPN 터널을 사용하고 있는지 알 수 있다.

프라이버시와 기밀성에 대한 구별이 필요한 시점이다. 제로 트러스트 네트워크는 네트워크 통신의 기밀성을 보장한다. 프라이버시를 보장하는 것이 아니다. 다시 말해 누가 누구와 통신하고 있는지는 알 수 있다. 하지만 통신의 내용은 보호된다. 통신 자체를 숨겨 프라이버시를 보호하려는 시스템도 존재한다. 토르^{Tor}가 네트워크 프라이버시를 제공하는 데 많이 사용하는 기술이다. 프라이버시 보호는 전혀 다른 주제이며, 제로 트러스트 네트워크의 범위를 벗어나는 주제다.

공용 네트워크에서 어느 정도의 프라이버시가 필요한 상황이라면, 제로 트러스트 네트워크에서도 사이트 간 터널을 사용해 트래픽 감추는 것도 가능하다. 사이트 간 통신을 터널을 통해 주고받으면 어떤 호스트가 어떤 호스트와 통신을 하는 것인지 감추는 데 도움이 될 수 있다. 하지만 제로 트러스트 네트워크는 이런 추가적인 프라이버시 보호까지 반드시 지원해야 할 요구사항으로 생각하지 않는다. 통신의 두 주체 중에서 하나만 숨기고 다른 하나는 숨기지 않는 모델은 두 주체 중 하나는 더 신뢰하고 다른 하나는 덜 신뢰한다는 가정이 숨겨져 있기 때문에, 사실 제로 트러스트 모델에 역행하는 것이기도 하다.

신뢰하지 않는 컴퓨팅 플랫폼

이미 5장에서 다뤘지만, 제로 트러스트 네트워크는 각 컴퓨팅 플랫폼에 대한 신뢰에 바탕을 두고 있다는 점을 다시 강조하고자 한다. 클라우드 하드웨어나 하이퍼바이저 같은 컴퓨팅 플랫폼에 대한 신뢰는 "디바이스"에 대한 신뢰와는 다르다. 이 둘이 같은 의미를 지니는 경우가 없지는 않지만, 공격자 입장에서 획득해야 하는 권한의 수준은 완전히 다르다.

컴퓨팅 플랫폼에 문제가 있다면 시스템 방어는 사실상 불가능하다. 임의의 수를 생성할 때 의도적으로 약한 방법을 택하는 하드웨어가 있다고 가정해보자. 임의의 수는 암호화에 사용된다. 이런 하드웨어를 공격하는 공격자를 방어하려면 하드웨어 문제를 먼저 찾아야 가능한 일이다. 이마저도 공격자가 자신을 숨긴다면 불가능하다.

악의의 컴퓨팅 플랫폼에서 시스템을 완벽히 지키는 것은 불가능하지만 제로 트러스트 네트워크는 간단한 공격을 막을 수 있는 능력을 갖추고 있다. 하드디스크에 저장된 데이터를 항상 암호화하고, 메모리 스왑^{swap} 페이지의 내용도 항상 암호화한다. 악성 컴퓨팅 플랫폼이 할 수 있는 간단한 공격을 막을 수 있는 효과적인 방법이다. 저장된 데이터를 암호화하는 것은 악의를 가진 플랫폼 운영자에게서도 데이터를 지킬 수 있으므로 추천하는 방법이다.

사회 공학

사회 공학^{Social Engineer}적 공격은 인간을 속여 특정 행동을 하도록 만드는 공격 방법이다. 제로 트러스트 네트워크에서도 문제가 될 수 있는 공격 형태다. 메일이나 채팅을 통한 피싱 공격이든 고객 서비스 부서를 통해 직접 만나 수행하는 공격이든, 네트워크 참여자가 자신도 몰래 수행하는 공격을 제로 트러스트 네트워크가 방어해야 한다.

민감하지 않은 자원의 경우 행동 분석을 통해 어느정도 방어할 수 있다. 행동 분석은 사용자 교육과 병행해야 한다. 사용자에게 만약 자신이 공격자라면 어떻게 할 것인지 생각해보게 하고, 비정상적인 요청에 대한 경각심을 일깨워야 한다.

민감한 자원의 경우 샤미르의 비밀 공유^{Shamir's Secret Sharing} 같은 그룹 인증 및 허가 메커니즘을 사용하면 구성원 한 명에 의한 오류를 막는 데 도움이 된다. 이 방법은 매일 하기에는 부담이 많이 가는 방법이다. 따라서 정말 중요한 자원에만 사용하는 것이 좋다. 사회 공학적 공격에 대응할 수 있는 여러 메커니즘은 6장에서 다뤘다.

물리적 공격

제로 트러스트 네트워크는 가상 세계에서 벌어지는 다양한 공격에 대응한다. 하지만 실제 세계에서 벌어지는 공격은 완전히 새로운 형태의 공격이다. 유효한 사용자와 유효한 디바이스가 있으면, 공격자는 사용자를 협박해 시스템에 접근할 수 있다. 정부가 한 개인에 대해 막강한 권력을 사용할 수 있는 곳이 바로 국경이다. 무기를 사용해 시스템 사용자로 하여금 자신의 행동에 동조하게 만드는 것도 가능하다. 그림 10-1을 참고하자.

그림 10-1 시스템에 발생할 수 있는 실제 세계의 위험(XKCD 만화: https://xkcd.com/538/)

이런 종류의 공격을 막을 방법은 사실 없다. 자신의 육체적 안전을 해하면서 정보를 보호하라고 이야기하는 보안 전문가는 아무도 없다. 따라서 우리가 할 수 있는 최선의 방법은 민감하지 않은 정보만 저장하고, 한 사람으로 인해 시스템이 공격당하지 않도록 시스템을 구현하는 것이다. 값비싼 자원의 경우 그룹 허가 방식을 사용해 이런 위험에 효과적으로 대응할 수 있다.

노트북에서 잠시 시선을 돌린 사이 USB를 연결하는 등의 신체적 위험이 없는 공격도 있다. 이 경우 디바이스와 디바이스 ID를 갱신하는 방법 등을 통해 피해를 줄일 수 있다. 디바이스 갱신 주기가 지난 디바이스를 찾아내는 것도 이런 공격의 피해를 줄이는 데 도움이 된다.

누군가가 디바이스에 물리적으로 접근할 수 있다면, 이들이 할 수 있는 일은 아주 많다. 하지만 물리적 접근이 가능하다고 아무것도 하지 말라는 이야기는 아니다. 피해를 최소화할 방법을 강구해야 한다. 특히, 제로 트러스트 네트워크에서 인증과 접근 요청에 사용될 데이터를 보호해야 하는 경우라면 더욱 적극적으로 피해를 줄여야 한다. 공격자가 물리적으로 디바이스에 접근한 경우 피해의 크기와 시간을 줄이는 방법이 분명 존재한다. 제로 트러스트 네트워크에서 디바이스의 물리적 보안을 유지할 수 있는 방법은 5장에서 자세히 다뤘다.

무효화

컴퓨터에 있어서 무효화란 어려운 문제다. 제로 트러스트 네트워크에서 무효화란 그동안 허가했던 행위를 더 이상 허가하지 않겠다는 것을 의미한다.

여기서 행위란 각 네트워크가 처한 상황에 따라 다른 의미를 가질 수 있다. 예를 들어, 각 요청에 대해 접근 허가 결정을 하는 경우라면 여기서 말하는 행위는 애플리케이션 계층에서 벌어지는 하나의 요청 및 작업을 의미한다. 하지만 TCP 세션과 같은 네트워크 흐름을 허가하는 경우의 행위란 하나의 네트워크 세션을 의미한다.

얼마나 빠르고 효과적으로 허가한 행위를 무효화할 수 있는지는 시스템의 보안에 큰 영향을 미치는 요소다. 제로 트러스트 네트워크를 디자인할 때, 무효화 과정에 어느 정도의 위험을 감수할 수 있을 것인지 예측하며 디자인해야 한다. 이 디자인에 따라 어떻게 문제에 접근할 것인지 결정되기 때문이다. 예를 들어, 며칠씩 TCP 세션을 유지하는 서비스가 있는 상황에서 TCP 세션에 대한 승인을 무효화해야 한다고 가정해보자. TCP 세션을 무효화할 때 이미 세션을 사용하고 있는 서비스가 세션을 다 사용할 때까지 세션을 유지하도록 놔둬야 할까? 아마도 아닐 것이다.

다행히 이런 문제를 해결할 수 있는 방법은 잘 알려져 있다. 당연한 이야기처럼 들리겠지만, 허가의 유효 기간을 짧게 유지하고 접근 허가를 세밀하게 제어하는 것이 우선이다. 접근 요청에 대한 허가를 결정해야할 때 네트워크 세션이 아닌 애플리케이션 수준에서 허가 여부를 결정해야할 수도 있다. 긴 시간이 필요한 애플리케이션 요청이 완전히 필요 없지는 않을 것이다. 하지만 장시간 유지되는 네트워크 세션에 비해서는 그 수가 많지는 않을 것이다.

다소 단순한 방법이기는 하지만 주기적으로 네트워크 세션을 초기화할 수도 있는데, 이는 네트워크 세션의 유효 기간을 강제로 설정하는 효과가 있다. 세션이 초기화되면 애플리케이션과 클라이언트가 다시 연결할 때 승인 절차를 다시 진행해야 한다.

가장 좋은 방법은 현재 진행 중인 행위를 계속해서 추적하는 것이다. 일정 시간이 지났을 때 세션을 초기화하는 것이 아니라, 보안 정책 엔진에 접근 요청에 대해 승인 여부를 다시 묻는 것이다. 보안 정책 엔진이 더 이상 허가하지 않겠다는 결정을 내리면 이때 세션을 초기화하면 된다.

이 방법들은 모두 풀^{pull} 모델을 사용한 방법이다. 보안 정책을 적용하는 포인트가 강제로 요청을 재승인 하도록 만들었다. 그 결과, 보안 정책 적용 지점이 가진 주기가 세션을 무효화할 수 있는 최단 시간이 된다. 무효화는 이벤트 기반 모델이나 푸시^{push} 모델이 가장 좋다. 하지만 이 모델을 도입하려면 시스템의 복잡도가 증가하고 작은 성능 향상을 위해 너무 많은 자원을 투자해야 할 수도 있다. 어떤 방법을 사용하든 약간의 지연이 발생할 수는 있겠지만, 해결 가능한 문제다.

컨트롤 플레인 보안

지금까지 많은 컨트롤 플레인을 다뤘다. 보안 정책을 승인하고, 디바이스 목록을 추적하는 등의 중요한 역할을 컨트롤 플레인이 담당한다. 경우에 따라 제로 트러스트의 컨트롤 플레인에 수많은 서비스가 존재할 수도 있다. 서비스 하나하나가 네트워크의 보안에 중요한 역할을 한다. 그렇다면 문제는 다음과 같다. 제로 트러스트의 컨트롤 플레인 시스템을 어떻게 보호하며, 만일 제로 트러스트 컨트롤 플레인이 공격받는다면 무슨 일이 벌어질 것인가?

결론부터 말하자면, 좋은 일이 벌어지지는 않는다. 컨트롤 플레인이 공격당했을 때 제로 트러스트 구조가 완전히 무너지는 것도 가능한 시나리오다. 따라서 컨트롤 플레인 시스템의 보안에 만전을 기해야 한다. 이는 제로 트러스트 모델만의 문제는 아니다. 오늘날 경계 모델을 채택한 네트워크에도 존재하는 문제다. 경계형 모델에서 방화벽이 공격받으면 어떻게 될까? 골치 아픈 일이 벌어질 것이다.

컨트롤 플레인 보안에 기존 방법을 적용하는 것도 가능하다. 네트워크 연결을 최소화하고 강력한 접근 제어를 하는 것이다. 다른 컨트롤 플레인 시스템 중에서도 다른 시스템보다 더 민감한 시스템도 있다. 예를 들어, 보안 정책 엔진과 접근 기록 데이터베이스가 있을 때 공격자에게는 전자가 더 매력적인 타깃이다. 후자의 경우, 공격자가 할 수 있는 일은 거짓 기록을 데이터베이스에 삽입해 자신의 신뢰도를 높이는 일이 전부일 것이다. 하지만 전자의 경우 제로 트러스트의 인증 정책을 완전히 바꿀 수 있기 때문에 공격자에게 더 큰 매력으로 다가올 것이다.

보안 정책 엔진과 같이 민감한 시스템은 처음부터 강력하게 보호해야 한다. 그룹 인증 및 허가 메커니즘을 도입해 이 시스템의 변경은 충분한 논의를 거친 다음에만 가능하도록 만들어야 한다. 컨트롤 플레인 시스템이 자주 변해서는 안 된다. 변경이 있는 경우에는 많은 사람들이 이를 알아차릴 수 있도록 만들어야 한다. 컨트롤 플레인에 대한 어떤 변화도 조용히 벌어져서는 안 된다.

컨트롤 플레인 시스템을 일반적인 경로로 접근하지 못하도록 만드는 것도 좋은 방법이다. 별도의 클라우드 계정을 만들고, 더 강력한 접근 제어가 가능한 데이터 센터에 컨트롤 플레인을 위치시킬 수도 있다. 컨트롤 플레인에 대한 접근을 더 주의 깊게 모니터링할 수 있고, 컨트롤 플레인 시스템에 존재하는 위험을 최소화할 수 있는 방법이다. 일반적인 경로로 접근하지 못하게 만든다는 말이 컨트롤 플레인을 논리적으로 네트워크와 분리하라는 것을 뜻하는 것은 아니다. 컨트롤 플레인을 분리해야 하지만 컨트롤 플레인도 네트워크에 참여해야 한다. 컨트롤 플레인을 분리하라고 해서, 경계형 모델로 회귀해서는 안 된다. 이는 제로 트러스트 네트워크의 컨트롤 플레인이 가질 수 있는 최악의 시나리오다.

네트워크가 성장하면, 제로 트러스트의 보안 정책 적용 지점을 활용해 컨트롤 플레인 시스템을 설정하는 것도 가능하다. C 언어 컴파일러를 C 언어로 만드는 것처럼 제로 트러스트의 보안 정책 적용 지점으로 여러 네트워크에 분산된 컨트롤 플레인을 설정하고 강화하는 것이다. 닭이 먼저냐 달걀이 먼저냐 하는 논의로 이 방법을 사용하는 데 지장을 초래해서는 안 된다. 논의와 디자인 토론을 거쳐 충분히 해결할 수 있다. 컨트롤 플레인 방어에 가장 좋지 않은 행동은 컨트롤 플레인 시스템을 경계형 모델로 만드는 일이다. 이는 절대 일어나서는 안 된다.

요약

이 장에서는 시스템을 공격하는 입장에서 제로 트러스트 네트워크를 바라봤다. 공격자 입장에서 방대한 공격 지식을 총동원해 어떻게 시스템을 공격할 수 있을지 생각해봤다.

제로 트러스트 네트워크에 대한 공격을 잘 막을 수 있는 경우도 있지만, 단순히 감지하는 것 말고는 대응할 수 있는 방법이 없는 공격도 있다. 이론상 가능한 모든 공격을 전부 막는다는 것은 천문학적인 비용이 드는 일이다. 제로 트러스트 네트워크 역시 예외는 아니며, 공격당할 수 있다는 점을 명심해야 한다.

공격자에게 충분한 자원이 주어진다면 시스템은 공격당할 수 있다. 최첨단 기술로 무장한 공격이 감행됐을 때 사실 우리가 할 수 있는 일은 정확하고 효율적으로 공격을 감지하는 것이다. 시스템이 공격당했다는 것을 감지하고 공격의 피해를 최소화하는 것이 현실적인 조언이라 할 수 있다.

네트워크 시스템 보안에 있어서 제로 트러스트 네트워크 모델이 기존 방어 모델의 많은 문제점을 부각시켰다. 더불어 많은 문제도 해결했다. 검증된 보안 기술과 프로토콜에 자동화 기술을 적용하면, 제로 트러스트 모델이 경계형 모델을 충분히 대체할 수 있을 것이다. 단순히 대체하는 데 그치지 않고 더욱 효과적이고, 확장 가능하며, 안전한 보안 솔루션을 컴퓨터 네트워크 시스템에 적용할 수 있을 것으로 저자들은 확신한다.

찾아보기

제로 트러스트 네트워크

안전한 네트워크를 만드는 보안 모델

발 행 | 2022년 7월 29일

지은이 | 에반 길먼 · 더그 바르트
옮긴이 | evilqcom

펴낸이 | 권 성 준
편집장 | 황 영 주
편 집 | 조 유 나
　　　　김 진 아
　　　　임 지 원
디자인 | 윤 서 빈

에이콘출판주식회사
서울특별시 양천구 국회대로 287 (목동)
전화 02-2653-7600, 팩스 02-2653-0433
www.acornpub.co.kr / editor@acornpub.co.kr